SV

Band 1535 der Bibliothek Suhrkamp

Katja Petrowskaja

Das Foto schaute mich an

Kolumnen

Suhrkamp Verlag

3. Auflage 2025

Erste Auflage 2022
Originalausgabe

Umschlaggestaltung nach einem Konzept
von Willy Fleckhaus: Nick Teplov
Umschlagfoto: Filmstill (Detail) aus dem Dokumentarfilm
In the Mirror of Maya Deren, 2001 (Martina Kudláček, AT/CH/DE).
Mit freundlicher Genehmigung von Navigator Film.
Gestaltung: Nick Teplov
Druck: Pustet, Regensburg
Printed in Germany
ISBN 978-3-518-22535-6

Suhrkamp Verlag GmbH
Torstraße 44, 10119 Berlin
info@suhrkamp.de
www.suhrkamp.de

Das Foto schaute mich an

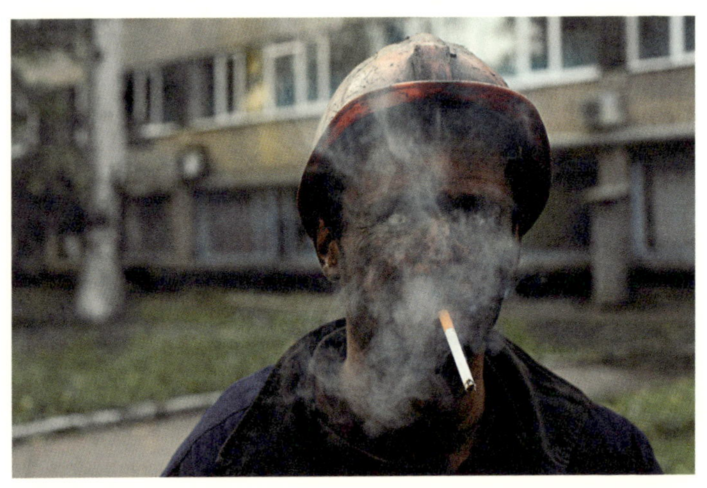

BERGMANN VOM DONBASS

Das Foto schaute mich an. Die Nähe fesselte mich, erschreckte mich sogar. Ich wusste nicht einmal, wo Krasnoarmijsk sich befindet, doch dieser Mann stand vor mir, viel zu nah, und blies mir seinen Rauch ins Gesicht. Ich wartete darauf, dass der Rauch sich auflöst und ich sehe, ob er lächelt oder grinst. Aber nein, er schaute in den Rauch seiner Zigarette und blieb wie in ein Geheimnis gehüllt.
Die Fotografin hatte viele Fotos in dieser Gegend gemacht und darüber geschrieben, wie die Bergleute stur zur Arbeit gingen, kein Gehalt seit Oktober, aber sie arbeiteten, denn Arbeit war Frieden und der Krieg absurd, und wie diese Arbeiter die Normalität des Friedens wiederherstellten, nur dadurch, dass sie zur Arbeit gingen. Ich las Kommentare eines Gewerkschafters und dann die Nachrichten über den Krieg in der Ukraine, als wäre mein Lesen und Schauen ein Akt des Waffenstillstands, als würde nicht geschossen, solange ich läse. Ich war noch nie dort gewesen, in Donezk, Luhansk, ich schaute auf die Karte: Der Ort heißt Stschastje, auf Russisch »Glück«, dort waren an einer Bushaltestelle zwei Menschen umgekommen, rein zufällig. Zerbombte Häuser, freiwillige Kämpfer, Flüchtlinge, Feldzüge, Bilder über Bilder. Warum ausgerechnet dieses Foto?
Die Augen des Bergmanns haben mich über Monate hinweg verfolgt, als wären sie von einem Werwolf, sie fanden mich immer wieder, und immer waren sie direkt auf mich gerichtet, nah und fremd zugleich. Ich musste nur zurückschauen

und sah die weißen Flecken, die mich beobachteten, wie die strengen Augen von Ikonen, die von irgendwo auf uns schauen, wir werden von ihrem Blick erfasst, egal, ob wir daran glauben oder nicht. Den Blick dieses Mannes konnte ich aber nicht fangen. Ist es Verzweiflung? Vorwurf? Weisheit? Tollwut? Glauben? Ist ihm alles egal? Sind da Tränen? Oder sehe ich etwas, das nur in dem Foto entstanden ist – die widersprüchliche Botschaft einer Fotografin?

Die Fotografin fuhr regelmäßig Richtung Front, fotografierte Menschen und Städte und schwor, das sei nicht gefährlich. Sie hat die Serie »Fotografieren Sie uns nicht, sonst kommen sie und schießen« genannt. Dies soll ihr einer der Bergleute gesagt haben, als hätte er mit der Doppeldeutigkeit des englischen »shoot« spielen können. Ist das die Logik des Krieges oder der Kunst?

Das einzig Wirkliche auf dem Foto, das Einzige, was mir bekannt oder vertraut vorkommt, ist die Zigarette, unvorstellbar weiß und scharf, man könnte meinen, die Fotografin habe den Fokus falsch eingestellt. Rauch überzieht das Gesicht, das milchige Weiß bedeckt den Ruß, hinter dem Mann erkennt man ein Haus. Er blickt mit seinem weißen Star aus den Augen und raucht, dieser Rauch bleibt intim und nebulös, da dieses kurze Ausatmen niemals endet. Der Bergmann ist schwarz, und seine Augen sind weiß, aber er ist nicht blind, ich bin es, mit meinem Unwissen, mit meiner Ignoranz, gegenüber dieser Region, gegenüber diesen Menschen. Die Erkenntnis war schwarzweiß, aber das Foto war farbig, daraus blickte mir meine eigene Blindheit, meine eigene Ohnmacht entgegen.

Ich fragte die Fotografin, eine zierliche junge Frau, ob sie so nah bei dem Mann gestanden oder mit Zoom fotografiert

habe. »Ganz nah.« Wie nah, fragte ich. »Er saß auf einer Bank, rauchte, und ich kniete vor ihm. Eine technische Notwendigkeit.«
Vor Monaten bin ich im Internet auf diesen Bergmann gestoßen, und nun ist er im ukrainischen Pavillon der Biennale von Venedig ausgestellt, als hätte er selbst Karriere gemacht. Nur wenige Schritte von der Arsenalbrücke entfernt, auch nachts zu sehen, hinter der Glasfront. Man kann zusammen mit dem Bergmann rauchen, vielleicht wird sein Gesicht im gemeinsamen Rauch verständlicher. Ich habe mit ihm geraucht, als es dunkel wurde.

14.06.2015

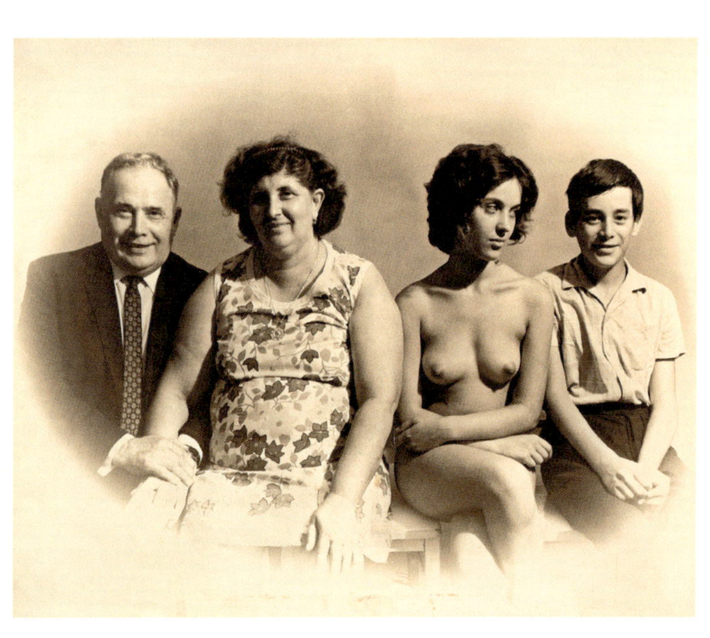

DAS VORSTELLBARE BILD

Das Foto wurde mir in der kleinen Kantine eines Budapester Theaters überreicht, als eine ungarische Regisseurin mir von ihrer Schiller-Inszenierung erzählte. Die Schauspieler liefen in der Kantine hin und her, das Stück sollte gleich anfangen. Da bemerkte ich eine Frau, eingehüllt in eine große graue Robe, mit glattem Schädel.
Ein irritierender Widerspruch: zu viel Stoff für den Körper, zu wenig Schutz für den Kopf, dabei war gerade das Ungeschützte geschützt, denn ihr nackter Kopf war eine Maske. Plötzlich stand sie neben uns, wechselte ein paar Worte mit der Regisseurin, legte eine Broschüre mit diesem Foto vor uns hin und sagte: Der Fotograf ist gerade in der Akademie geehrt worden.
Es ist eine Familie: Alle blicken in die Kamera, adrett gekleidet, nur die junge Frau – nackt und in sich versunken, den Kopf leicht zur Seite geneigt – ist komplett abwesend. Oder nein, natürlich habe ich sie zuerst gesehen. Man sieht Nacktheit schneller als man wahrnimmt, dass die anderen bekleidet sind. Oder war es einfach ihre Schönheit, die meinen Blick auf ihr verweilen ließ? Die nackte Frau auf dem Foto und der nackte Kopf der Schauspielerin bildeten eine Beziehung, die mich beunruhigte. Ich fragte die Schauspielerin, welche Rolle sie spielen werde, und sie sagte: »Ich bin Maria Stuart.«
Die junge Frau strahlt Unschuld aus, etwas Madonnenhaftes, so, dass ich für einen Moment dachte, sie sei die Mutter des Jungen. Dabei sitzt sie nackt in der Mitte einer

biederen Familie. Die Gesetztheit und Feistigkeit der Alten macht es eigentlich unmöglich, dass sie neben einer nackten Frau sitzen. Trotzdem spielen sie brav ihre Rollen in diesem Retro-Familienfoto. Mit diesem Bild hat der junge Fotograf László Török 1973 den »World Press Photo«-Wettbewerb gewonnen. Das war damals, im sozialistischen Ungarn, ein kleines Wunder, umso mehr, als es ein inszeniertes Foto war. Irgendwann war auch mir klar, dass die nackte Frau nur ein paar Jahre älter sein kann als der Junge, ich schaute auf ihre Brüste, die nie gestillt haben, wie sie mit der Hand den Arm hält, auf ihre Finger und wie sie die anderen mit den Schultern berührt. Sie ist so inszeniert, als würde sie überhaupt nicht posieren: Sie ist einfach da, in ihrem wahren Kern, dargestellt in ihrer jungen verträumten Körperlichkeit, vollkommen präsent in ihrer Abwesenheit. Die anderen spielen Familienmitglieder – sie lebt als sie selbst. Man erkennt in dieser Frau eine Echtheit, so wie man die unschuldige Ausstrahlung der Madonna fühlt, ganz gleich, ob man an die unbefleckte Empfängnis glaubt oder nicht. Wirkt sie so unschuldig, weil sie ihrer Verträumtheit treu ist? Warum ist gerade sie, die das Genre des Familienfotos bricht, so natürlich? Und wodurch bleibt sie in ihrer offenen Geschlossenheit widersprüchlich, so wie der glatte Schädel von Maria Stuart zugleich ihr Schicksal versteckt und enthüllt? Wie real ist das Imaginäre? Török fand die Antwort darauf bei dem Dichter Sándor Csoóri: »Das Bild ist nicht nur ein Blitz, sondern auch ein Erlebnis. Seine Kraft liegt nicht darin, dass es wahr, sondern dass es vorstellbar ist. Das vorstellbare Bild ist nicht weniger als der zu Ende gedachte Gedanke.«

05.07.2015

MAJDAN 1943

Wir schauen direkt auf den Unabhängigkeitsplatz in Kiew, der als »Majdan« durch seine Dauerproteste weltweit bekannt geworden ist. Hier ist der Ort aber kaum zu erkennen: Es ist kein leerer Platz, den Menschenmassen füllen könnten. Zwei riesige Gebäude dominierten den Platz, auf dem Foto als Ruinen zu sehen, und selbst von ihnen gibt es im modernen Kiew weder Spuren noch Erinnerungen.

Wir stehen auf der Institutskaja-Straße, es ist Sommer 1943, Kiew ist von der Wehrmacht besetzt, das Foto stammt höchstwahrscheinlich von einem Deutschen. Am rechten Rand leicht bekleidete Menschen, sie gehen auf einem Pfad durch die Trümmer, an Millionen von Ziegeln des zerstörten Ginsburg-Hauses vorbei. Das Haus war eine Legende: Im Jahr 1912 gebaut, galt es als erster Wolkenkratzer des russischen Imperiums. Nur zwölf Stockwerke zwar, aber mit der Spitze erreichte das Gebäude sechzig Meter und konkurrierte so mit dem Glockenturm der Sophien-Kathedrale, den man auf dem anderen Hügel deutlich sieht, wie auch das Hauptschiff der Kathedrale.

Der Blick aus den Ruinen des 20. Jahrhunderts auf die Kathedrale des 11. Jahrhunderts erfasste die gesamte Topographie mit ihren nicht mehr existenten, verschwundenen historischen Schichten.

In der Mitte des Majdan steht die Ruine eines runden Gebäudes, das Parlament, die Duma, genau an dem Ort, wo vor kurzem die Kiewer Massenproteste stattfanden. Diese

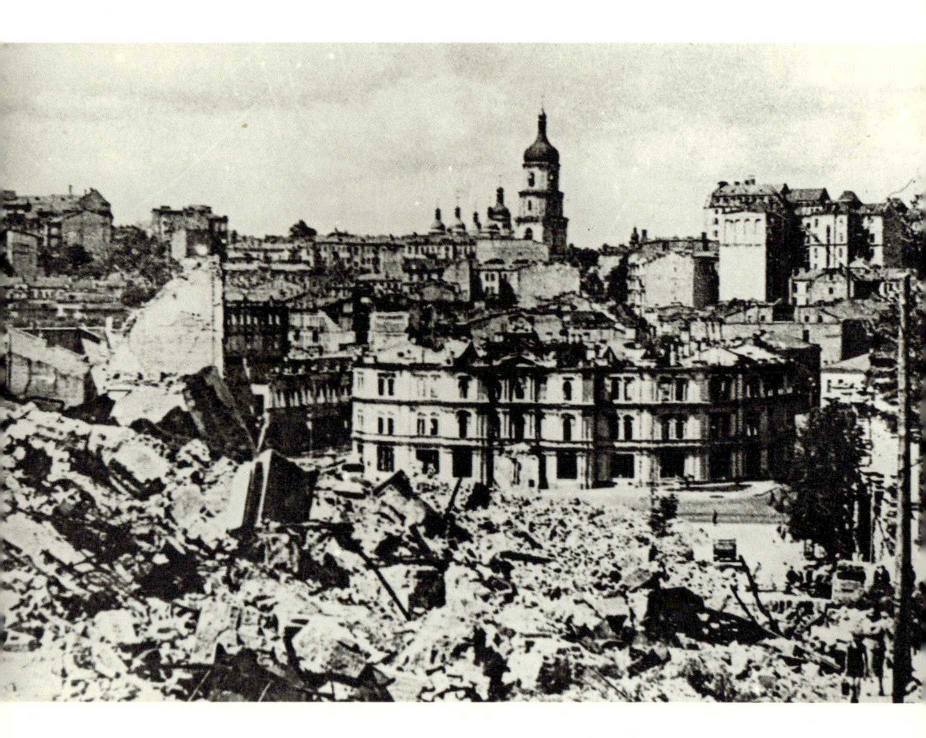

Ruine blieb über Jahre hinweg stehen, über das Kriegsende hinaus, als alle Lebenden zurückkehrten, auch als Ende der vierziger Jahre auf dem angrenzenden, komplett zerstörten Kreschtschatik-Boulevard riesige silberne Laternen in der Mitte der Trümmer aufgestellt wurden, die bis heute deplatziert luxuriös wirken.

Es gibt mehrere ähnliche Fotos, die am gleichen Tag an diesem Ort geschossen wurden. Auf einem sind die Menschen besser zu sehen, auf anderen scheint die Komposition gelungener. Aber dieses Foto habe ich aus meinem Familienarchiv, es tauchte über die Jahre in der einen oder anderen Mappe auf, unerklärlicherweise, und warf verschiedene Fragen zu meinen Familienmitgliedern auf, je nachdem, wo das Foto gefunden wurde.

Je öfter ich das Foto ansah, desto deutlicher trat für mich ein Kind in den Vordergrund, nur vage zu erkennen und für die Geschichte, die sich hier abgespielt hat, kaum relevant. Es geht den Pfad hinauf. Es ist vielleicht acht Jahre alt, in einer besetzten Stadt von 1943. Meine Mutter kehrte als Achtjährige im Mai 1944, nach der Befreiung von Kiew, nach dreieinhalb Jahren Flucht mit ihrer Mutter und Schwester zurück. Wären sie in Kiew geblieben, hätten sie die Besatzung nicht überlebt.

Sie gehen vom Bahnhof nach Hause, zu Fuß, den zerstörten Kreschtschatik entlang, und dann die Institutskaja nach oben, genau wie die Menschen auf dem Foto, da sie nur 300 Meter vom Ginsburg-Haus entfernt gewohnt hatten. Sie wussten, dass Großmutter und Tante getötet wurden, aber sie wussten nicht, ob ihr Haus noch steht. Überall auf dem Weg Ruinen, nichts als Ruinen. Als sie ankommen, steht ihr Haus unversehrt an seinem Platz.

Hier, in dieser Kulisse, sah meine Mutter das einzige Mal in ihrem Leben eine Hinrichtung. Als kurz nach dem Krieg die Exekution von zwölf deutschen Kriegsverbrechern angekündigt wurde, liefen alle Kinder neugierig und freudig in Scharen zum Duma-Platz, zum heutigen Majdan. »Zwischen diesen Ruinen wurden sie gehängt«, erzählt meine Mutter, »und alle haben gejubelt, besonders wir Kinder, und später«, sagte sie, »habe ich mich oft wegen dieser Freude geschämt. Und dann schämte ich mich für diese Scham.«

26.07.2015

VERSUCH ÜBER DAS WEIBLICHE

Es gibt Fotos, von denen man überhaupt nicht weiß, wozu sie gemacht wurden, und auch nicht, von wem; man weiß nur, dass der Fotograf nicht den Anspruch hatte, sich als Künstler zu verstehen. Die Bilder, die ich zufällig durch das Schaufenster einer Berliner Galerie an den Wänden sah, waren zu klein, um zu erkennen, was sie darstellten. Sie lockten mich, näher zu kommen, aber dieses Anlocken war ein wenig seltsam, als wäre man in einer Peepshow oder schaute durch ein Schlüsselloch.

Mehr als hundert Polaroidbilder, auf Augenhöhe gehängt, alle schwarzweiß, alle verschwommen, fast nur Gesichter, lauter Frauen, alle in Bewegung, verdunkelt, manchmal beängstigend, alle vom Fernseher abfotografiert. Eine Frau ist gerade aufgestanden, mit verzerrtem Gesicht, eine andere hat etwas Schreckliches gesehen, und die nächste empfängt gerade eine Liebeserklärung, vielleicht. Bekannte Schauspielerinnen, weniger bekannte und namenlose. Ursula Andress schaut fragend zur Seite, ein dunkler Schatten fällt ihr ins Gesicht, Jeanne Valérie schweigt, in sich versunken – ein Moment der Entscheidung? Marie Blanchard, majestätisch, enigmatisch, blickt zu Boden.

Pure Besessenheit. Der Fotograf saß jahrelang Tag und Nacht am Fernseher und fotografierte Hunderte Frauen in einem Moment von Erregung, Angst oder Überraschung. »It's a Who's Who of '60s & '70s American TV«, schreibt Cindy Sherman über diese Sammlung. Man findet Sophia Loren,

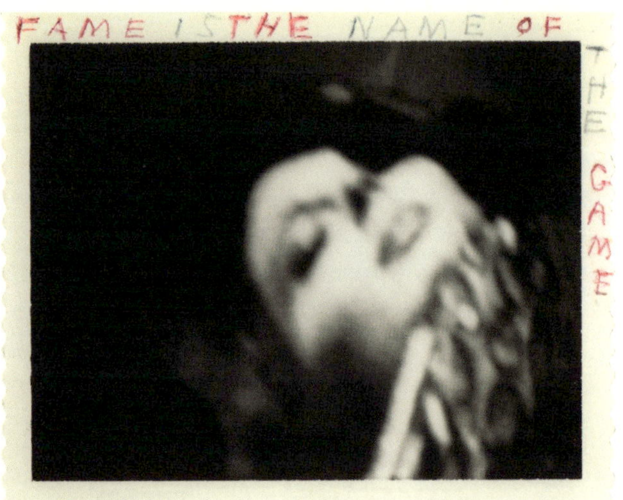
FAME IS THE NAME OF THE GAME

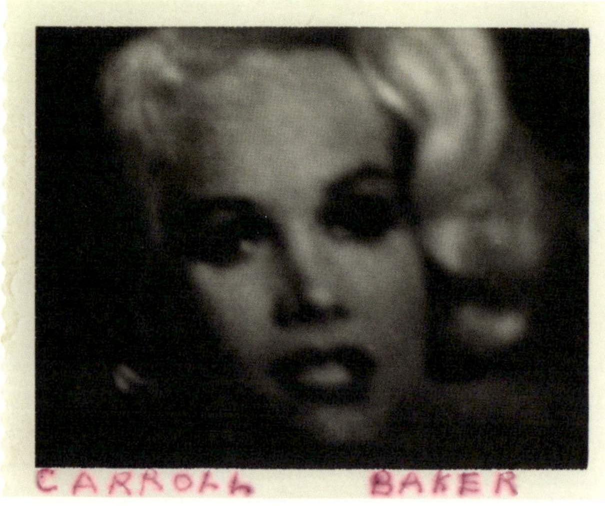
CARROLL BAKER

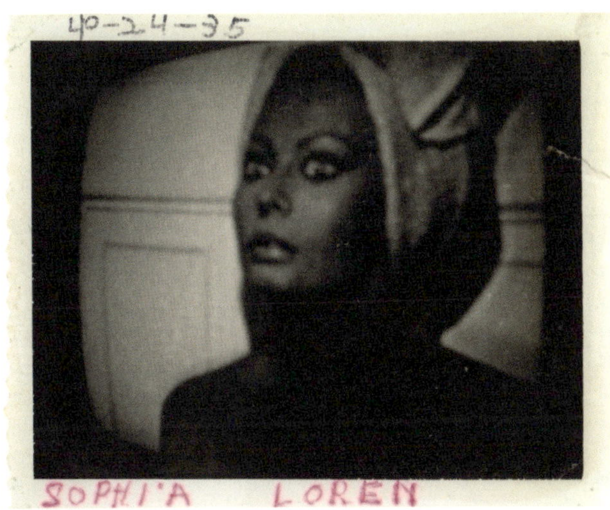
40-24-35
SOPHIA LOREN

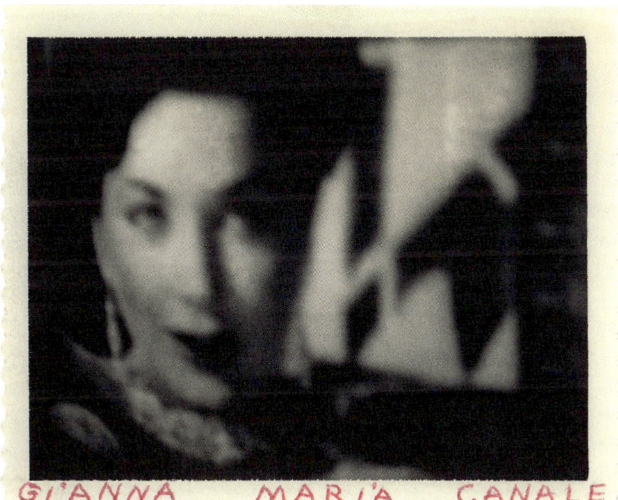
GIANNA MARIA CANALE

Elke Sommer, Jane Fonda, Gina Lollobrigida. Die Namen sind mit einem roten oder rosafarbenen Kugelschreiber an den Rand geschrieben. 37-22-35 – auf einigen Bildern stehen Zahlen, das sind Körpermaße. Wenn ihn Körpermaße interessieren, warum fotografiert er nur Gesichter? Schmachtend, träumerisch, entschieden, verführerisch, müde, verschlossen, ohnmächtig, wütend – doch immer nur »fast«, »ein wenig«, nur auf dem Weg zum Ausdruck. Was macht diese Frau, was fühlt sie, was hat sie vor? Es bleibt offen. Selbst die Schönheit – alle Frauen hier galten als schön – ist verfremdet, in Frage gestellt, vielleicht sogar ignoriert (oder war sie eine Voraussetzung?), um etwas anderes zu finden. Die Geschichte des anonymen Fotografen ist so verschwommen wie seine Fotos, als wäre es ein durchdachtes Kunstprojekt, allerdings ein posthumes. Wir können nur vermuten, dass er wahrscheinlich ein Mann war, eher arm als reich, dass er eine fixe Idee hatte und eine Polaroidkamera vom Typus 42. Er hat seine Fotos niemandem weitergegeben, aber er hat sie auch nicht zerstört. Irgendwo in New York wurde diese Sammlung von 950 Polaroidbildern gefunden, möglicherweise bei einer Wohnungsauflösung, dann kam der erste Händler, dann der nächste, und die Sammlung landete in einer Galerie. Ich dachte kurz ans amerikanische Storytelling und daran, dass das Ganze eine Fälschung sein könnte. Solche Geschichten anonymer Menschen erlauben uns, unerkannt im Zwielicht zu forschen.
Gerade diese Masse der Fotos scheint einen Sinn zu erzeugen: Hier hat jemand etwas gesucht, studiert und skrupulös gesammelt. War er ein stiller, einsamer Ästhet? Ein Mann, der nach dem eigenen Geschlecht sucht? Ein Perverser oder ein Kranker? Und wo ist die Grenze?

Er versucht, das Flüchtige zu fangen, eine weibliche Flüchtigkeit, die nur von Frauen beherrscht und wiedergegeben wird; er versucht, etwas Unfassbares zu fassen, das jenseits der Emotion liegt, und dies in der Zeit vor dem Videorekorder, als man den Moment noch nicht mit der Pausentaste anhalten konnte. Mir wurde von einem Transvestiten erzählt, der meinte, der Fotograf müsse ein Transvestit gewesen sein, denn er habe über das weibliche Aussehen bereits alles gewusst. Er musste es nicht mehr fixieren, er suchte nach einem Element, das sich nicht direkt in der Physis ausdrückt, er versuchte, das Weibliche zu finden, das Weibliche an sich, das zwischen den Gesten schwebt; etwas, das man in der statisch inszenierten Weiblichkeit der Illustrierten nicht findet. Ist es der Verlust von Kontrolle über ihren eigenen Ausdruck, der seine Begierde weckt?
Dieses Flüchtige und Instabile wollte er für sich behalten und die Frauen in seinen Bildern einsperren, wie Vögel im Käfig, so wie sie bereits im Fernseher eingesperrt waren. Auch ich bin in den Sog seiner Suche geraten.

06.09.2015

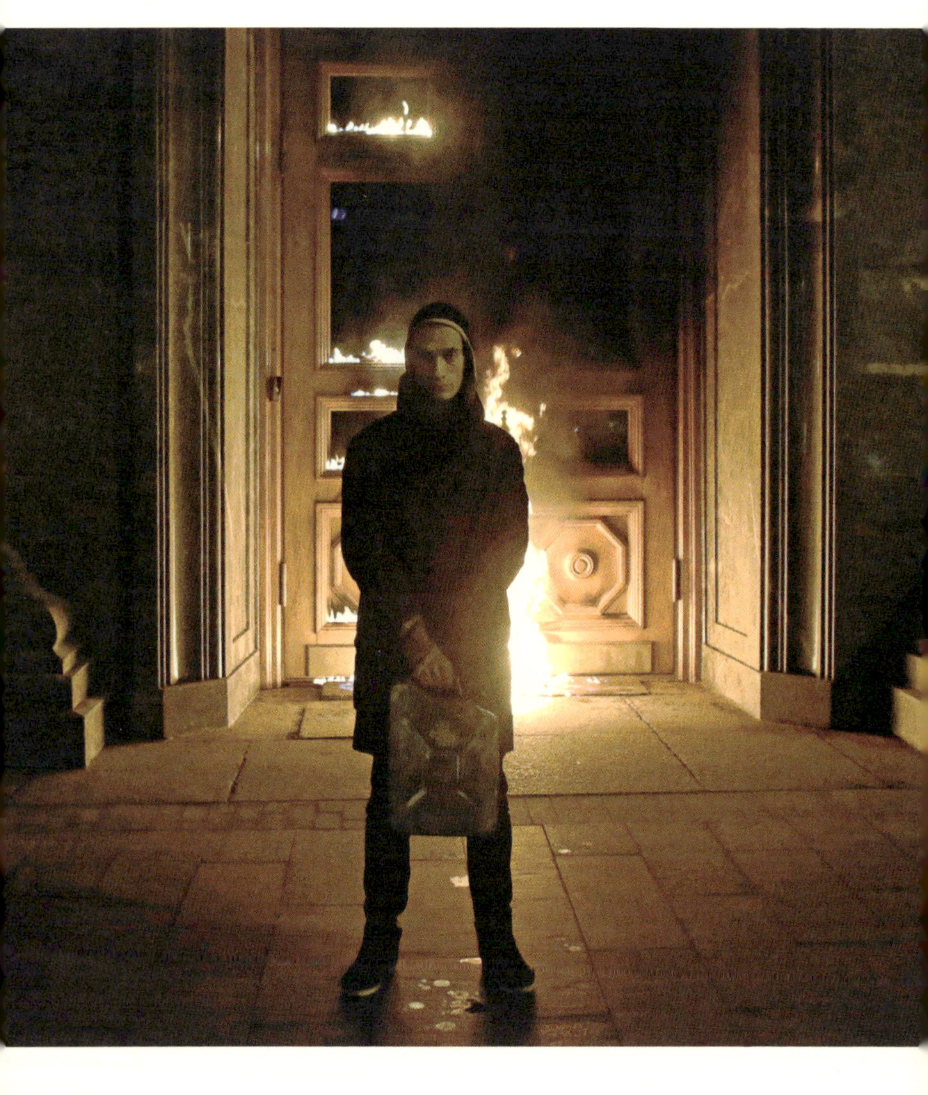

AUTODAFÉ

Ein diabolisch verhängnisvoller Flammenglanz. Ein Mann mit asketischem, vom Leid angerührten Gesicht steht vor brennenden Türen. Das Foto wirkt unheimlich, als sähen wir einen Märtyrer am Eingang zum Inferno. Und so ist es auch: Hinter diesen »Toren« befindet sich einer der schrecklichsten Geheimdienste, der Millionen von Leben auf dem Gewissen hat, ohne sich jemals öffentlich dazu zu bekennen, und der nun wieder die Macht über das Leben von Menschen in dem riesigen Land übernimmt. Heute FSB, früher KGB, NKWD. Hier ist der Eingang zum Archipel Gulag, mit allen seinen Höllengängen, mit allen unschuldigen Opfern, die nicht einmal Dante hätte beschreiben können, denn auch er und seine Begleiter wären hier verschlungen worden. Der Mann auf dem Foto möchte hinein.

Am 9. November 2015 (schon von diesem Datum mit seinen fatalen Wiederholungen bekommt man Gänsehaut) hat der russische Aktionskünstler Petr Pavlensky das Tor zur Lubjanka angezündet, das dann so überzeugend brannte, als wäre das Feuer dessen natürlicher Zustand, als hätte Petr nichts angezündet, sondern nur gezeigt, wo es in Russland brennt. Mit dem Kanister Benzin hat er auch die Grenzen der Kunst in Brand gesetzt, denn man kann kaum mehr erkennen, was die Entblößung der Realität ist und was Kunst, worin die Tat besteht – und vor allem: Wer ist eigentlich der Täter?

Die Aktion hat zwei Beteiligte: Petr und das Monster. Petr fordert den Staat zum Duell, denn der Staat hat ihn als

Bürger in seiner Würde und in seinen Rechten verletzt: »Die brennende Tür der Lubjanka ist der Handschuh, den ich der terroristischen Drohung ins Gesicht geworfen habe«, erklärte er vor Gericht. Es sei der FSB, der 146 Millionen Menschen im Lande bedrohe und unterdrücke, dagegen müsse er kämpfen.

»Wollten Sie jemanden töten?«, fragt der Staat höflich und entlarvt damit die Denkweise der Machthaber. Die Aktion, das Foto, jedes Wort, das Petr nun sagt, beleuchtet unerwartete Winkel des historischen Gedächtnisses. Sogar der schlichte Dialog »Wer sind Sie?« – »Ich bin Künstler« – »Künstler. Bei welcher Organisation?« – führt uns zurück zum Prozess gegen Josef Brodsky. Zuerst sollte Pavlensky für »Vandalismus« zu drei Jahren Haft verurteilt werden. Er war mit dieser Formulierung nicht zufrieden und forderte das Gericht dazu auf, seine Tat als »Terrorismus« einzustufen. Wenn der ukrainische Regisseur Oleg Sentsov eine Tür anzündet, dafür vom FSB nach Russland verschleppt wird und dann wegen Terrorismus zu 20 Jahren (!) verurteilt wird, dann möchte er, Petr Pavlensky, ebenfalls wegen Terrorismus angeklagt werden. Er übertrifft die Logik der Gesetzlosigkeit dadurch, dass er seine eigene Unschuld opfert und sich freiwillig in die Hände des FSB begibt.

Pavlenskys Körper wird zu seinem Hauptinstrument, er ist zum durchtrainierten Asketen geworden. Er arbeitet auf der physiologischen Ebene: Er legt sich nackt in eine Rolle Stacheldraht, nagelt seine Hoden ans Kopfsteinpflaster des Roten Platzes (»an den Eiern packen« ist eine russische Redewendung, die Gewalt ausüben bedeutet, aber die Nägel erinnern an die Kreuzigung). Er schneidet sich das Ohrläppchen ab wie van Gogh, um gegen die Einweisung politisch Missliebiger in die Psychiatrie zu protestieren, und dann, während des Prozesses gegen Pussy Riot, näht er sich den Mund zu.

Für viele wirkt Pavlensky immer noch wie ein Verrückter, für andere ist der 31-jährige Einzelgänger ein Held. In einem Land, in dem es keinen politischen Raum mehr gibt, keine Sprache des Protests, evoziert seine mit Ohnmacht und Verzweiflung aufgeladene Aktion tiefste religiöse und politische Vergleiche. Er stehe in einer Reihe mit den frühchristlichen Märtyrern, seine Tat sei eine Liturgie. Er wird mit Giordano Bruno verglichen oder Jan Palach, der sich im Januar 1969 aus Protest gegen die sowjetische Besatzung Prags verbrannt hat. Petr verbrennt sich nicht, aber er unterzieht sich schmerzhaftesten Prüfungen. Seine Kunstaktion verwandelt sich in einen existenziellen Akt. Wie der Kritiker Aleksander Archangelskij sagt: »Das Einzige, was Pavlensky hat, ist das Recht auf Leiden, und er macht von diesem Recht Gebrauch.« Pawlensky hat die Hölle in Brand gesetzt.

15.11.2015

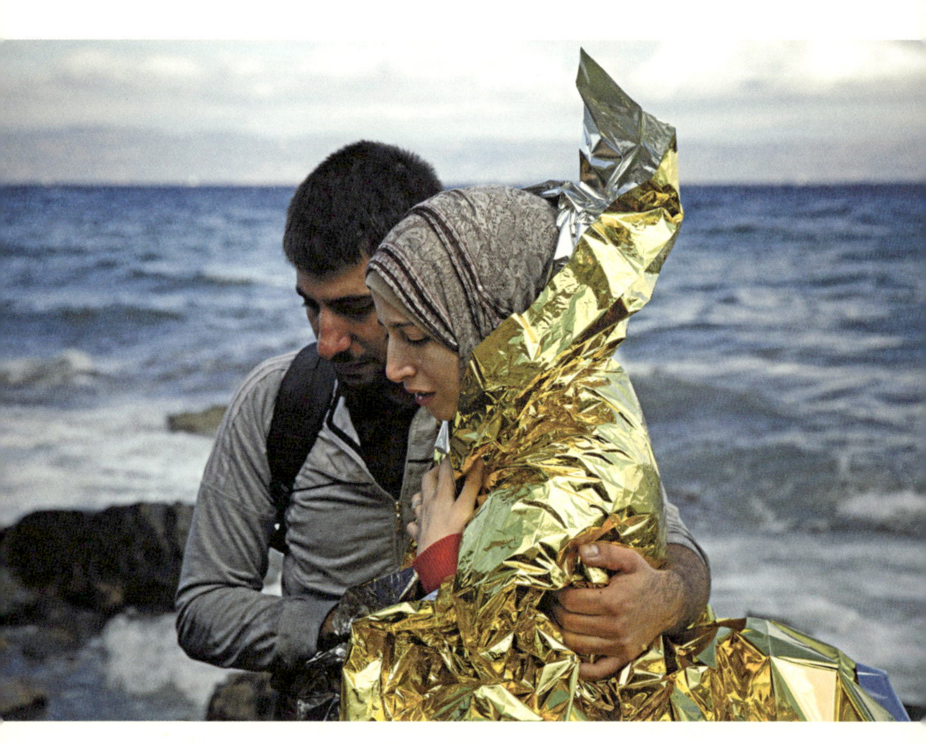

VENUS IST WIEDER DA

Vielleicht habe ich dieses Foto auch zum Trost ausgewählt, da es mich wegbrachte von Damaskus und den Bildern der Zerstörung, weg von den bis zum Horizont sich erstreckenden Flüchtlingslagern, die nicht nur im Blick, sondern auch im Kopf keinen Platz mehr fanden. Weg von den Menschen hinter den Zäunen, von brennenden Zelten, von Müll in Maisfeldern in Ungarn, von versperrten Grenzen und eigener Ohnmacht. Manche von diesen Bildern, wie das Foto mit dem ertrunkenen Kind, haben viele von uns gezwungen, genau zu begreifen, wovor geflüchtet wird, überhaupt und in diesem konkreten Fall.
Es war ein Freund, der mir in der Nacht einen Link zur »New York Times« schickte und schrieb: »Ich habe mir die Venus von Botticelli immer in einem goldenen Tuch vorgestellt.« Auf dem Foto steigt eine Frau aus dem Meer, in ein goldenes Gewand gehüllt. Seine Fehlerinnerung an die Venus, die ja unverhüllt war – kommt sie daher, dass Botticellis Figuren so hell leuchten? Weil die Venus dem Goldenen Schnitt entspricht? Weil er gerne vor der Realität der Flüchtlinge in die allgemeine Kunstgeschichte flüchtete? Das »goldene Tuch der Venus« hat mir einen Einblick in die Träume dieses Mannes verschafft, seinen privaten Raum aufgeschlossen, als stammte das Foto aus einem Familienalbum. Dieses Album zeigte aber nicht die Gesichter der Verwandten, sondern verwies auf unsere europäischen Archetypen.

Immer wieder erzeugten die Fotos aus dem Wasser steigender Menschen eine starke Unruhe in mir. Manche Bilder waren dramatisch, manche elliptisch: Die Geretteten repräsentierten auch diejenigen, die das Ufer nicht erreicht haben. Meine Unruhe verursachte nicht nur Mitgefühl, Abneigung oder Tatendrang. Die Menschen, die Flucht, das Wasser. Von der Sintflut bis zum Exodus – alles gab es in diesen Bildern. Hier sah ich etwas Biblisches, Ursprüngliches, ein Gemisch aus Glauben und Mythologien, das meine Vorstellung von »wir« und »sie« komplett auf den Kopf stellte: Wir stiegen alle aus dem Wasser, und ich meinte mich zu erinnern. Wir stiegen alle aus dem Wasser. Es waren eher vage Erinnerungen als die Fotos selbst, die uns das Ausmaß des Geschehens verrieten.

Obwohl es mir etwas manieristisch erschien, konnte ich mich von der Geburt der Venus nicht mehr trennen. Dabei irritierte mich, dass die Schönheit einer Frau, auch in der Not, besser konsumiert wird. Mit ihr wird einfacher mitgefühlt, sie lässt sich besser verkaufen.

Die aus dem Meeresschaum geborene Venus von Botticelli trägt kein Tuch, vom Himmel fallen die Blumen, sie schaut direkt »in die Kamera« und ist nackt. Ihre Nacktheit ist schamerfüllt, eine Hand bedeckt den Schoß, die andere legt sie auf die Brust. Auch die Frau auf dem Foto ist scheu, sie schaut zu Boden, eine Hand leicht auf dem Tuch, von einem Mann zart und respektvoll unterstützt. Die Venus ist ebenfalls nicht allein, Zephyros bläst und bringt sie zur Insel Zypern (die sich direkt gegenüber dem modernen Syrien befindet), in seinen Armen Aura, die Morgenbrise, haltend, und Hora, die Göttin der Zeit, eilt mit einem geblümten roséfarbenen Gewand herbei.

»Syrians arriving on Lesbos, a Greek island. The refugee crises is forcing Europe to address Syria's war«, steht unter dem Foto. »Lesbos, griechische Insel« – schlug es mir ins Herz. Die Flüchtlinge werden zu den Inseln der berühmtesten griechischen Dichterin, Sappho, gebracht. Ich schaute auf die Karte, fragte sogar die Distanz zwischen Zypern und Lesbos ab – als wäre es möglich, die Distanz von der Geburt der Aphrodite bis zur Landung der Flüchtlinge auf der poetischsten Insel Griechenlands zu messen.
Ob es dieser Vergleich war, der eine Zeile über Sappho in mir aufgerufen hat, und zwar auf Russisch? »Sie war schöner als die Venus, mit ihren schwarzen Augen gegen das Blau des Meeres.« Im Originalvers aus Baudelaires »Die Blumen des Bösen« und in der Übersetzung von Stefan George war sie doch blond und blauäugig: »Schöner als Venus durch tötlicher blässe schein / Blaues Auge besiegten unheimliche lichter ...« oder »Schöner als Venus sich über der erde erhebend ...«
Die Göttin stieg aus dem Wasser, und man konnte den Blick von ihr nicht abwenden. Vielleicht nur ein Aufblitzen der Poesie, aber mir schien sich damit das Ende Europas in seinen eigenen brutalen Ursprung zu verwandeln.

25.10.2015

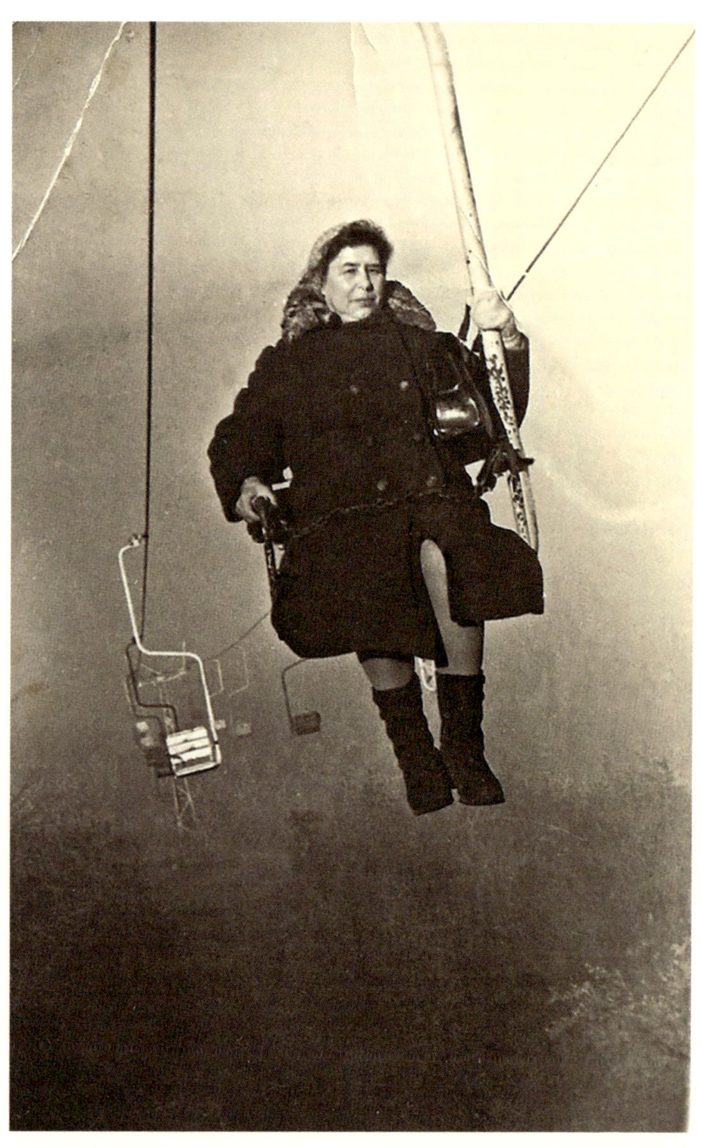

BABUSCHKA IM HIMMEL

Ich weiß nicht, ob euch schon einmal eine fremde Babuschka in Nachtträumen erschienen ist. Ich hatte das Vergnügen. Von dieser Babuschka, die über die Berge des Kaukasus schwebt, habe ich geträumt, obwohl ich in der vergangenen Zeit Hunderte anderer beeindruckender Fotos sah, von schöneren Menschen oder interessanteren historischen Ereignissen. Aber diese Babuschka hat sie alle zur Seite geschoben, sie hat meinen Horizont erobert, sie schwebte überall mit, pünktlich zur Eröffnung der Ski-Saison, sie schwebte nicht nur über die Abgründe des Internets, sondern auch über die Gebirge, über den Alltag und durch die Nächte, so dass auch ich plötzlich so viel sehen konnte, wie sie von ihrem Sessellift und in alle Himmelsrichtungen.
Das Foto stammte aus dem Familienarchiv eines Moskauer Bekannten. Es war seine Babuschka, am Anfang der Siebziger fotografiert. Ich bin in dieser Zeit geboren, aber eine solche Babuschka habe ich nicht gehabt, obwohl ich davon immer geträumt hatte – und nun war sie da.
Die Seilbahn, ein Streifen im linken Winkel (das Foto ist parallel zu einem Seil geknickt), die Babuschka sitzt auf dem vorderen Sessel, der nächste ist weiß, sie hält sich an einer Stange fest, wie in der U-Bahn, sie strahlt Würde aus, ihre Knie sind leicht gebeugt, was den Eindruck erzeugt, sie stehe in der Luft oder fliege. Sie ist adrett gekleidet, unter dem Seil zeichnen sich die Umrisse von Bäumen ab, so vage, als wären sie bereit, sich komplett in Luft aufzulösen, ihre

eigene Realität zu opfern, um den ganzen Raum und die Landschaft und das All nur der Babuschka zu überlassen. Vielleicht war es wegen der Absurdität. Im Kommentar zum Foto hieß es, dass die alte Frau auf dem Weg zum Gipfel des Elbrus war. »Ob er oder der Mont Blanc der höchste Berg Europas ist, hängt von der Definition der innereurasischen Grenze ab«, schreibt Wikipedia. Man sieht keinen Schnee, die Babuschka hatte keine Skier, und in ihrem Rock, ihren dünnen Strumpfhosen und mit der in der Sonne glänzenden Kunstlederhandtasche war sie eher für einen Konzertbesuch bereit als für die Schneespitzen des Elbrus. In der Nacht verwandelte sich in meinem Kopf der Elbrus (5642 m) in den Everest (8848 m), vielleicht nur wegen des »E«, und auch weil ich keine Ahnung von Bergen habe, aber viel von Babuschkas und ihren geheimen Kräften. Von sowjetischen Babuschkas konnte man alles erwarten, auch die Eroberung des Everests – und bitte den Lippenstift nicht vergessen!
Aber ich vergesse alles, die Seilbahn, den Abgrund, die Sitze, mir bleibt nur eine Babuschka im Himmel im Gedächtnis, eine fliegende Babuschka, keine Walküre, gewiss, sondern eine vornehme sowjetische Dame, die schwebt, egal wohin, und all die Bilder fliegen hoch: eine Hexe, die Richtung Brocken aufbricht, Mary Poppins vierzig Jahre später, Baba Jaga mit dem Besen, die Herrin des Kupferberges oder Leonid Leonow im Weltall – sie hat von alldem etwas, aber nichts trifft genau die Babuschka, dieses Rückgrat der sowjetischen Kindererziehung. Sie zieht alle Fäden und schwebt gegen die Gravitation im Sessel sitzend: »Lucy in the Sky with Diamonds«.
Das Lied von den Beatles war hier völlig albern und zugleich komplett passend. Die Großmutter eines Moskauer

Dichters ist entschlossen, von purem Vertrauen erfüllt, und die Diamanten aus dem Lied der Beatles sind bestimmt in ihrer kleinen Tasche aus Kunstleder, die in der Sonne glänzt, stellvertretend, und wie das Beatles-Lied, so stammt auch die Babuschka direkt aus dem Traum eines Kindes.
Die rechte Hand ist entblößt, die linke Hand in ihrem weißen Handschuh. Hätten wir nach dem Barthes'schen Punktum gesucht, wäre es dann die glänzende Tasche oder die nackten Knie oder die Leere um sie herum? Vielleicht ist es diese atemberaubende Leere gewesen, durch die man selbst seinen eigenen Magen zu spüren bekommt, die Leere der Erinnerung, die man an diese Frau nicht hat.
Ortskundige sagen aber, dass es keinen Sessellift auf den Elbrus gibt, es handelt sich hier um den Kurort Naltschik, weit unter den Gipfeln. Das stört ihren Höhenflug aber nicht, denn dieses Foto dokumentiert ein Märchen. Sie hat die meiste Zeit ihres Lebens nicht weit von Moskau in einem Kindersanatorium als Lift-Führerin gearbeitet, zuständig für den Betrieb der Aufzüge: Sie hat die Kinder leicht emporgehoben und darauf geachtet, dass ihnen nichts passiert. Das Foto fängt drei Träume ein: einen von mir, einen von einem Kind im Sanatorium und einen von ihr selbst, die nun im himmlischen Lift fliegt.
Ihr Enkel erzählte, in ihren letzten Tagen habe sie »Don Quijote« gelesen, und ihr Lieblingssatz, mit dem sie alle Wunder der Welt erklärte, hieß: »Daran gibt es nichts Erstaunliches.«

03.01.2016

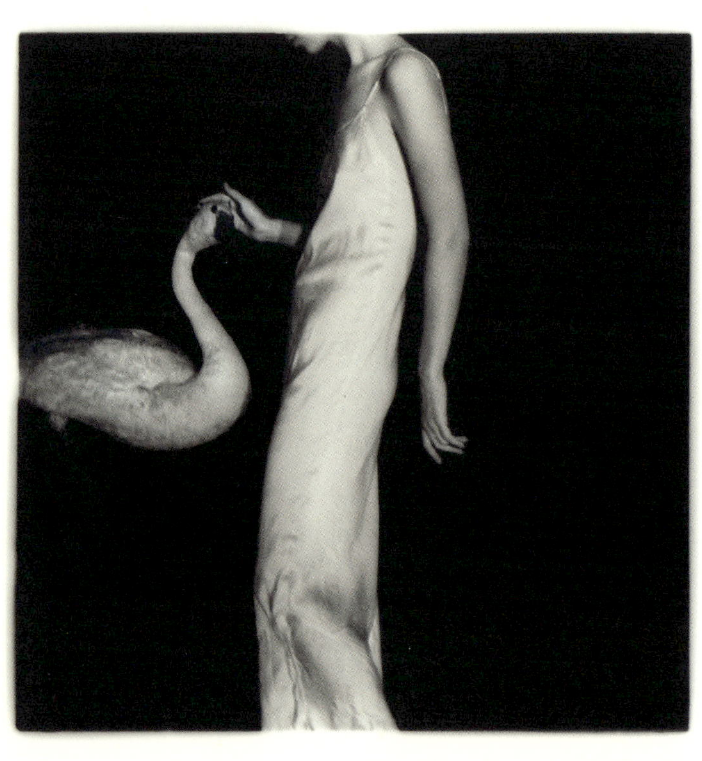

WIEDERSEHEN

Das Foto verlangte Stille, als würden Worte die Zerbrechlichkeit des Schauens verscheuchen. Ich sah es zuerst auf einem Plakat in einer fernen Stadt, es waren die letzten warmen Tage, und ich erinnerte mich noch lange Zeit an das Weiße der Frau und des Schwans im goldenen Rahmen des Herbstes. Dieses Foto versank ins Schweigen, so natürlich wie in seine eigene Dunkelheit, nur ab und zu flatterte das Weiße der beiden Körper in meinem Gedächtnis auf.
Später sah ich dieses Foto in einer Ausstellung wieder, als hätte ich einen Bekannten getroffen, es strahlte etwas aus, das man bereits kannte und nur im Alltag vergessen hatte: Vielleicht haben mich die Kräfte dieser Wiedererkennung an dieses Bild gefesselt.
Ich stand vor dem kleinen Foto, erstarrt, mit dem unklaren Wunsch, mich an jemanden zu wenden, ihn zu berühren, den Arm nach jemandem auszustrecken – denn man spürte plötzlich die eigenen Arme bis zu den Fingerspitzen – wie die Frau auf dem Bild. Ich wollte die andere Hand berühren, und wenn es nur meine eigene war, verwundert und verängstigt von der Auflösung der Materie, die im Bild zwischen den beiden Wesen stattfindet.
Die Frau ist weißer als der Schwan, ihr Körper leicht gewölbt, schlank ist sie, wie ein Blumenstengel ohne Kopf. Und der Schwan ist ohne Füße. Scheu berührt sie den Kopf des Schwans, schafft eine Verbindung, die verdunkelt und geheim bleibt. Ihre Hand überträgt den Schwung seiner

Wölbung in ihren eigenen Körper hinein, bis zum linken gestreckten Arm, der durch seine Länge und mit seiner kleinen Beugung der Handfläche den langen Nacken und den Kopf des Schwans wiederholt, nur umgekehrt. Ihre schwerelosen Finger tritt sie der Dunkelheit ab. Hat sie den Kopf wegen des Schwans verloren? Ihr Körper ist wie der Hals des Schwans, leicht wie eine Feder, und sogar die Wade zeigt den möglichen Übergang. Sie spiegeln Formen, Farbe und Struktur voneinander. Die Frau verwandelt sich in den Schwan und dieser in die Frau. Eine zarte Metamorphose, vertraut und intim, in mächtiger Präsenz eines gewaltigen Mythos: Leda und der Schwan.

Jupiter in Schwanengestalt zwingt die schöne Königsfrau Leda zur Liebe oder vergewaltigt sie sogar. Dieses Motiv wird in der Kunst häufig als natürliche Ordnung dargestellt, da es schon immer die Frage der Perspektive war, wer agieren und wer zuschauen und erzählen darf. Der Frauenkörper wird deshalb oft im Moment der höchsten männlichen Begierde als Objekt dieser Begierde dargestellt. Die Frau ist zur lustvollen Hingabe verurteilt, sie ist schwächer als der Schwan, in ihrer Üppigkeit liegt keine Stärke – sie dient nur dem Genuss. Der Stärkere hat die Macht und die Macht ist zu akzeptieren. In meiner Muttersprache reicht es schon aus, nur »Leda« und »Lebed« (der Schwan) zu sagen, um die ganze Sehnsucht nach Parität zu evozieren, von zwei Wesen, die ineinander vorhanden sind, ineinander verwandelt: Leda und Lebed.

In dem Foto gibt es keine Gewalt und nicht einmal Begierde. Keiner herrscht über den anderen, der weiße Schwan schwebt oder schwimmt (im Fluss der Vergessenheit?) direkt vor dem Schoß der Frau, »auf gleicher Augenhöhe« könnte man fast sagen, gar nicht ironisch gemeint. Ohne jede erotische Üppigkeit steht hier eine schlanke Frau, graziös, ihrer weiblichen Attribute fast enteignet, im weiß schimmernden Gewand. Die Körper sind körperlos, in vager Erinnerung an Androgynität vielleicht, oder im Streben nach Reduktion, so dass nur die destillierte Seele bleibt. Die Liebe bildet hier ein gewölbtes Ornament, das keine Fortsetzung braucht. Dabei rinnt aus dem Bild eine solche Traurigkeit, als wäre hier etwas Unmögliches dargestellt. Als wenn es doch eine Begierde gäbe? Nimmt man hier Abschied?

Francesca Woodman hat dieses Bild geschaffen, als sie achtzehn oder neunzehn war und in einer kleinen Stadt namens Providence, was Vorsehung, Hellsichtigkeit bedeutet, studierte. Die Tochter bekannter Künstler, enorm begabt, nahm sich mit zweiundzwanzig Jahren das Leben. Ob es die Schwere ihres Talents war oder der Zwang, sich vermarkten zu müssen? Wenn man zu diesem Bild zurückkehrt, krampft das Herz: als wäre alles, was die Künstlerin auf ihrer Suche nach einer eigenen Perspektive ausgemacht hat – ihr ganzes Hide-and-seek, ihr Sein oder Nichtsein –, in diesem Bild vorhanden. Eine Verwandlung zwischen Körper, Seele, Model und Fotografin. Und wie sie ihren Körper versteckt, um ihn zu entblößen, ihn sprechen zu lassen, wie sie ihn entblößt, um ihn zu verstecken oder sogar verschwinden zu lassen.

Schwäne ahnen ihren Tod voraus. Auch wenn wir eine merkwürdige, mythologische Logik in diesem Absturz zu sehen meinen, als die junge Frau in New York aus dem Fenster sprang, vor ziemlich genau fünfunddreißig Jahren, bleibt am Ende diese eine Tatsache, die in der stillen Betrachtung aus der Zeit heraustritt: eine Frau, die einen Schwan berührt.

24.01.2016

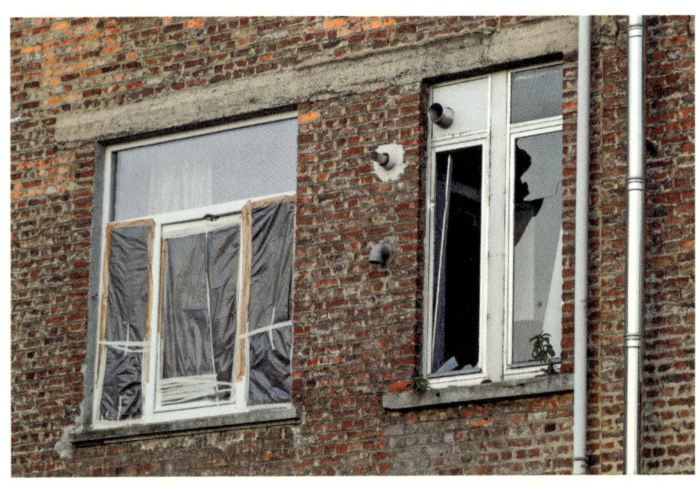

DAS SIND KEINE FENSTER

Vorletzte Woche war ich spazieren im Zentrum von Brüssel. Ich hörte Helikopter kreisen und dachte, dass man am besten im Wald leben sollte, um den städtischen Gefahren und Aufregungen zu entgehen. Ich konnte nicht ahnen, dass mir dieser Tag schon bald als sehr friedlich vorkommen würde. Ich dachte an den Wald oder, besser gesagt, an den »Forest«, da ich in der europäischen Hauptstadt hauptsächlich Englisch sprach, die großen Buchstaben der deutschen Sprache blieben aber in meinem Kopf stecken. Wieder zu Hause erfuhr ich, dass gerade ein Antiterroreinsatz stattfand – im Bezirk Forest.

Es war auch wegen des Namens: eine Wohnung geriet ins Visier, sie war auf den Namen eines der Pariser Attentäter gemeldet. Die Polizisten haben die Wohnung gestürmt, die Männer haben zurückgeschossen, einer von ihnen wurde von Polizisten erschossen, zwei sind geflohen, in der Wohnung wurden DNA der Pariser Attentäter und jede Menge Kalaschnikows gefunden. Die Medien waren schon am Abend von Bildern überfüllt, die jedoch ganz andere Dinge zeigten: gesperrte Straßen, schwerbewaffnete Polizisten, verängstigte Menschen, die sich in Läden oder hinter der Absperrung aufhielten, mit verzerrten Gesichtern. Die Bilder erzählten vom alarmierten Warten und von der Angst. Einige Fotos zeigten nur den Ort, das Haus oder zwei Fenster, die uns vermitteln sollten, dass hier in diesem Haus und hinter diesen Fenstern die Bedrohung wohnt. Diese Fenster offenbarten aber nichts vom Terror, auch nichts vom Einsatz, von der Gefahr, von den Menschen, die auf verschiedenen Seiten stehen. Wir können uns hier mit niemandem identifizieren, mit niemandem mitfühlen, wir können nicht voyeuristisch werden, denn zu beobachten gibt es nicht viel. Dennoch vermitteln die Fenster etwas Machtloses, Verwahrlostes. Was sah man aus diesen Fenstern? Sie lassen uns auch nicht hineinblicken. In einem Fenster fehlt das Glas, es wurde wohl schon früher eingeschlagen und mit Plastikfolie überklebt. Kalt muss es in der Wohnung gewesen sein. Das zweite Fenster scheint erst durch die Schießerei zu Bruch gegangen zu sein. So spiegelt sich in diesem Diptychon die Zeit, die die Entfaltung der Zerstörung in sich birgt. Die Menschen, die hier wohnten, müssen genauso verwahrlost gewesen sein wie die Fenster und wie die beiden unnützen Pflanzen auf dem Fensterbrett. Zwei Fenster, zwei Pflanzen, zwei Regenrohre und drei Ventilationsrohre, ein unfertiges Haus mit einer nackten Ziegelmauer, eine schief abgeschnittene Komposition. Dieses Foto verbirgt und konserviert mehr, als es erzählt. Es verhält sich wie ein Readymade von Marcel Duchamp, der ein undurchsichtiges Fenster anfertigen ließ, in dem anstatt des Glases schwarzes Leder eingerahmt war. Das Fenster fing den Blick auf und ließ ihn nicht mehr hinaus. So machte er aus einem Fenster-Typ french window eine frische Witwe – »Fresh Widow«, ein schlichter Hinweis auf den Ersten Weltkrieg. Auch diese zerstörten Fenster repräsentieren eine mögliche Zerstörung, als würden sie auf uns zielen.

Schon im November wandte sich die Polizei an die Brüsseler Bürger mit der Bitte, keine Fotos von Einsätzen zu posten, da dies negative oder gar fatale Folgen für ihre Arbeit haben könnte. Also twitterten sie Bilder von Katzen, Ottern, Eichhörnchen und sogar Wildschweinen, um sich abzulenken – man kann diese Reaktion unter #Forestlockdown verfolgen. Der Bilderstrom verdeckte das Geschehen, zugleich erzählte er darüber. Fotos aus der Tierwelt und dem Wald standen für idyllische Orte und Zustände, dienten der Belustigung, andererseits symbolisierten sie die Verwilderung und »die andere Welt«. Sie versteckten die Angst: »Those damn cats did it again«, »Expect cats in the woods«. Für ein Katzenfoto in René-Magritte-Ästhetik wurde der berühmte Satz benutzt: »Ceci n'est pas un chat« – es war tatsächlich keine Katze, denn es wurde hier über die Razzia berichtet.

Ich wollte hier kein Katzenfoto zeigen, keine Ersatzgeschichte erzählen, aber auch diese Fenster sind eine Metapher für jene Ereignisse, die uns in Brüssel in den folgenden Tagen überrollten, für die Unbestimmtheit unserer Zukunft.

27.03.2016

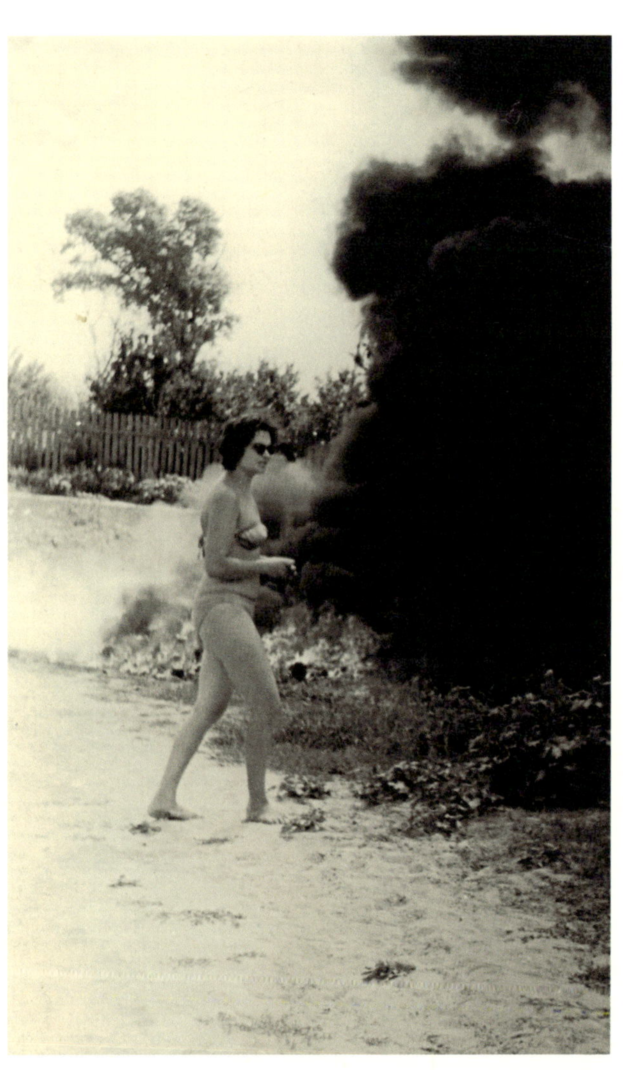

LA MAMA

Manchmal schwimmen Fotos, die einem begegnen, direkt aus den Träumen heraus. Ich las »Der Schlaf der Gerechten« von Wolfgang Hilbig, und der Kohlenrauch der Lausitzer Dörfer der Nachkriegszeit verfolgte mich, auch die Kinder dieser Dörfer verfolgten mich, ihre Mütter und die Abwesenheit der Männer, die im Krieg verschollen waren. In der englischen Ausgabe des Buches »The Sleep of the Righteous« ist eine riesige, in den Himmel ragende Wolke abgebildet, wie sie mir nun auf diesem Foto begegnete. Und dann die Frau im Bikini, die aus einem italienischen Film zu stammen schien, ungefähr aus den Zeiten von »L'Eclisse« (»Liebe 1962«).
Ehrlich gesagt weiß ich nicht mehr, was ich zuerst sah: die schwarze Wolke, die Frau, die mir unheimlich ähnlich sah, oder die Tatsache, dass diese zwei Elemente auf dem Foto ein Parallelleben führen: Die Frau läuft – die Wolke steigt zum Himmel. Oder war es der kümmerliche Baum, der etwas vage die Umrisse der Wolke wiederholt, als würde die Natur die kleine Rauch-Katastrophe verspotten? Ein Sekunden früher geschossenes Foto wäre kompositorisch besser gewesen. Die Frau läuft durch das Gelände, knips, noch zwei Schritte, knips. Aber ich hatte nur dieses eine Foto und studierte die Frau eingehend: ihr Gesicht, ihre Brille, ihren Nacken; Schultern, Arme, Brust und Bauch, die Hüften, die Beine, wie sie leicht die Füße nach außen dreht, bestimmt hatte sie in der Kindheit Ballett gemacht.

Ich sehe ihre gefalteten Hände – hatte sie Angst? Besonders ihr Haarschnitt irritiert mich, denn es ist mein Haarschnitt. Sie sieht mir tatsächlich sehr ähnlich, etwas weiblicher vielleicht, alles an ihr ist mir ähnlich, aber ich bin es nicht. Für eine kurze Sekunde ergriff mich das Gefühl, dass die Frau echter ist als ich, dass sie eine Echtheit darstellt, die ich nicht erreichen kann, ich bin nur eine komische Abweichung von dieser Frau, die im Bikini an einem Feuer vorbeiläuft, scheu und resolut.

Die Frau konnte nur meine Mutter sein, ich hatte aber meine Mutter nie zuvor mit so einem Haarschnitt gesehen, und das Foto stammte aus dem Ordner »Alle Anderen«, aber vielleicht war sie dem Ordner »Familie« entlaufen, wie sie auch der Ordnung immer entkommen war, meine ungestüme Mutter, die in ihrem Leben unvorstellbare Strecken zurückgelegt hat. Niemand kann so selbstverständlich durch die Landschaft laufen, ohne den schwarzen Rauch auch nur eines Blickes zu würdigen, der mich an die verbrannten Reifen auf dem Kiewer Majdan erinnert. Sie läuft gelassen und schaut nach rechts. Was passiert da? Lächelt sie oder wundert sie sich über etwas, was sie sieht? Ein Antonioni-Blick.

Wenn ich den Zaun hier im Hintergrund anschaue, muss ich an das Buch »Frauen im Laufgitter« (1958) von Iris von Roten denken, das ein empörter Leser mir vor Jahren geschickt hat (ich hatte etwas Frivoles über Frauen geschrieben, ausnahmsweise, im Versuch, einem Kummer zu entgehen). Dieses Buch des Schweizer Feminismus sollte mich aufklären, mich, die Tochter dieser Frau, einer Lehrerin, die mit zwanzig Jahren anfing, in der Schule zu arbeiten, und nie wieder aufhörte, auch nach sechzig Jahren nicht,

manchmal mit Bezahlung, meistens eher ohne, und die Generationen von Menschen beeinflusst hatte.
Es ist ein Datscha-Gelände. Sommer 1964. Sie ist etwas jünger als dreißig, mein Bruder ist ein kleines Kind. »Liebe 1962« von Antonioni, es stimmt. Ich werde erst sechs Jahre später geboren. Sie ist noch nicht meine Mutter. Ich bin noch nicht da. Ich weiß nicht, warum ich daran denke, aber es sind Chruschtschows letzte Monate. Im Herbst wird das sowjetische Leben nach dem kurzen Tauwetter wieder eisig, meine Mutter aber wird genauso weiterlaufen, vorbei an schwarzem Rauch, angezogen von einem Ziel, das für den Betrachter unsichtbar bleibt.

17.07.2016

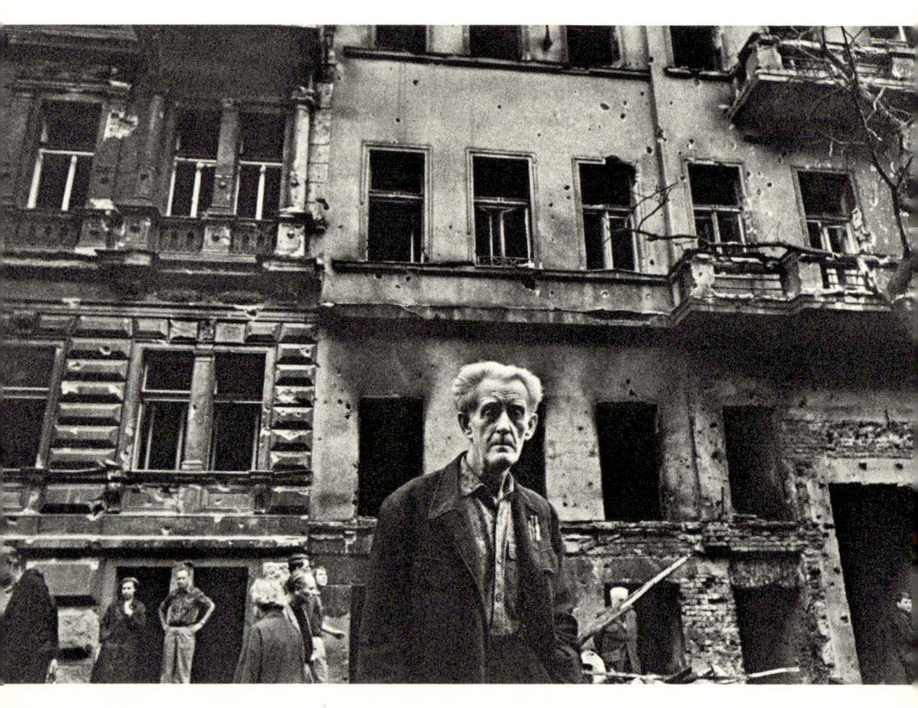

KAFKAS OHREN

Ein alter Mann schaut in die Kamera. Er ist erschöpft und verzweifelt, als hätte er Monate in Verstecken verbracht. Im ersten Moment denke ich, es sei Berlin. Es ist aber Prag. Ich hatte nicht gewusst, dass Prag im August 1968 von den Truppen des Warschauer Pakts so stark beschossen worden war. Der Mann steht auf der Vinohradská-Straße, ich kenne die Straße, erkenne sie aber nicht wieder.

Das Gesicht des eroberten Prags erobert mich. Es war Alexander Dubček, Befürworter und Anführer des Prager Frühlings, der für den »Sozialismus mit menschlichem Antlitz« plädierte. Und hier steht dieser Alte, das Antlitz von Trauer und Niederlage in destillierter Form, stellvertretend. Er beobachtet das Geschehen und bezeugt es.

In einem Laden stieß ich auf das Buch »Eyes Wide Open« von Mario Calabresi. Ich öffnete es genau auf der Seite mit diesem Bild, als hätte jemand dort ein Lesezeichen für mich hinterlegt. Jedes Jahr in den späten August-Tagen denke ich an Prag. Es gibt Jahresdaten, die einen immer beißen, wenn auch nur ganz kurz, wenn auch in der Mitte des Urlaubs, besonders Daten historischer Unglücke.

Dieses Foto stammt vom tschechischen Fotografen Josef Koudelka, der zu einem der wichtigsten Chronisten dieser Tage geworden ist und der die Initialen von Josef K. trägt, der Hauptfigur in Kafkas »Prozess«. Wie viele andere glaubte er am Morgen des 21. August 1968 zuerst nicht, dass es wahr sein könne: sowjetische Panzer auf den Straßen. Er

rannte durch die Stadt, mit der Kamera, und fotografierte alles, was er sah: Empörung, Widerstand, Verzweiflung, und auch das Schweigen der Menschenmenge.
Ein junger Mann schreit einen sowjetischen Soldaten an, ein Mann wirft Steine auf Panzer, ein anderer (ein Priester?) versucht, Gewalt zu verhindern: er kniet und fleht. Frauen, die weinen und ihr Weinen nicht verstecken. Menschen, die entlang der Straße vor ihren Häusern stehen, alle in eine Richtung schauend. Dort sind die Panzer. Dramatische, dynamische Bilder. Koudelka fotografierte drei Tage lang, hat 200 Filmrollen benutzt, wie er später sagte, »nur für sich selbst«. Mutig sei er nicht gewesen, meinte er, mutig seien jene sieben, die auf dem Roten Platz in Moskau gegen die Besatzung von Prag protestierten und nach drei Minuten verhaftet wurden.
Manche seiner Prager Bilder sind zu Ikonen geworden. Die ersten wurden 1969 veröffentlicht, blieben aber mehr als vierzehn Jahre anonym, unterzeichnet nur mit »P. P.« für »Prague Photograph«. »Jemand musste Josef K. verleumdet haben, denn ohne dass er etwas Böses getan hätte, wurde er eines Morgens verhaftet.« Josef Koudelka wurde jedoch nicht verhaftet, er emigrierte 1970, wollte aber seine Eltern, die geblieben waren, durch seine Anonymität schützen. Er sagte damals seinem alten Vater, der Schneider war, dass er »Russen fotografiert hatte« und wegmüsse. Seine Eltern haben die berühmten Bilder niemals gesehen.
Dieses Foto kannte ich nicht. Die Stille, das verbrannte Haus, die Menschen vor der Wand des stark beschossenen Hauses nebenan, der alte Mann. Seine klaffenden Augen gleichen den schwarzen Fenstern hinter ihm. Ich sah seine Ohren und dachte an die knabenhaften Ohren von Kafka.

Widerspenstiges verschwand sofort. Es blieb eine beinahe transzendente Gestalt, ein alter Mann, die ewige Eule. Mir scheint sogar, dass er hier noch stehen würde, wenn die Häuser hinter ihm zusammenfallen würden.

Historiker sagen, Kafka habe eine besondere Rolle für den Prager Frühling gespielt, denn seit einer Kafka-Konferenz in Liblice 1963 war der Prager Schriftsteller zur Interpretationsfläche für zahlreiche Debatten über den Menschen und die Gesellschaft, die Entfremdung und den Sozialismus geworden – eine versteckte Debatte über staatliche Gewalt. Wem gehört Kafka?

Der alte Mann schaut in die Kamera, als sehe er die junge Generation, die gerade erstickt, die verliert, die sich unterwirft. Als sehe er schon die Feuer der Zukunft und auch Jan Palach, der sich im Januar auf dem Wenzelsplatz verbrennen wird. In der Zeit der Betrachtung passiert aber etwas, das Foto macht einen Bogen, als würden wir auf den Vater von Josef Koudelka, den alten Schneider, zurückschauen, und auch auf die ewigen Geister dieser Stadt.

28.08.2016

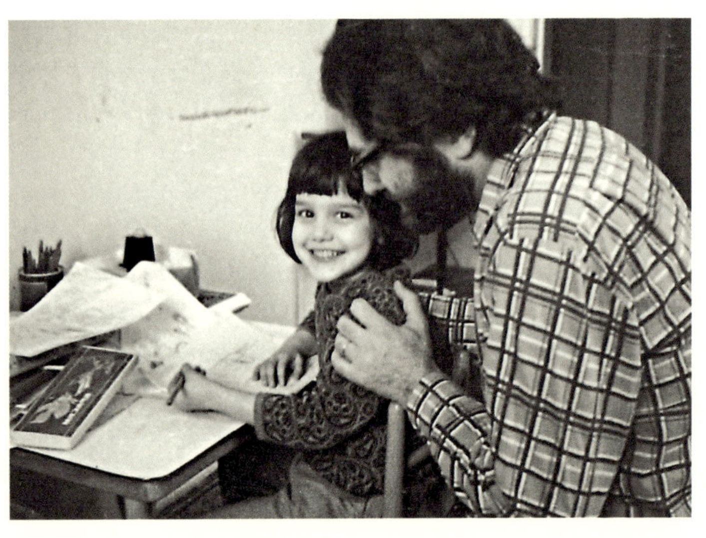

KINDHEIT VERKEHRT

Dieses Foto hat mir einen Schock versetzt. Nicht nur, weil ich es nie zuvor gesehen hatte. Es war dieses Gefühl, das jeder kennt, der zufällig alte Fotos von sich entdeckt: ein Stück von sich selbst, an das man keine Erinnerung mehr hat und das man nicht zu vermissen meinte. Das Foto erhellt plötzlich einen kleinen Fleck in der Dunkelheit des Vergangenen: eine Straßenbiegung, ein vergessenes Spielzeug oder eine Lampe, ja, selbst wenn es nur um eine Lampe geht: Diese Lampe! Wie konnte ich sie nur vergessen! Alles begann, als mir ein Verleger in Kiew erzählte, er habe gerade einen Koffer mit Aufnahmen aus den sechziger bis achtziger Jahren erhalten. Tausende Negative lagen in diesem Koffer, sie zeigten die Geschichte der Stadt, Fotos aus halb verbotenen Versammlungen, schöne Gesichter von damals, darunter viele sowjetische Skurrilitäten. Und auch meine Kindheit fand sich darin.

Ich hatte schon ähnliche Fotos aus derselben Serie gesehen: mein Bruder und ich in unserer alten Wohnung. Wie hieß die Straße doch gleich? Auf einem dieser Fotos lächelt er offen und ich eher verlegen, er ist elf Jahre alt, ich bin erst drei, er ist gut ausgeleuchtet, ich bin in seinem Schatten – so wie ich uns beide mein ganzes Leben lang wahrgenommen habe: mein Bruder mit seinem Licht und ich mit meinem Schatten.

Als ich nun dieses Foto sah, das kleine Mädchen und ihr Vater, da kam, noch bevor ich »Wie süß!« rufen konnte, der Schock: Ich malte mit der linken Hand!

Es war eines der ersten Dinge, die mich in Deutschland verblüfften: Neben der erstaunlichen Menge von Apotheken und Frisörsalons gab es unbegreiflich viele Linkshänder, und zwar in meiner Generation. Unter meinen Freunden, die mit mir in der sogenannten Sowjetunion aufwuchsen, kannte ich keinen einzigen. Und hier: Dutzende, Hunderte, einer interessanter als der andere, schöner, attraktiver, irgendwie sexy, diese Linkshänder. Diese verqueren Bewegungen, diese ungeschickte Anmut! Ich habe sie beneidet, als gehörten sie zu den Auserwählten, wie die Engel im »Himmel über Berlin«.

Erst kürzlich ist mir aufgefallen, dass ich Gegenstände vermehrt mit links greife, etwa wenn mir etwas zugeworfen wird, wenn ich mich schützen will oder wenn ich ein Stück Papier vom Boden aufhebe, dann macht das die linke Hand, obwohl ich mein Leben lang mit rechts agiert habe. Vielleicht werde ich älter, dachte ich, und die Verdrängungen meiner Kindheit treten nun zutage. Insgeheim nahm ich an, dass auch ich ein Linkshänder gewesen bin oder einer geworden wäre – vielleicht sind wir ja alle mit Gewalt umgeschult worden, da man mit der linken Hand nicht schreiben durfte, und nun trage ich tiefste Verletzungen und Verzerrungen in mir, von denen ich niemals erfahren habe. Denn es geschah so früh, im Kindergarten, als man lernte, mit Besteck umzugehen. Natürlich erinnert man sich nicht daran. Alles, was ich versäumt habe, war vielleicht nur deswegen. Es war nur eine Vermutung, die ich – nicht ganz ohne Ironie – bisweilen wiederbelebte.

Und dann dieses Foto. Ich, mit linker Hand. Mein Vater neben mir. Alles gut, kein Drama, ich male mit der Linken, und er ist glücklich. Ich rannte zu ihm und erzählte ihm von dem Bild. Er konnte es nicht fassen und meinte, dass er sich daran erinnern würde, an meine Linkshändigkeit, er war sehr aufmerksam in solchen Dingen. Er habe, sagte mein Vater, doch ein Buch über den Zirkus geschrieben. Na dann, sagte ich, und wir begannen, das Foto zu studieren, aufgeregt, aber pedantisch, als ginge es um ein Rätsel oder einen Zaubertrick. Schade, dass man das Zimmer nicht sieht, sagte mein Vater, und auch nicht die Knopfleiste von meinem Hemd. Warum, fragte ich. Wir müssten verstehen, ob das Negativ nicht seitenverkehrt sei, an der Knopfleiste erkenne man das. Wir suchten weiter, und ich fragte mich, was nun magischer wäre: die Erklärung zu finden oder gerade nicht. Auf der Schachtel, die auf dem Foto zu sehen ist, erkennt man Buchstaben, aber ich konnte sie nicht entziffern, sie wirkten verschwommen, zu klein. Dann sagte mein Vater: Schau mal, mein Ring ist an der linken Hand, ich habe ihn aber rechts getragen. Traurig nahm ich den Spiegel, richtete ihn auf die Buchstaben der Schachtel und erkannte das russische Wort für »Farben« – und alles verschwand: Ich war nicht mit Gewalt umgeschult worden, und auch meine psychischen Eigenheiten lassen sich nicht dadurch erklären. Schade! Auch die Zugehörigkeit zu den linkshändigen Engeln von Berlin war weg. Stattdessen kam das Foto zum Vorschein: ein kleines Mädchen mit seinem Vater, in einem seltenen Moment der Ruhe. Die Möglichkeit, linkshändig zu sein, war jedoch so nah gewesen, dass sie ein bisschen in mir geblieben ist.

09.10.2016

RESTRICTED AREAS

Als ich dieses im Schnee gestrandete Flugzeug sah, zog sich mein Herz zusammen, als würde ich Mitleid einem Flugzeug gegenüber empfinden. Es sah wie ein verwundetes Tier im Schnee aus, eine Mischung aus Wal und Robbe, es war in Not. Ich suchte hier nach Spuren eines Unglücks. Selbst die dünne rote Stange deutete ich als Blutspur. Oder vielleicht schlief es einfach einsam? Das Amphibien-Senkrechtstart-Flugzeug WWA-14 ist das einzige seiner Art.
Es war vor ein paar Tagen, als ich den ersten Schnee auf der Bahnstrecke zwischen zwei großen Städten sah. In beiden hatte es geregnet, und dazwischen war ein weißer, einstündiger Schneestreifen entstanden, wie aus dem Nichts, aus der unvermeidlichen Zukunft vielleicht, als Vorbote des Winters. In der morgendlichen Dämmerung verwandelte die Weiße eine sonst sehr nüchterne Landschaft in ein ödes Gelände, in das Relikt eines Traums.
Weiße Stämme weißer Bäume, weiße Umrisse weißer Gebäude, auch Bahnhöfe waren weiß, frisch gestrichen von dem gefallenen Schnee. Alles schien verlassen, kein Mensch war zu sehen. Nur unser Zug fuhr vorbei, als wären wir die Letzten überhaupt. Man konnte nicht prüfen, ob die Welt da draußen tatsächlich existiert. Alles geschah im Halbschlaf, auf der Grenze, irgendwo an einem Ort, an dem man die Welten erträumt.
Die 32 Bilder aus dem Band »Restricted Areas. Relikte einer Utopie« von Danila Tkachenko zeigen eine Reise durch

das verschneite Universum der ehemaligen Sowjetunion – Zentralrussland, Komi, Ural, Sibirien bis nach Kasachstan –, eine Reise, die einem Traum nachgeht, eine Reise in eine gescheiterte Zukunft. Tkachenko fotografiert Sperrgebiete: Militär- und Testgelände, kontaminierte und geschlossene Städte, verlassene Siedlungen. Alles ist in Weiß gehüllt: Wohngebäude in einer verlassenen Wissenschaftsstadt nördlich des Polarkreises, ein Hangar auf einem Testgelände für biologische Waffen, ein ehemaliges Observatorium im Nebel, wie der Kopf des Riesen aus einem Märchen, das größte dieselbetriebene U-Boot der Welt, das auch im Schnee liegt, ein neoklassizistischer verschneiter Palast in einer ehemaligen Bergbaustadt, die später zum militärischen Übungsgelände wurde und als Ziel der Bombardierung diente. Es war vor kurzem, es ist so lange her. Die Objekte sind erkennbar und entfremdet zugleich. Sie sind Zeugen einer Welt, die an Fortschritt glaubte, an die Eroberung von Zeit, Raum und Natur und die sich hier vor unseren Augen in Leere, in Entropie auflöst. Das ganze Land wurde zur »restricted area« gemacht. Der Mensch hat diese Welt erdacht, und nun gibt es hier keine Menschen, diese Welt ist nicht für Menschen.

Die Bilder sind reine Form, reduziert, minimalistisch. Das radikalste Bild des Bandes ist ein in der Mitte einer weißen Landschaft schwebender Stock, wie eine Linie, ein Strich in der Luft, eine Klarheit in der klaren Leere. Der Stock muss unten wohl im Schnee stecken – aber oben? Oben sieht er genauso aus, dadurch wird hier die Schwerelosigkeit erzeugt. Minimalistisch wird das Notwendige gezeigt. Monatelang hat Tkachenko auf den Schnee und die richtigen Lichtverhältnisse gewartet. Keine Erde, kein Himmel

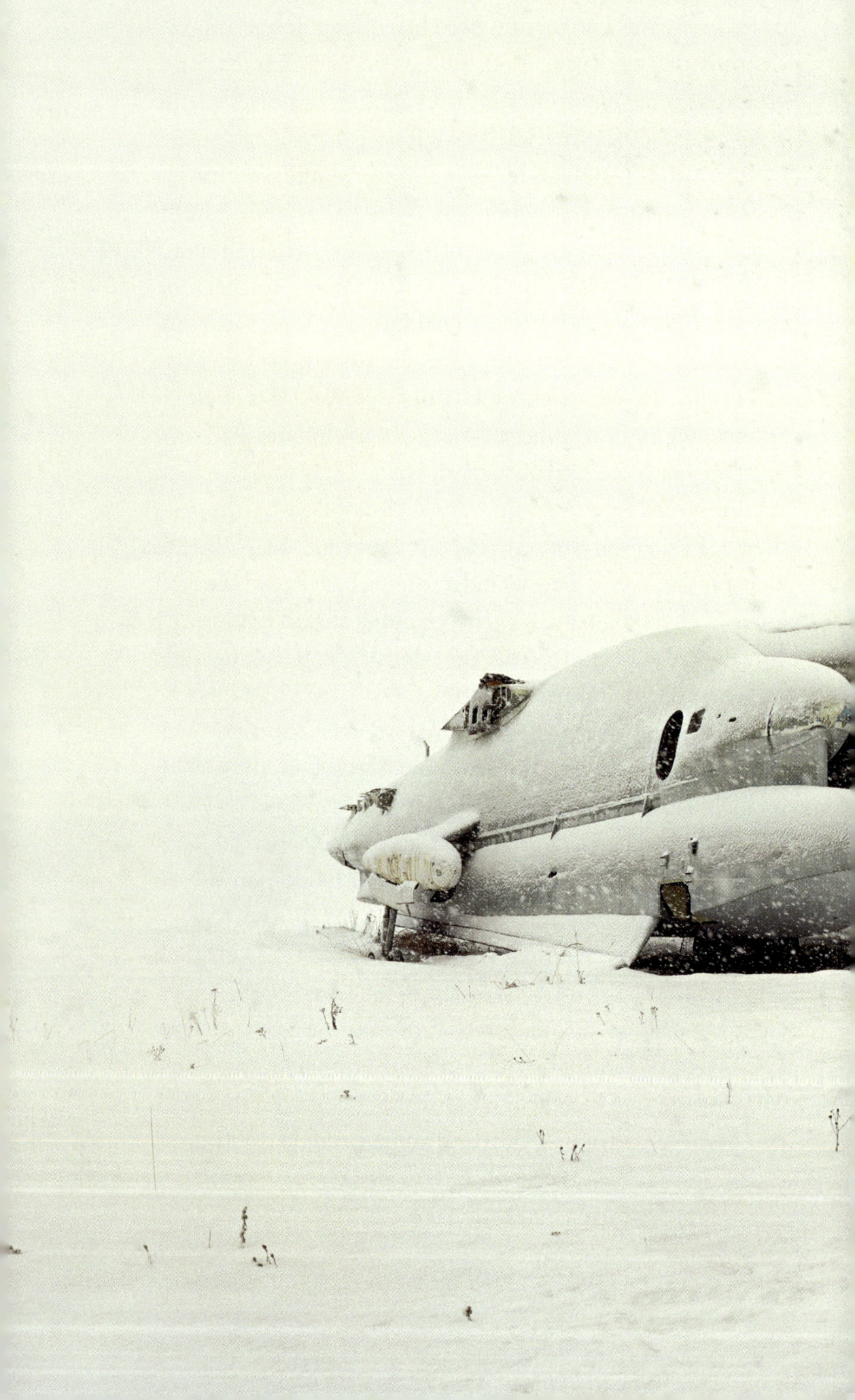

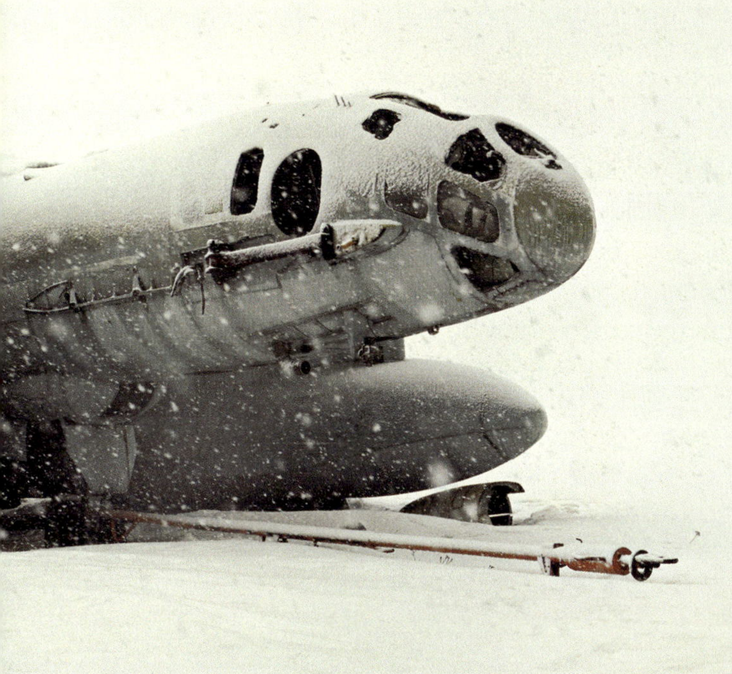

und keine Wolken, nur die Leere, die Gleichmäßigkeit des Weißen. Nichts ist morbid. Alles soll weiß und verloren sein, wie das Ziel, das hier irgendwann alles bestimmte.
Tkachenko, der im Jahr vor dem Mauerfall geboren wurde, hat keine Illusionen über die Gefahren seiner Reise. Als Vorwort stellt er seinem Band einen Abschnitt aus der »Zeitmaschine« von H.G. Wells voran: »Ich fühlte mich nackt und hilflos in einer fremden Welt ausgesetzt.« »Restricted Areas« ist eine Hommage an eine Epoche, die so stark in die Zukunft ausgerichtet war, dass sie blitzschnell in der Steinzeit landete. Eine Hommage an die atomare und interplanetare Forschung, an den einmaligen Enthusiasmus, an den Fortschrittsglauben und die Werkzeuge seiner Gewalt. Diese Gewalt hat Millionen Menschen in den Schnee geführt. Hier liegt auch der endlose Schnee des Gulag aus Warlam Schalamows Kolyma-Erzählungen.
In der Welt dieser Fotos herrscht posthume Stille. Die Eiszeit ist gekommen. Die Weiße bewahrt Objekte für die Ewigkeit. Sie werden zur Idee von sich selbst, zum Phänomen, als wäre ihre Existenz unauslöschlich. »Langsam schwand seine Seele, während er den Schnee still durch das All fallen hörte, und still fiel er, der Herabkunft ihrer letzten Stunde gleich, auf alle Lebenden und Toten.«

27.11.2016

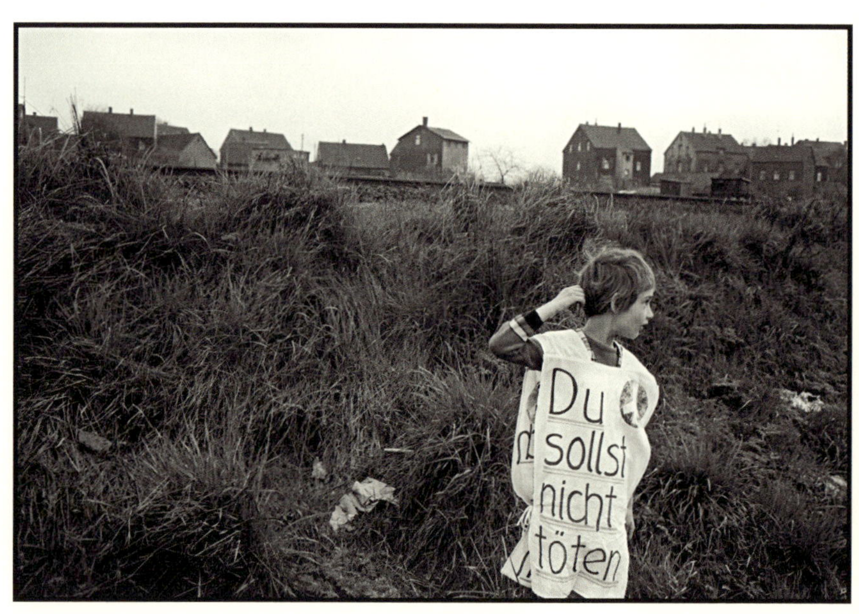
Du
sollst
nicht
töten

CASTROP-RAUXEL

Unaufhörlich dachte ich, dass die Zeit sich gerade verändert, wegen Trump oder wegen Aleppo, vielleicht eher wegen Aleppo, und ich dachte an irgendwelche »anderen Zeiten«, an die Möglichkeit, etwas zu bewirken, oder eher an die Unmöglichkeit, etwas zu bewirken, als stehe man allein in irgendeiner windigen Landschaft mit einer Bitte, mit einem stummen Gebet und schaue in alle Himmelsrichtungen in der Hoffnung auf eine Unterstützung, so wie dieses Kind. Es steht auf der Wiese, gehüllt in ein Gebot, allein und etwas verloren, schaut zur Seite, als würde es etwas fragen wollen – stehe ich richtig? –, vielleicht waren eben noch alle hier gewesen, aber nun ist es allein und muss hierbleiben. Es würde lieber wegrennen, unbewusst von seiner Botschaft, ein Osterhäschen. So berührt es seine Haare.

Zwanzig Jahre nach dem Kriegsende fotografiert der Amerikaner Leonard Freed eine Antikriegsdemonstration im Ruhrgebiet, »Castrop-Rauxel, 1965«, und kommentiert das Foto in seinem Buch »Made in Germany« (1970): »Die Antikriegs-Demo zog sich wie eine kaputte Halskette auf der ländlichen Straße auseinander.« Dieses Kind ist ein kleines Glied dieser Kette, vielleicht hat die Mutter den Umhang genäht, und der Vater hat die Worte »Du sollst nicht töten« gemalt, meinte Freed. So steht das Kind als Target, als Ziel, für diejenigen, die Bomben abwerfen oder Bomben bauen, die in die Rüstungsindustrie investieren, vielleicht ist dieses Kind Teil der Ostermärsche, die schon

1965 gegen Atomwaffen protestierten. Sein Friedenszeichen ist zerknüllt.
Am Horizont stehen Häuser, eine Arbeitergegend, von der Wiese abgeschnitten durch Eisenbahnschienen, ein Bestandteil der deutschen Landschaft. Die Gräser sind »ungekämmt« (wie in einem Tarkowski-Film), sie beherrschen das Bild und wiederholen die Haarbewegungen auf dem Kopf des Kindes, die Haare scheinen aus dem Gras zu bestehen, als wäre die Landschaft ein Close-up, eine Vergrößerung seines Kopfes. Das Kind ist Teil der Landschaft, ein Lebewesen, das aus der Natur entstanden ist. Nicht töten! Und obwohl ich das Bild niemals zuvor gesehen und den merkwürdig klingenden Namen des Ortes nie gehört hatte, schien mir das Foto sehr vertraut, wie aus der christlichen Ikonographie der Menschenopfer entstanden, mit einem Lamm im Mittelpunkt. Sogar der herumliegende Müll schien mir von den alten Meistern geschaffen, Breughel zum Beispiel, Gott weiß warum. Die Einfachheit der Komposition und die Einheit der Landschaft, der Figur und der Linien führt zu einem anderen Bild, dem »Schrei« von Edvard Munch – alles besteht aus dem Schrei, – das Kind jedoch ist still und schaut weg.
Ich hatte in einem Antiquariat das Buch »Re-made. Leonard Freeds Deutschland« gefunden. Etwas Kindlich-Ritterliches war schon in diesem Titel, in diesem »Freed«, als hätte ein gewisser Leonard Deutschland befreit. Es ist ein Buch über einen amerikanischen Fotografen, der seit 1952 immer wieder nach Deutschland kam und fotografierte – die Spuren des Krieges und den Kölner Karneval in Ruinen, Menschen in Geschäften und auf den Plätzen, Landschaften und kleine Städte, Demonstrationen in West- und Ost-Deutschland zu

verschiedenen Zeiten. Er hat auch ein Buch über das jüdische Leben in Deutschland nach dem Krieg gemacht.
1952 kam er nach Paris und hat begonnen, Deutsch zu lernen, in Rom hat er – unter einer Palme – eine junge deutsche Frau getroffen, die er später heiratete, er lebte in Amsterdam, kam immer wieder nach Deutschland, ein historisches Gefühl, eine Schicksalsmelodie zog ihn immer wieder hierher, und als im August 1961 die Mauer gebaut wurde, stand er neben den amerikanischen Soldaten am Checkpoint Charlie.
Leonard Freed war der Sohn einer jüdischen Familie aus Minsk, die 1917 nach Amerika auswanderte. Er wuchs in Brooklyn auf und ging nach Europa, auf der Suche nach Spuren, die beinahe ausgelöscht waren, und so suchte er nach den Ursprüngen der europäischen Gewalt, und diese zwei Themen blieben für ihn auf immer untrennbar.
Der Fokus des Bildes ist nicht auf das Kind gerichtet, sondern daneben, als würde der Fotograf, aus ethischen Gründen, nicht auf das Kind zielen, er nimmt das Gras aufs Korn. Aber wir schauen auf das Kind, auf das Mädchen. Es wendet sich von uns ab und lässt uns mit seiner Mahnung allein. Aber warum glaubt es, dass ausgerechnet wir ihrer bedürfen?

18.12.2016

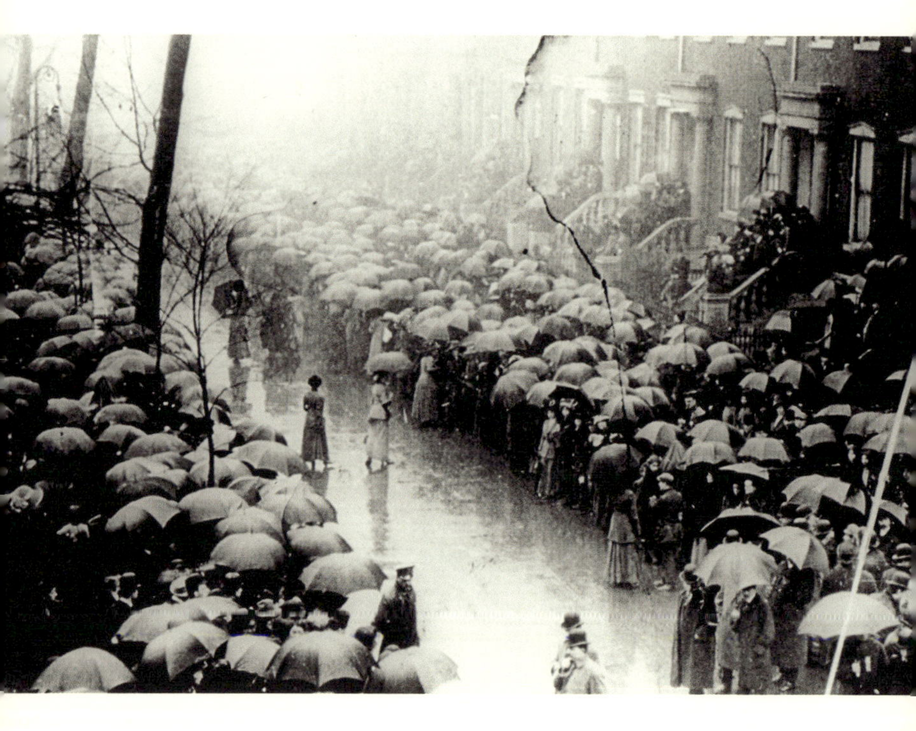

ENDLOSER REGEN

Dieser Regen blieb den New Yorkern noch lange im Gedächtnis. Auch die Menge der Regenschirme. Vierhunderttausend Menschen waren an diesem 5. April 1911 auf den Straßen. Sieben Särge, in Blumen versunken, wurden von weißen, in Netze gehüllten Pferden durch die geraden Linien Manhattans gezogen. Hunderttausend Menschen folgten schweigend der Prozession, dieser »Parade der Trauernden«, dreihunderttausend standen still auf beiden Straßenseiten, sechs Stunden lang.

Hier sehen wir die Wartenden. Der Regen fiel, aber er löschte die Glut nicht. New York bestattete die letzten Opfer des Feuers, das zehn Tage zuvor 146 Todesopfer in einer Nähfabrik gefordert hatte. Fast alle Opfer wurden von ihren Verwandten begraben, sieben aber konnten nicht identifiziert werden. Die Stadt adoptierte sie: Die New Yorker verabschiedeten sich von ihren anonymen Mitbewohnern, mit denen sich jeder identifizieren konnte. Der Fotograf blieb unbekannt.

Immer wieder brannten Fabriken in den Vereinigten Staaten, oft starben Menschen wegen schlechter Arbeitsbedingungen. Dieses Feuer aber war die größte industrielle Katastrophe in der Geschichte der Stadt. Die Ohnmacht und Wut dieser Tage haben Amerika verändert. Es wurde danach nicht nur demonstriert und gestreikt, es wurden Gewerkschaften geschaffen, neue Sicherheitsnormen und das System der Sozialversicherung eingeführt. Sogar die berühmte

New Yorker Feuertreppe ist eine Folge dieser Katastrophe. Als am 24. März 1911 das Feuer in der Triangle Shirtwaist Factory am Washington Place ausbrach, waren die Arbeiter in tödlicher Höhe eingesperrt. Die Türen zum Treppenhaus hatte der Besitzer abgeschlossen, um die Pausen zu reduzieren. Nur eine kleine Gruppe konnte sich über das Dach retten. Die Feuerwehrleitern reichten nur bis zum sechsten Stock, und die Feuerlöschpumpen waren zu schwach. 146 Opfer. Sechzig sprangen aus den Fenstern, einer nach dem anderen. Das Bild von aus dem Hochhaus springenden Menschen prägte sich tief ins Gedächtnis der Stadt ein, neunzig Jahre vor 9/11. Ein Mann küsste eine junge Frau, und sie sprangen gemeinsam aus dem 9. Stock, berichteten die Zeitungen am nächsten Tag. Es gibt viele Fotos, eines vom Januar: Eine Halle voll mit jungen Mädchen. Eines vom März: dieselbe Halle, nur mit Asche.
Die Triangle Factory befand sich in den obersten drei Etagen eines zehnstöckigen Hauses. Heute gehört das Haus zur New York University, man lehrt dort Kunstgeschichte. Damals wurden hier die schönsten Blusen genäht. Die Arbeiterinnen konnten sie sich nicht leisten, da eine einzige mehr kostete als ihr Monatslohn. Solche Nähfabriken gab es hier zu Hunderten: Dies war die dunkle Seite der Stadt, deren glänzender Aufstieg auf dem stetigen Zustrom billiger Arbeitskraft basierte. Kleidung war alles, Mode entwickelte sich, Kleidung war Teil des American Dream, der den Ankommenden Status und Fortschritt verhieß – und niemand sollte dafür sterben. Die meisten Opfer waren sehr junge Frauen, zwischen vierzehn und fünfundzwanzig, oftmals jüdischer Herkunft, aus dem Russischen Reich oder aus Süditalien. Manche von ihnen waren gerade erst angekommen,

wie auch Michelle, die aus Italien ausgewandert war, nachdem der Ausbruch des Vesuv (der größte seit der Zerstörung Pompejis) ihr Dorf verschüttet hatte, oder wie Rosie, die – zwei Wochen nach jenem Ereignis – vor dem Białystoker Pogrom geflüchtet war.

Auch dieses Foto zeigt die enorme Produktion: ein Meer aus Regenschirmen. Ob man hier an die Schirme der französischen Impressionisten denken wird? An die Boulevards von Paris? Die Kleidung machte zugehörig zu dieser Stadt, die Frauen auf diesem Foto sind genauso gekleidet wie die Opfer des Feuers. Zwei Frauen überqueren die Straße, eine schaut in die Ferne. Wer sind sie? Die Menge der Menschen wird immer heller, schimmert leicht, als würde sie ins Nichtsein übergehen, im Warten auf den Trauerzug.

Vor einiger Zeit regnete es in New York, und ich landete in einer Gedenkdemonstration am Washington Place. Die Menschen hielten Schirme und auch lange Stöcke mit schönen Blusen, beschriftet mit den Namen der Frauen aus der Nähfabrik. Ich sah viele Fotos, las die Opferlisten, adrett gekleidet, sehen die Frauen auf den Fotos so aus, wie sie sich selbst in ihren Immigranten-Träumen vorgestellt haben. (Historiker meinen, manche hätten vermutlich nur ein einziges Kleid gehabt.) Sie hätten keine Opfer werden dürfen. Sie waren Aktivistinnen der Arbeiterbewegung. Noch kurz vor dem Feuer wurde in der Triangle gestreikt, gegen die gefährlichen Bedingungen am Arbeitsplatz. Die Schirme und die Kleider, Arbeit und Unterhaltung, die Produktion und der Konsum, Asche und Regen schließen auf den geraden Linien dieser Weltstadt einen zivilisatorischen Kreis, vielleicht einen Teufelskreis, und auch das Foto zeigt die Textur dieses Kreises.

16.04.2017

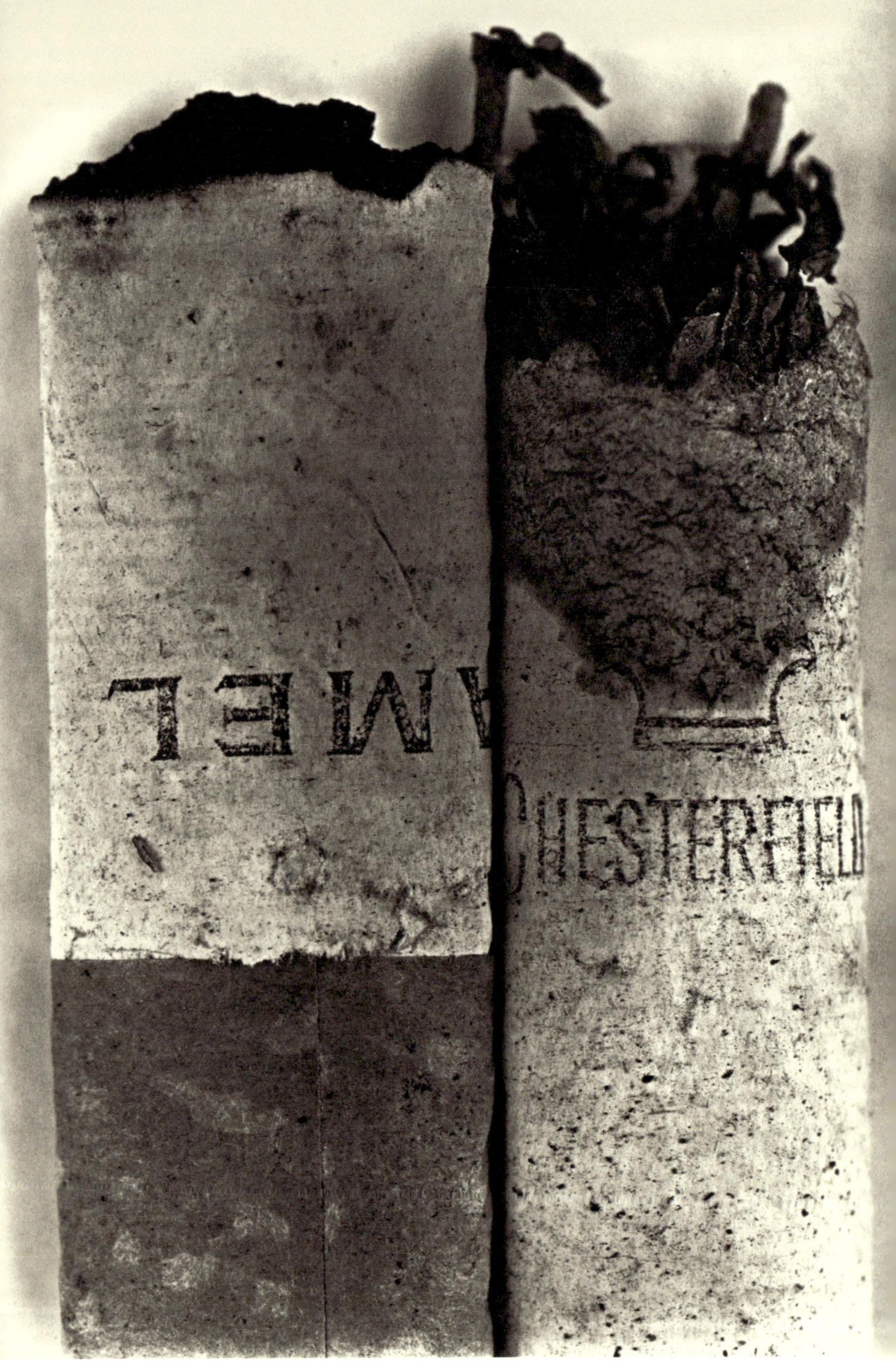
CHESTERFIELD

DIE ZEICHEN DES RAUCHS

Zigaretten sind als autonome Körper dargestellt, bis zur menschlichen Dimension vergrößert. Dieses Pärchen ist Teil der großen Serie »Cigarettes« (1975) von Irving Penn. Auf manchen Bildern sieht man eine einzelne, die einsam wirkt. Meistens sieht man sie in Gruppen, die Familienfotos ähneln: zwei längere Zigaretten, drei kürzere, alle leicht gebeugt, gekrümmt, als würden sie ihre inneren Konstellationen, ihre Neigungen durch ihre Körpersprache verraten. Auf diesem Foto sehen wir zwei Stämme, die einander stützen, die aufeinander angewiesen sind, wie ein altes Paar vielleicht, das nichts mehr zu klären hat, ein perfektes Paar unter Zigaretten. Einfach zwei zusammen: Camel und Chesterfield.

In der aktuellen großen Retrospektive von Irving Penn im New Yorker Metropolitan Museum werden Facetten seines Schaffens gezeigt: Modefotografie für »Vogue«, Miyake und L'Oréal, Blumen, Gruppenporträts, auf denen Menschen wie Stillleben komponiert sind – oder Penns Berufsserie, die an Werke von August Sander erinnert.

Vielleicht ist das paradox, aber wenn man in den Zigaretten-Saal kommt, ergreift einen plötzlich ein Gefühl unsentimentaler Art, da Penns Zigaretten menschlicher wirken als die Menschen. Man sieht die Alterung, das Verderben und den Tod des Körpers. Sie repräsentieren nicht nur das Menschliche. Es ist eine Studie über Textur und Zerfall von Materie. Zigaretten sind verraucht, ihre Köpfe verbrannt, in

Wasser getupft, ihre Körper gekrümmt. Flecken, Wunden, Narben, Risse – eine unendliche Buntheit von Grautönen. Menschen sind auf den Bildern nicht zu sehen, aber es waren Menschen, die die Zigaretten geraucht haben. Menschen produzieren Müll. Zigaretten tragen Spuren von Menschen, repräsentieren Menschen: Sie sind deformiert durch Atem, durch Finger, die die Stämme verknicken, die das Zigarettenpapier ertasten und Falten formen, auf ihrer Haut und ihren Kleidern, ihren Sterbetüchern. Manche Zigaretten haben Feuchtigkeit aufgesaugt, sie sind zugleich verbrannt und ertrunken.

Aber auch Zigaretten hinterlassen Spuren im Menschen. Ist hier die Ambivalenz der Leidenschaft zu sehen? Das Auge ist bemüht, die vielen Zigaretten nicht sofort ins Leichenhaus aufzunehmen, aber es ist gerade die Verzerrung ihres Materials, die sie zum Lebewesen macht. Diese unbelebten Objekte sind ins Leben gerufen, individualisiert. Die Seele der Zigarette wird zur Materie und bleibt trotzdem unfassbar.

Das Spektrum des Zerfalls ist groß. Eine Zigarette verliert ihr weißes Kleid und zeigt ihr Inneres: Der Tabak ähnelt einem Baum mit verschlungenen Ästen und scheint zu wachsen. Diese Serie entwickelt ein »Dead End«. Zwei komplett verbrannte schwarze Kippen sehen wie Mumienreste aus oder wie die Liebhaber von Pompeji. Eine Archäologie des Alltags.

Irving Penn hat seinen Assistenten beauftragt, Kippen auf den Straßen von New York zu sammeln. Die gefundenen Objekte verweisen ironisch auf das surrealistische »Objet trouvé«. Penn hatte immer ein Auge für Müll und Schmutz: Seine perfekten Stillleben sind durch Krümel oder

Fäden vermüllt, seine minimalistischen Porträts sind von verschmutzten Oberflächen und Hintergründen begleitet. In »Cigarettes« wird Müll zum zentralen Objekt der Betrachtung, zur Aussage, zur expliziten Demonstration des Verfahrens.
Abfall zu produzieren, auch sich selbst zum Abfall zu machen, ist Teil des Menschlichen. Aber diese Zigaretten sind schön wie alte Ruinen, wie ein Kritiker schrieb. Und ein anderer meinte, dass sie eine Reaktion auf den Vietnam-krieg seien. Man darf hier auch die Kritik an der Großindustrie erkennen, die Kehrseite der Modefotografie, des Glamours, in dem die Zigarette auch ein Accessoire war. Vielleicht spricht hier die unbewusste Seite, die Krankheit, die Gefahr. Genauso wie die enormen Körper von Penns »Nudes«-Serie das Pendant zu seinen schlanken Modellen sein könnten. Die Zigaretten sind Abdruck, Teil, Metapher, architektonische Details und Konstellationen von Beziehungen, sie sind Gebüsche und Körper. Aber zugleich sind sie vollkommen souverän in ihrer Erscheinung. Ihre Unreduzierbarkeit bringt uns zurück zur Betrachtung.
Auch diese beiden Zigarettenstummel sehen so aus, als wären sie bekleidet, eine ist mit Filter, und die andere steht auf dem Kopf, sie haben Tabak-Äste, die wie Insektenbeinchen aussehen, man meint hier ganz genau zu wissen, wer von welchem Geschlecht ist und wer wen beschützt – und so fängt man wieder an zu fabulieren.

07.05.2017

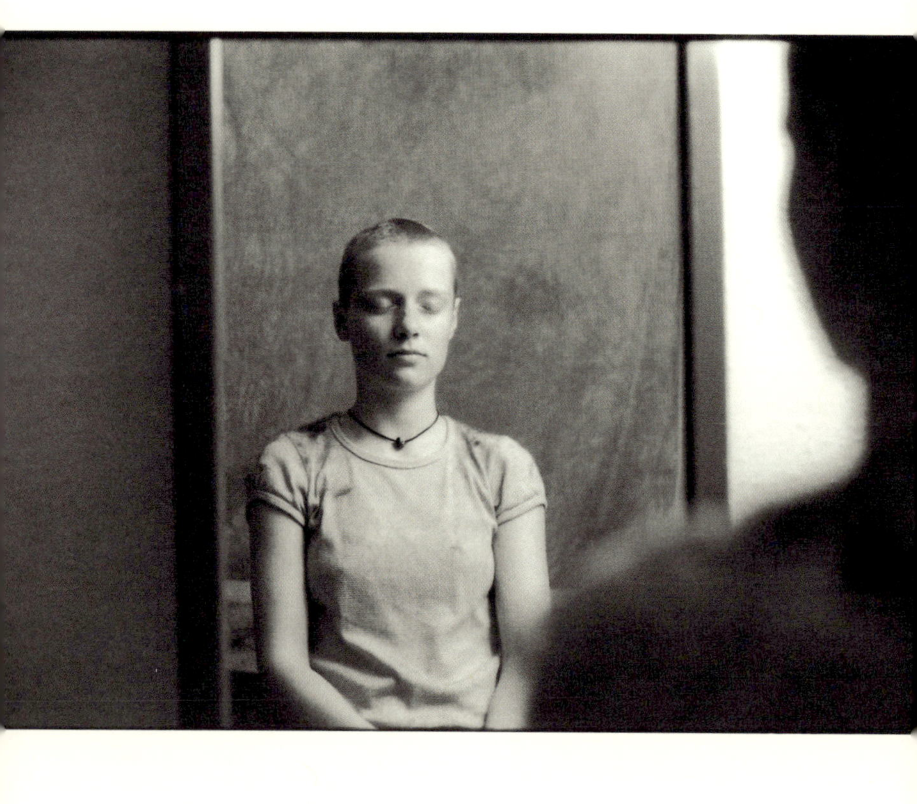

IM LAUFE DER ZEIT

Eine junge Frau mit geschlossenen Augen vor dem Spiegel. Ihre langen roten Haare wurden gerade abgeschnitten, auf ihren Wunsch. Noch sitzt sie da und ist voller Erwartung. Augen zu, um der Verwandlung besser nachzuspüren. Ein, zwei, drei Fotos, immer noch Augen zu, dann öffnet sie sie, man hält den Atem an, zusammen mit ihr. Sie hat den Übergang, den Prozess des Abschneidens, nicht sehen wollen. Der Fotograf steht hinter ihr und schaut mit der Kamera, die seinen Blick verdeckt, er sieht nichts. Denkt man schon hier an Velázquez und seine Spiegel oder erst später?
Die Kamera läuft: sechsunddreißig Fotos in zwölf Sekunden. Die Frau schaut in den Spiegel: die erste Begegnung mit dem glattrasierten Mädchen. Sie braucht Zeit, um zu verstehen, dass sie es selbst ist. Und dann in schnellem Lauf: »Soll das ich sein?«, »Ja, das bin ich!«, »Wirklich!?«, »Doch, es ist schön!«, »Ja, und ganz anders«, »Das bin doch wirklich ich!«. Sie lächelt, sie erkennt sich und ist dann wieder unsicher, sie lacht, sie dreht sich um, sie streichelt ihren Kopf mit der Hand, als wäre es der Kopf eines Neugeborenen, und sogar der Zuschauer spürt diese weiche-leichte-prickelnd-zarte Berührung und auch die neue Existenz, als wäre die Frau jetzt vor unseren Augen neu geboren worden.
Diesen Zauber, diese Magie habe ich vor vielen Jahren erlebt, in Großformat. Auf die Leinwand in einem kleinen (kurz danach für immer geschlossenen) Berliner Theater wurden Gesichter projiziert, dieses Gesicht und viele andere.

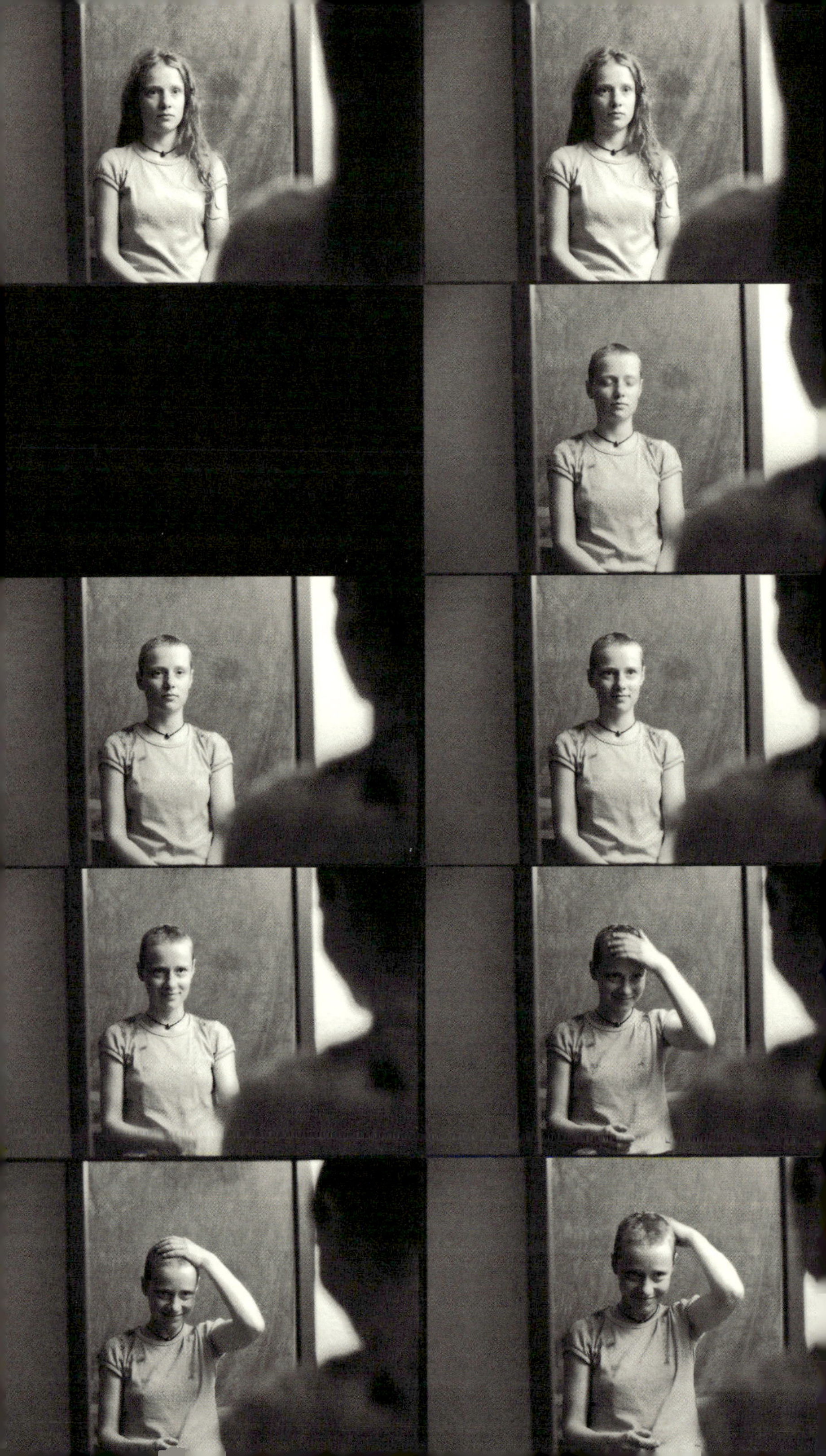

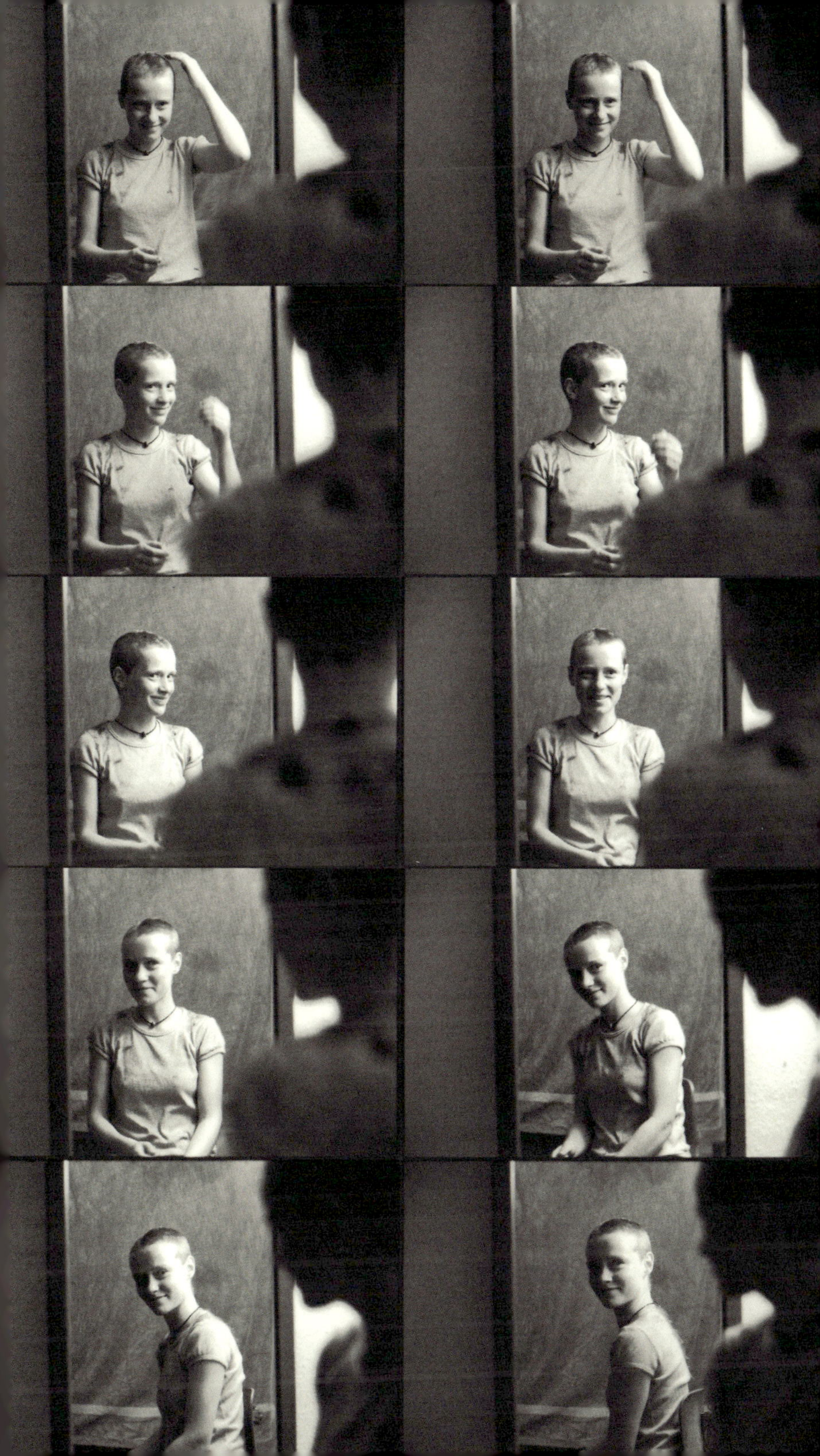

Das Daumenkino ist ein Abblätterbuch: sechsunddreißig Fotos, eine Lebenssequenz, die manuell vorgeführt wird. Volker Gerling, Fotograf und Wanderer, blätterte bei der Vorstellung jedes der Daumenkinos dreimal durch, wie im Märchen: Die Zeit verlief unterschiedlich, und jedes Mal öffnete sich etwas Neues in den Gesichtern, unauffindbare Übergänge der Emotion. Für drei Jahre und einen Tag gehen die Handwerker auf Wanderschaft: das erste Jahr, um es kennenzulernen und sich daran zu gewöhnen, das zweite, um zu genießen, und das dritte, um Abschied zu nehmen. Wofür dann noch ein weiterer Tag?

Das Daumenkino ist kein Film, man zeigt es mit zarten Fingern, nie kann man die Genauigkeit des Apparats erreichen. Wenn man im Daumenkino blättert, spürt man die Lücken zwischen den Bildern. Man stellt die Kontinuität selbst her, man bestimmt den Zeitablauf. So ergab sich die Reisemethode: Das Gehen durch Landschaft ist die Erzählform, die der Fortbewegung des Daumenkinos entspricht. Auf seinen Wanderungen macht Volker Gerling Fotos, er zeigt seine Daumenkinos und verdient Geld damit, in einem natürlichen Fluss der Ereignisse, wie die Handwerker auf ihren Wanderjahren.

All die Menschen, die ich damals auf den Bildern seines Daumenkinos sah, sind in der Dunkelkammer meines Gedächtnisses aufbewahrt. Nun sehe ich sie wieder, wie sie sich aus kleinen Büchlein entfalten. Sie bewegen sich. Ein Mann mit Hut auf Gleisen, ein Mädchen mit Sommersprossen, ein Pärchen, das sich vor der Kamera schämt, dann ein schneller Kuss und ein stolzer Blick zurück, eine Frau, die an der Bar Wein trinkt, das T-Shirt auszieht und brav in die Ausgangsposition zurückkehrt. Dann begegne ich dem alten

Mann mit der Baseballmütze wieder, der sich in Pose stellt, so seriös, wie er kann, doch auf sechsunddreißig Schüsse war er nicht gefasst. Der Film dreht sich laut, rattert, der Mann verliert seine Maske, nimmt plötzlich die Mütze ab, als wäre es ein letzter Gruß, als würde er sich dafür entwaffnen und damit auch uns; vertraut, ganz da, strahlt er entblößt in die Kamera, dass sich das Blau seiner Augen durch das Schwarzweiß des Bildes bohrt. Es ist einer dieser Momente, die das Daumenkino uns schenkt: zu sehen, wie ein Mensch den Posen und Konventionen entschlüpft. Und dann dieses Mädchen. Volker hat sie in Jena auf der Straße getroffen, er fragte nach dem Weg, sie suchte gerade nach einer Steckdose, eine etwas absurde Geschichte vielleicht, aber es eilte: Sie hatte sich entschieden, ihre langen roten Haare abzurasieren, und zwar jetzt.

Als sie noch die Augen zu hat, denke ich an den leuchtenden Kopf der jungen Frau von Petrus Christus aus dem 15. Jahrhundert, an die vielen unvergesslichen Gestalten, die sich in dieser Frau versammeln und aus ihr sprechen. Die Klarheit eines selbsterfundenen Ritus? Etwas Symbolisches, Mittelalterliches strömt aus diesem Akt, wie auch aus diesen Wanderungen und diesem Blättern. Man hat die Abfolge der Zeit in der Hand, kann hin und her blättern, man hat die Zeit in der Hand. Wenn auch nur kurz.

28.05.2017

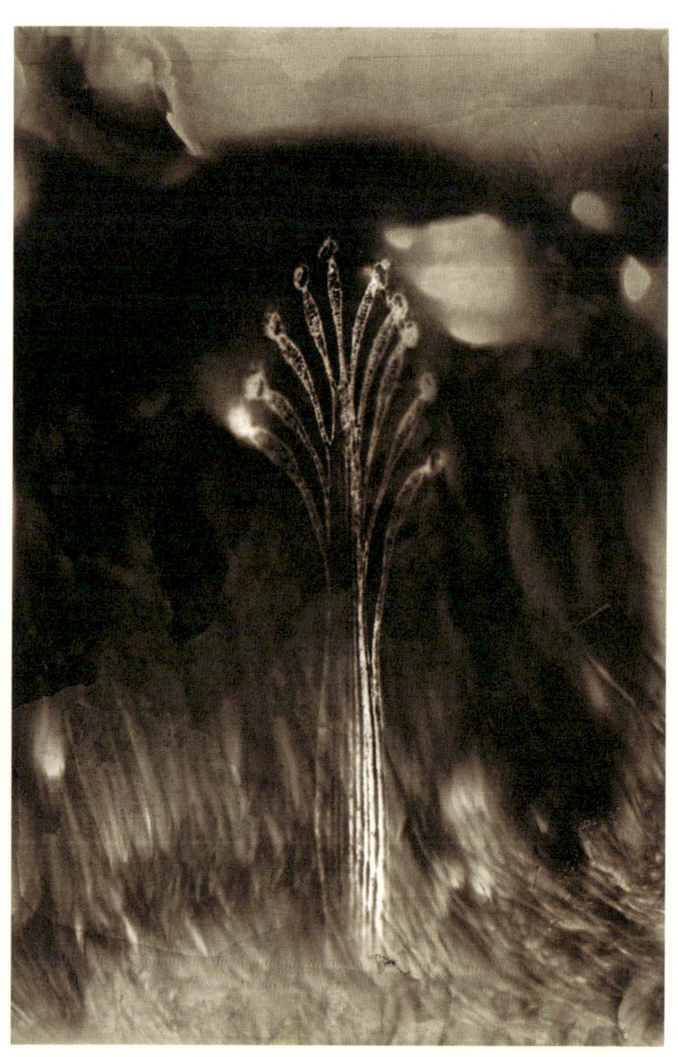

NEUES VON BLUMEN

Diese Pflanze konnte kein Botaniker identifizieren. Sie wirkte auf mich wie ein Zauberstab, ich zählte die Staubfäden. Zehn. Welche Art ist das? Welche Gattung? Ein Fingerchen leuchtet ganz stark, als würden Glühwürmchen darauf sitzen, ein paar andere sind am Erlöschen. Welches Feuer hat hier getobt?
Das Buch mit dieser leuchtenden Pflanze hätte man leicht im Internet finden, kostenlos anschauen und lesen können – ich aber habe es im bunten New Yorker Dickicht entdeckt. Auf der Suche nach einer seltenen Schallplatte bin ich durch Chinatown gelaufen. Zwischen unbekannten Arten von Obst und Gemüse, Kinderkleidung, Unterwäsche und Schuhen aller Farben aus Plastik fand ich das kleine Buch »The Chernobyl Herbarium«. Mit seinen lumineszenten schwarzweißen Fotos strahlte es in dem Geschäft wie eine Botschaft aus unbekannten Zeiten, ein ungeorteter Heimatgruß. Es war ein fotografisches Erlebnis: Die Fotos selbst entwickelten sich in einer fremden Umgebung.
Als ich im Buch blätterte, traten die schweigenden Pflanzen aus ihrer Dunkelheit hervor, als wären sie Teil des längst Vergessenen, Verdrängten, als liefe man durch einen verwunschenen Wald; kurz gefangene und dann doch wieder entwichene Erinnerungen. Ein Urwald? Dass es sich hier um Pflanzen aus Tschernobyl handelte, machte die Betrachtung noch eigentümlicher, noch bodenloser, denn wie kann man Tschernobyl wahrnehmen? Die Zone der

Entfremdung ist ein Experimentierfeld für die Rückkehr der wilden Natur.
Das Buch »Chernobyl Herbarium. Fragments of an Exploded Consciousness« besteht aus 30 Essays von Michael Marder und 31 Photogrammen von Anaïs Tondeur. Zusammen stellen sie die unsichtbare Radioaktivität ins Licht, zum Nachdenken, einunddreißig Jahre nach der Katastrophe. Das Herbarium selbst hat eine Gruppe slowakischer Biogenetiker ersammelt, um die Wirkung der Radioaktivität auf die Flora in der Zone zu analysieren. Die Pflanzen wurden auf fotosensitive Platten gelegt und ohne Kamera »abgebildet«. »Rayograms« nennt sie Tondeur und verweist damit auf die Methode von Man Ray. Die Pflanzen hinterlassen ihre Spuren, sie leuchten dort, wo Radioaktivität »verweilte« und gespeichert ist.
Die große Katastrophe entfaltet sich *en miniature*, die Pflanzen sind Abbildungen des Geschehens, sie verkörpern die Fragmente der zerfallenen Welt. Von der Gestalt der majestätischen Lira (Linum usitatissimum) bis zum Strauß von Sternchen (Linaceae) – in einem langsamen Schritt entwickelt sich hier ein Drama, ein Mysterium ohne Ende.
Selbst der Ort des Geschehens, »Tschernobyl«, wird zum König des Pflanzenreichs, denn das Wort bedeutet »bitteres Gras« oder »Wermut« (Gattung Artemisia), wie der Stern aus der Apokalypse – »Wermut« –, der auf die Erde fiel und die Gewässer vergiftete, so dass viele Menschen starben. Es bleibt aber ein Geheimnis, was genau auf dem Bild durch die Strahlung entstanden ist und was durch die chemische Bearbeitung. Die Fotos geben die symbolische Strahlung wieder, die Strahlung an sich, in ihrer leuchtenden und vernichtenden Ambivalenz.

Auch »Unknown species« mit den zehn Fingern schimmert zwischen Symbol, Allegorie und Gegenstand. Das Bild ruft zahlreiche Assoziationen hervor: eine Chanukkia mit einem extra Leuchter? Ein Dekalog? Ein Juwel? Gehört das Leuchten zur Natur dieser Pflanze oder ist es Spur der Bedrohung? Je länger ich auf das Bild schaue, desto zärtlicher und zerbrechlicher erscheint mir diese Pflanze. Ist es eine mutierte Pflanze, neu und einsam auf der Welt?
»Neues von Blumen« heißt ein Artikel von Walter Benjamin, der sich der einzigartigen Fotosammlung von Karl Blossfeld widmet. Sie umfasst Hunderte von Pflanzen in der reinen architektonischen Sterilität ihrer Formen. Ich hatte nach unserer Unbekannten auch in diesem Pflanzenglossar gesucht. Blossfeldt hat diese Bilder später in seinen Büchern »Urformen der Kunst« und »Wundergarten der Natur« veröffentlicht.
Aber die Pflanzen von Tschernobyl sind aus einer Welt, die nicht mehr intakt ist, in der selbst der Verstand seine Halbwertszeit hat. Die Formen der Natur zeigen das Poröse und Fragmentarische. Lange Zeit überlegte ich, was mir diese Waisenpflanze in Erinnerung ruft, bis ich mich an ein Fresko von Giusto de' Menabuoi in Padua erinnerte. Eine Szene aus der Apokalypse: Ein Ungeheuer steigt aus dem Meer, es hat sieben Köpfe, auf denen zehn kleine Mützen wie Diademe leuchten. Schön, unheimlich schön. Ein alarmierendes Glimmen, das niemals nachlässt.

25.06.2017

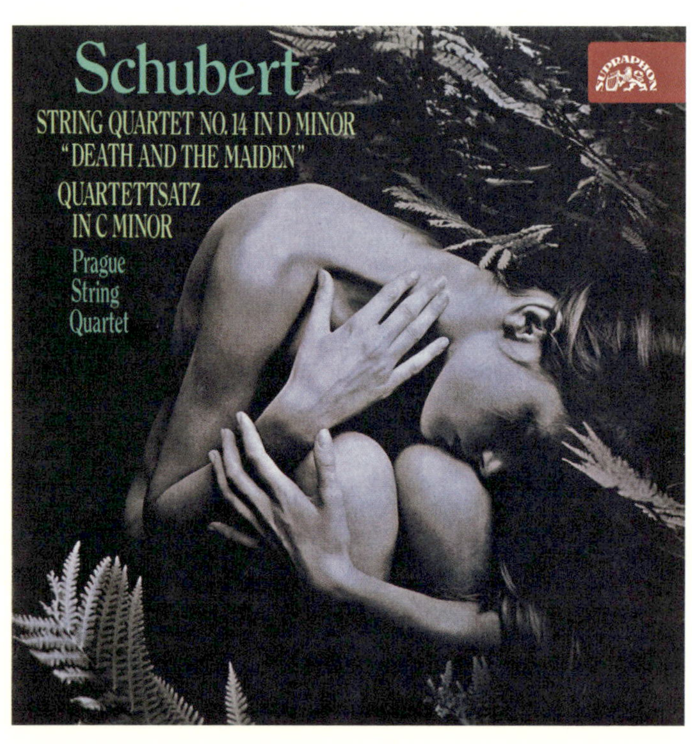
Schubert
STRING QUARTET NO. 14 IN D MINOR
"DEATH AND THE MAIDEN"
QUARTETTSATZ
IN C MINOR
Prague
String
Quartet
SUPRAPHON

WENN DER FARN BLÜHT

An diese Schallplatte erinnere ich mich, seit ich Kind war. Wir hatten eine große Sammlung, und das war eine der schönsten, vom tschechischen »Supraphon«. Ich hatte damals noch keine Fotos von nackten Menschen gesehen. In unserer Welt gehörte Nacktheit der Antike, aber nicht ins Reich der Fotografie. Als ich zwölf war, ging ich monatelang nicht in die Schule, ich blieb zu Hause, las und hörte diese Platte, unaufhörlich. Ich weiß nicht mehr, ob es erst die Musik von Schubert war, die mich alarmierte und für immer mitnahm, oder die Hände dieser Frau, die dort im Hain saß, in der Dunkelheit, eine fremde, für mich damals eine erwachsene Frau, ja, ich war von ihren Händen erschüttert. Niemals zuvor hatte ich Hände gesehen, die meinen so ähnlich waren. Ich dachte sogar: Was macht diese Frau mit meinen Händen im dunklen Wald, nackt und ruhig? Und was soll dieser »Tod und das Mädchen«, wenn ich schon so krank bin?
Ich habe Stunden vor diesem Bild gesessen, in die Dunkelheit gestarrt, auf den Fleck ihres Giraffen-Nackens, auf die beleuchteten und die dunklen Stellen ihres Körpers, die merkwürdige Dreiecke formten, zwischen Kinn und der Hand, zwischen den Knien, zwischen Daumen und Zeigefinger. Ihre Pose, ihr Körper konstruierte ein rätselhaftes Ornament, ein Labyrinth, ich drehte den quadratischen Umschlag in meinen Händen, während die Schallplatte sich drehte, im Versuch, eine Lösung, eine Erklärung für diese Linien, diese Biegungen und Ecken zu finden.

Wo bleibt das Leben? Wo steckt der Tod? Ihr Körper war da, ihre Ganzheit, die in meinem Kopf ein Puzzle bildete, das ich selbst noch nicht lösen konnte, und auch ich zog meine Knie an, um dem Geheimnis näher zu kommen. Trotzdem sah ich kein Mädchen, sondern eine Frau, die sich in der Natur auflöst, ich sah hier keinen Tod. Sie war eine Frau, das Mädchen war ich.

Vor kurzem habe ich meine Plattensammlung wiedererhalten, die merkwürdigen Reste. Aber sie war da, nach dreißig Jahren Trennung saß sie wieder vor mir, lebend. Ich traute meinen Augen nicht. Sie leuchtete, diese Wald-Nymphe, ich war froh, sie wieder zu sehen, sie war jetzt viel jünger als ich: neue Begegnung, über die Erinnerung hinaus.

Ein Farnblatt streichelt ihren Nacken, das andere überdeckt die Stirn, die Hände legen sich an ihren Körper wie die Fächer des Farns um sie herum, auch ihre sich leicht auflösenden Finger wiederholen den zarten Blätterschnitt des Farns. Nur einmal pro Jahr – einer Legende nach – blüht der Farn, in der Nacht vor der Sommersonnenwende, zum Iwan-Kupala-Fest, wenn Mädchen und Jungen über das Feuer springen, nackt baden und dann in die Wälder ziehen, auf der Suche nach einer Farnblume.

Ich hörte die sehr zerkratzte Platte »Der Tod und das Mädchen«, und die Frau saß wie ein frischer noch nicht ausgerollter Farnwedel, ihre Nacktheit wirkte nicht nackt, denn wie können Pflanzen nackt sein? Sie ist durch ihren eigenen Körper behütet. Leicht zusammengepresste Knie, gekreuzte Hände, in dieser Beugung ist sie dreifach umarmt, einmal von sich selbst, dann von der Natur und dann noch einmal vom Blick des Betrachters. Sie ist geschlossen, aber mit einem offenen Ohr.

Zum ersten Mal drehte ich den Umschlag um und las den Namen des Fotografen: Taras Kuščynskyj. Ein ukrainisch klingender Name. Es war nicht schwierig, ihn im Netz zu finden, er war einer der bedeutendsten tschechischen Fotografen. Er hat für Illustrierte gearbeitet, aber meistens hatte er Akte unter freiem Himmel fotografiert. Er starb 1983 mit fünfzig Jahren. Ich fand eine Kuščynskyj-Fan-Seite auf Facebook und hoffte, dass diese Frau, die auf dem Umschlag von 1979 abgebildet ist, doch bitte noch leben möge, und fragte in die Runde, wer die Frau auf dem Bild sei, und eine sagte: »ich«. Dana Pitchon, damals Vašátsková, langjährige Muse von Taras.

Er sah sie zum ersten Mal, als sie fünfzehn war und sich am Fenster im fünften Stock eines Prager Wohnblocks sonnte. Er war Planer in einem Architektur-Büro gegenüber und begann, sie zu fotografieren. Sie wurde zu seinem Lieblingsmodell, durch sie fand er sein Genre. Er kaufte ein Haus auf dem Land und hat sie meistens dort fotografiert. Sie wurde zu einem Top-Model der sechziger und siebziger Jahre, zum Gesicht der tschechischen Mode, und emigrierte Anfang der Achtziger in die Vereinigten Staaten. Das Foto, das für die Hülle benutzt wurde, hieß »Schoulena« (die Gebeugte, 1972) und wurde mehrfach prämiert und reproduziert. Als ich Dana nach La Honda in Kalifornien schrieb und meine Geschichte erzählte, sagte sie, dass sie nach Prag eingeladen sei: Dieses Foto erscheine im November als Briefmarke. »Aber diese Hände habe ich nicht mehr.« Nun warte ich darauf, dass mir jemand die tschechische Briefmarke bringt, damit sich diese Arabeske der weiblichen Natur schließt.

16.07.2017

Jemand musste Josef K. verläumdet haben, denn ohne dass er etwas Böses getan hätte, wurde er eines Morgens verhaftet. Die Köchin der Frau Grubach, seiner Zimmervermieterin, die ihm jeden Tag gegen acht Uhr früh das Frühstück brachte, kam diesmal nicht. Das war noch niemals geschehen. K. wartete noch ein Weilchen, sah von seinem Kopfkissen aus die alte Frau die ihm gegenüber wohnte und die ihn mit einer an ihr ganz ungewöhnlichen Neugierde beobachtete, dann aber, gleichzeitig befremdet und hungrig, läutete er. Sofort klopfte es und ein Mann, den er in dieser Wohnung noch niemals gesehen hatte, trat ein. Er war schlank und doch fest gebaut, er trug ein anliegendes schwarzes Kleid, das ähnlich den Reiseanzügen mit verschiedenen Falten, Taschen, Schnallen, Knöpfen und einem Gürtel versehen war und infolgedessen, ohne dass man sich darüber klar wurde, wozu es dienen sollte, besonders praktisch erschien. „Wer sind Sie?" fragte K. und saß gleich halb aufrecht im Bett. Der Mann aber ging über die Frage hinweg, als müsse man seine Erscheinung hinnehmen und sagte bloß seinerseits: „Sie haben geläutet?" „Anna soll mir das Frühstück bringen" sagte K. und versuchte zunächst stillschweigend durch Aufmerksamkeit und Überlegung

VERLOBUNG MIT DEM TEXT

Es war verboten, in der Ausstellung zu fotografieren. Ich stand vor dem winzigen Foto im weißen Passepartout in einer fast unerlaubten, aber von mir bestimmten Nähe, es hätte schon Alarm ausgelöst werden sollen, die Wärter hätten kommen sollen, ich hätte mich rechtfertigen müssen vor einem Aufseher.

Es blieb aber still. Ich war allein in dem sehr hellen Saal. Auf dem Foto war ein Haus, ein einfaches dreistöckiges Haus, das den Rahmen des Bildes zu sprengen schien, es war aus einer solchen Nähe fotografiert, dass es kaum Platz für den Raum um sich herum ließ, als wollte es das Bild komplett besetzen. Mir stockte der Atem, als wäre er in meiner Brust eingesperrt und drückte von innen, wie das Haus gegen den Rahmen des Fotos drückt. Die Fenster klaffen schwarz, wie zahnlose Münder: Sie hatten jemanden verschluckt und wollten mehr.

Ob ich zuerst die knappe Beschriftung gelesen hatte oder ob es eine Vorahnung war, daran kann ich mich nicht mehr erinnern. Das Haus in Kierling bei Wien war der letzte Ort, in dem Kafka wohnte – das Sanatorium Hoffmann. In diesem Haus ist er gestorben. Ich wollte das Foto fotografieren, niemand war da, doch ich fühlte mich beobachtet, oder eher den Regeln unterworfen, dem ungeschriebenen Vertrag des Museumsbesuchers mit einem unsichtbaren Jemand.

Ich hätte keine großen Schwierigkeiten gehabt, das Foto aus der Sammlung Klaus Wagenbach zu finden, habe mich aber dafür entschieden, es bleibenzulassen, es war mir lieber, mich danach zu sehnen, als wäre es tatsächlich unerreichbar, als wäre es so richtiger, als herrschte ein Verbot, Kafkas letzten Aufenthalt zu verraten und darüber öffentlich zu urteilen. Ich meinte später, das Haus im Internet wiedergesehen zu haben. Drei winzige Figuren standen davor und schauten in die Kamera.

Als ich diese erste Seite des Romans »Der Prozess« sah, dachte ich sofort an das Haus, denn die Seite mit dem berühmten Anfang ist dicht beschrieben (wie auch die anderen Seiten in dem Manuskript). Es gibt zwar Abstände zwischen den Zeilen, aber keine freien Ränder, als wollten diese Schrift und dieser Text nicht nur die Seite erobern, sondern die ganze Welt. Sehe ich hier das Verhängnis eines Schreibenden? Josef K. ist verhaftet, und alles gehört zu seiner Verurteilung.

Ich schaue dieses Blatt lange an, im Versuch zu verstehen, wie die Totalität des Textes entsteht, was für eine optische Verwirrung aus den linearen Zeilen den Trichter des Leseprozesses erschafft. Die Blätter von »Der Prozess« schimmern in der Dunkelheit des Saals wie beleuchtete Fenster, vom grauen Hintergrund der Vitrinen unterteilt wie von den Gitterstäben eines Gefängnisses.

Die Ausstellung »Franz Kafka. Der ganze Prozess« im Berliner Martin-Gropius-Bau ist dem Manuskript des Romans gewidmet, von seiner Entstehung bis zum Erwerb. Die Ausstellung scheint sich selbst nach den Gesetzen von Kafkas Texten zu entfalten, sie folgt klaren Regeln, im Bewusstsein der Zwänge von Topographie und Geschichte.

Fast direkt gegenüber dem Ausstellungsort und fast direkt auf dem späteren Mauer-Streifen, im Hotel »Askanischer

Hof«, hat Franz Kafka im Juli 1914 seine zugleich erstrebte und gefürchtete Verlobung mit Felice Bauer im Beisein ihrer Schwester Erna und Grete Bloch, einer Freundin von Felice, gelöst.

Das Gewünschte ist zur Bedrohung geworden, zu einem Mittel der Repression. Das Gespräch mit den drei Damen (denke nur ich an das Urteil des Paris?) hat Kafka im Tagebuch als »Gericht im Hotel« bezeichnet, und fast sofort danach hat er, parallel zum Ausbruch des Ersten Weltkrieges, als wäre auch der Krieg Teil der Verurteilung, angefangen, den »Prozess« zu schreiben, in zehn Heften (denke nur ich an die Zehn Gebote Gottes?), nicht linear, sondern zugleich. Was folgte, ist legendär: Kafka schenkt den nie beendeten Roman seinem Freund Max Brod, mit der Aufforderung, ihn zu verbrennen. Brod ordnet den Text und publiziert ihn 1925, ein Jahr nach Kafkas Tod. Einen Tag vor dem Einmarsch der deutschen Truppen, am 15. März 1939, verlässt Max Brod Prag und geht nach Palästina, das Manuskript hat er dabei. Er schenkt es Esther Hoffe, die fast fünfzig Jahre später, ein Jahr vor Mauerfall, den »Prozess« für eine astronomische Summe nach Deutschland verkauft. War nicht nur das Schreiben, sondern das Nicht-Vollenden, die Täuschung der Ordnung, die Schenkung an den Freund, die Hoffnung auf eine Verbrennung – war all das ein Versuch, der Endgültigkeit zu entgehen?

Ich erinnere mich wieder an die drei Figuren auf dem geheim gehaltenen Foto und denke an den Tagebuch-Eintrag, ein paar Tage nach dem »Gericht im Hotel«. Kafka schreibt, wie er stur versucht, einen unreifen Pfirsich mit Messer und Gabel zu essen, und dabei beobachtet wird.

06.08.2017

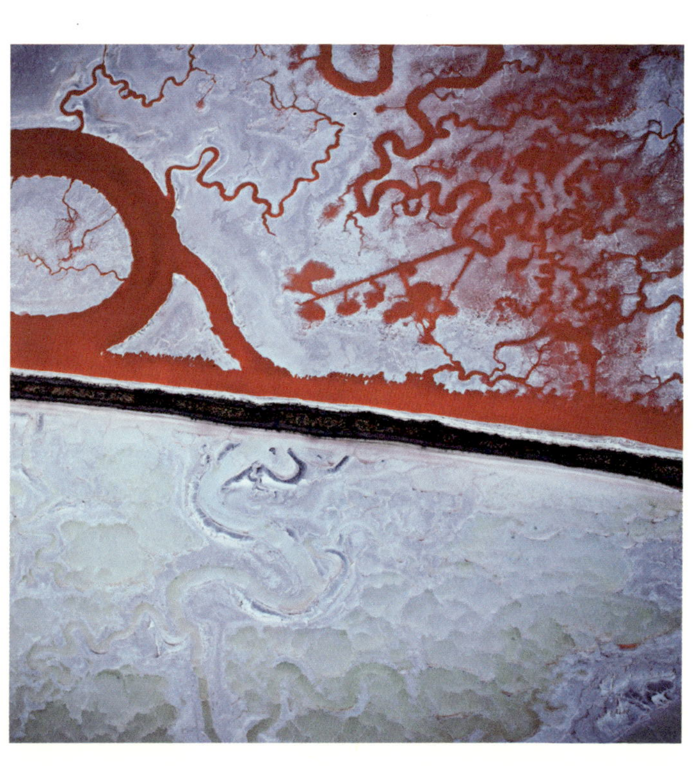

SALZ DER ERDE

Ein blutiger Fluss? Adern? Eine außerirdische Landschaft? Ein feuerspeiender Drache? Ein japanisches Aquarell?
Ein quadratisches Bild auf mattem Papier. Es erinnert an zu viele Dinge, und zugleich lässt es den Kopf ganz leer für die Beobachtung, so dass man lange Zeit und noch länger schweigen möchte, um dann einen Absatz für die Stille anzuschließen. Für die Pause.
Zwei parallele Linien laufen quer durch die Mitte und teilen das Bild. Sie erinnern an Streifen auf den Gemälden von Mark Rothko, die seine Bilder in Segmente von verschiedenen Farben teilen. Verflochtene Strukturen in Weiß, die niemals zu einem regelmäßigen Muster werden. Leichte blaue Schattierungen: eine Mondlandschaft, ein Fossil, oder doch ein Darm? Das Rot alarmiert. Es führt uns in das Konkrete des menschlichen Körpers und in das Abstrakte der primären Farben. Man folgt den Blutgefäßen, die sich wie Flüsse schlängeln, man folgt den Flüssen, die wie Blutgefäße pulsieren. Ein nicht geschlossener roter Kreis links, wie ein Schlangenkopf. Ein Plexus aus Kapillaren rechts, ein Bluterguss, ein Bäumchen. Ist das eine Landkarte? Ein durch ein Mikroskop betrachtetes Lebewesen? Vielleicht ist es schon die Urform des Quadrats an sich, die unseren Blick ins Zentrum navigiert und uns direkt zum Quadrat von Malewitsch führt, das die Kunst selbst zu eliminieren suchte. Ein Blick des Schöpfers. Die Erde ist rund.
Es war am siebten Tage, an dem man spazieren wollte, einen

Fluss entlang zum Beispiel, dem eigenen Instinkt und dem Wetter folgend. Ich ging am Kreuzberger Landwehrkanal entlang und dachte, dass an einem solchen Tag einfach alles in Einklang kommt, vollendet, in diesem herbstlichen Sonnenlicht, dass sich Wunsch und Wille, Natürliches und Konstruiertes, zusammenfinden, heute, auf einem städtischen Spaziergang. Keine Sekunde lang dachte ich an die Toten im Kanal, ich dachte an überhaupt keine Toten, obwohl es der Tag der Reue und Versöhnung war, der Jom Kippur des Jahres 5778, den ich nun zum ersten Mal wirklich für mich wahrgenommen habe. Lange stand ich an einer Brücke, grellgelbe Züge fuhren vorbei und spiegelten sich im Kanal zur Verstärkung des Herbstes.

In einem Häuschen am Ufer stieß ich auf eine Foto-Ausstellung, die wie aus der Umgebung entstanden war oder aus dem Spiel »Stadt, Land, Fluss«. Die Fotos zeigten braune Wasserflächen, zerborstene Brücken, die ihre geraden Strukturen über die flimmernden Kräusel der Gewässer ausstrecken, ein Knäuel von in sich selbst verflochtenen Straßen, das wie ein wachsender Organismus erscheint. All diese Bilder hat der Fotograf Thomas Heinser in der Bucht von San Francisco gemacht.

Die Fotos erzeugen eine irritierende Paradoxie, ganz so wie Landkarten: Je größer der Maßstab, desto tiefer schauen wir in eine Mikrowelt und auch in die Tiefe unseres Körpers. Auch dieses Foto zeigt eine Saline, die von speziellen Bakterien bewohnt wird, südlich von San Francisco, das Eden (sic!) Landing Ecological Reserve. Man sieht diese Salzgewinnungs-Teiche, wenn man mit dem Flugzeug die Stadt anfliegt. Seit zwölf Jahren fotografiert Heinser in der Bucht von San Francisco – Brücken, Straßen, Salzteiche – und immer aus dem Hubschrauber aus einer Höhe von 300 bis 500 Metern. Früher hat er kommerzielle Fotos für Fluggesellschaften gemacht, für Bombardier und Netjets zum Beispiel. Nun finden sich die Makro- und Mikro-Welten durch den Blick eines Fotografen zusammen, um den schöpferischen Überblick zu gewinnen. Und so wird eine Verflechtung der göttlichen Schöpfung mit der menschlichen Gestaltung in einem Muster offenbart.

Hier, in »Eden«-Salinen, wird das Speisesalz gewonnen. Die sauerstoffreichen Bakterien färben das salzhaltige Wasser so intensiv rot. Die Prozesse, die dadurch entstehen, stellen eine einfache und vermutlich ursprüngliche Art der Photosynthese dar. Photosynthese und Fotografie kommen zusammen, denn dieser Prozess ähnelt dem Verfahren der Entwicklung von Fotografien. Die Farb-Pigmente sind so hoch konzentriert, dass sie kleine Krebse färben und sogar die Flamingos, die ihrerseits Krebse fressen. In »Eden« gibt es keine Flamingos, aber ihre verdunstete Farbe, die aus diesem Bild entstehen könnte, schwebt in meinem Kopf.

Wir bewegen uns über eine von Menschenhand geschaffene beziehungsweise ruinierte Landschaft, die durch die Natur zurückerobert wird und in der sich eine neue Biosphäre bildet. Auf dem Foto steht die Nummer 5837, als wäre es ein Jahr aus der Zukunft. Ich schaue auf die Berliner Adresse der Ausstellung »About Water«: »Waterloo Ufer (ohne Nummer), am Landwehrkanal«. Konkrete Geschichte, die Tiefe der Bilder: So reimt sich auch unser feuriger Fluss mit dem apokalyptischen allfressenden Feuer, das gerade diese Woche bei San Francisco ausgebrochen ist.

15.10.2017

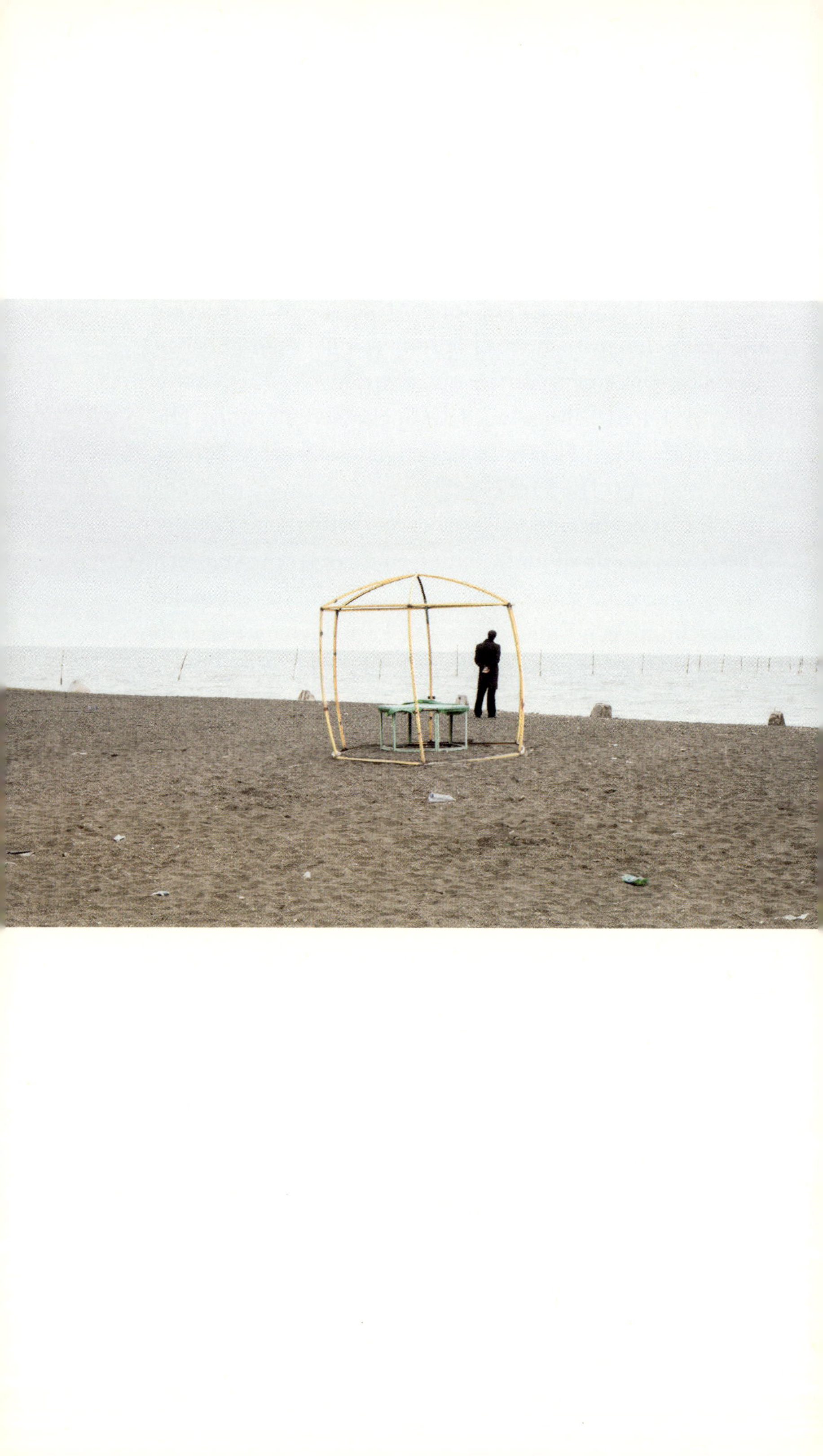

MARE LIBERUM

Auf dieses Foto bin ich in einem weiß-goldenen Buch mit der unscheinbaren Aufschrift »Promising Waters« gestoßen. Der Umschlag schimmerte und strahlte Wärme aus, wie ein Versprechen, wie ein Fluss an einem Sonnentag, und ich griff oft nach diesem Buch in der grauen Dunkelheit.
Die Fotografin Mila Teshaieva hat eine Reise um das Kaspische Meer gemacht und Dörfer, Plätze, öde Landschaften und Menschen in ihren Räumen fotografiert. Sie hat Metamorphosen einer Vision wiedergegeben, von Menschen, die eine helle Zukunft bauen wollten, zu sowjetischen Zeiten gemeinsam und heute getrennt. Reichtum, Wohlergehen, Glück. Die Sonne ist auf diesen Bildern niemals richtig zu sehen. Die Welt um das mit Öl vergoldete Meer versinkt in milchiger Schwebe.
Vielleicht suchte ich nach Offenheit und wollte dem Druck des Jahresendes durch den freien Blick auf die Küste entgehen. Dieses Foto hat mich sofort gefangen genommen – entsteht Freiheit durch solche »Gefangenschaften«? Aus ihm strömte Traurigkeit, wie aus Filmen, die ihre banal-traurigen Romanzen an verlassenen winterlichen Küsten spielen lassen: »Ein Mann und eine Frau« von Claude Lelouch mit Anouk Aimée.
Ein Mann steht am Strand, allein, er blickt in die Unendlichkeit des Horizonts. Und alles ist seins, so weit der Blick reicht. Es gibt nichts Freieres als ein offenes Meer. Der Blick kennt hier keine Hindernisse und reicht bis an die Grenze

der eigenen Möglichkeiten. Man ist der Freiheit ausgeliefert. Unser Mann sieht auf eine sich leicht abzeichnende, quer durch das Wasser verlaufende Reihe von Pfosten, die in regelmäßigem Abstand stehen. Ein Zaun? Fischernetze, wahrscheinlich.

Fische werden im Netz gefangen, das Meer wird geteilt, und der Mann steht da, wie in einem Käfig. Er kann nicht sehen, dass eine spazierende Fotografin genau den Moment festhält, in dem er durch das leere Gerüst eines Zeltes hindurch gesehen werden kann. Auch die Fotografin wird beobachtet, als sie denkt, dass sie frei agiert; in diesem Moment kommt ein Polizist auf sie zu und sagt: »Sie dürfen hier nicht fotografieren. Hier verläuft die Grenze.« »Wo genau verläuft die Grenze?«, fragt die Fotografin. »Überall«, erwidert der Polizist entschlossen. »Das Meer ist die Grenze.« Dieses kurze Gespräch öffnet noch eine Sichtweise auf die Grenze, auf eine unsichtbare, die man schützen muss, um nicht gesehen zu werden. Auf diesem Foto wird der freie Blick mehrmals gefangen und wieder freigesetzt. Der Mann – die Fotografin – der Polizist – der Betrachter. Es entsteht eine Zimmerflucht des Blickes. Der Beobachter des Fotos pendelt zwischen weitem und breitem Blick auf das Meer und dem irritierenden Fokus auf das Genick des Mannes im Käfig. Man wird von dem gefangenen Mann gefangen. Camera obscura.

Das Foto ist in der aserbaidschanischen Stadt Lenkoran entstanden, nicht weit von der iranischen Grenze. Wie die Grenze am Meer exakt verläuft, ist umstritten. Das Meer wird von Russland und Iran als Binnengewässer betrachtet, das von allen Küstenstaaten gemeinsam genutzt werden darf. Wenn man aber das Meer zu einem internationalen Gewässer erklärt, bekommt jeder Staat, auch Aserbaidschan, Kasachstan und Turkmenistan, »das alleinige Recht der Ausbeutung seiner Küstenzone«. Irgendwo hier verläuft auch die Grenze zwischen Europa und Asien.

Der Mann hält seine Hände hinter dem Rücken gefaltet, wie der Insasse eines Gefängnisses auf einem Spaziergang, eingesperrt innerhalb von Grenzen, die er selbst nicht sehen kann. Wir betrachten ihn durch das gelbe Gerüst eines Sommerstrandzeltes. Im Zelt steht – wie ein Gerüst in einem anderen – ein kleines Tischlein, das so aussieht, als habe sich hier früher etwas gedreht, ein Karussell, nur die Holzpferde sind weg, es ist Winter, und auch dieses Zelt hat seine bunten Kleider verloren, es steht hier wie ein Fossil, ein Relikt aus der prähistorischen Zeit des Sommers. Wie auch das Kaspische Meer, das eigentlich gar kein Meer ist, sondern der größte See der Welt, weit entfernt von den Ozeanen, abgegrenzt, eingesperrt auf einem Kontinent. Ein unbekanntes, immer etwas versprechendes Wesen.

17.12.2017

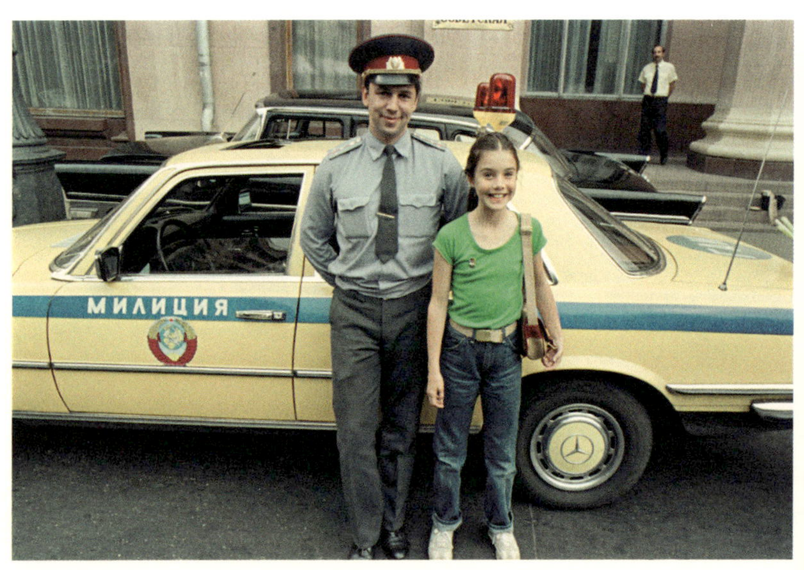
МИЛИЦИЯ

SAMANTHA AUS DEM ALL

Dies war die jüngste Friedensbotschafterin im Kalten Krieg, Samantha Smith, ein US-amerikanisches Mädchen, das es im Alter von zehn Jahren gewagt hatte, einen Brief an den sowjetischen Staatschef Juri Andropow zu schreiben. Dieses Bild zeigt ein zerbrechliches Kind, meine Zeitgenossin, das nie erwachsen geworden ist. Sie posiert mit einem Schutzpatron – einem sowjetischen Milizionär – für die Kamera ihres Vaters, mit dem zusammen sie im August 1985, bei einem Flugzeugabsturz ums Leben gekommen ist, erst dreizehn Jahre alt.

Sie war der erste ausländische Star meiner Kindheit. Beide Supermächte wollten Samantha für sich benutzen, eine komplizierte Geschichte, aber ihre Ausstrahlung war stärker als die Mechanismen der Propaganda.

Ihr Gesicht war immer wie in Übergröße: Das charismatische Lächeln eines Medienprofis, manchmal schüchtern, von der eigenen Wirkung verwirrt. Auf den Fotos steht sie im Fokus, umringt von Begleitern, von sowjetischen Pionieren, selbst in Pionieruniform oder einem russischen Trachtenkleid, einmal ist sie sogar zusammen mit Walentina Tereschkowa zu sehen, der ersten Frau im All. Samantha steht immer im Zentrum. Alle schauen sie an. Lampen, Mikrofone, Kameras sind auf sie gerichtet. Ist es Charisma, das ihr den Ruhm verschafft, oder Ruhm, der ihr Charisma verleiht? Ihr kurzer Ruhm war so immens, dass man ihr tragisches Ende in diesen Kinderbildern bereits vorauszuahnen meint.

Dieses Foto wurde am Rande des offiziellen Tumults um ihre Sowjetunionreise gemacht: die niedliche Samantha und ein lächelnder Milizionär. Vielleicht war solch ein sowjetischer Milizionär für sie genauso außerirdisch wie sie damals für uns, als sie in der Mitte unseres Lebens gelandet ist, wie vom Himmel gefallen, im Jahre 1983. Auf diesem Bild stecken die Lichter des Milizwagens (ein Mercedes?! – wie konnte das sein?) genau über Samanthas Kopf, als wären sie implantiert, was ihr das Aussehen eines ganz sympathischen Aliens verleiht. Ein Fröschlein mit leuchtenden Fühlern. Wenn ich zurück an das Jahr 1983 denke, daran, dass in unserem Fernsehen damals nur vom Wettrüsten, von Nato, Pershings und Antikriegsdemos die Rede war, oder daran, dass wir sowjetischen Kinder ständig Angst vor dem Atomkrieg hatten (vor einem Mann, der mit dem Knopf spielt, wie heute die infantilen Präsidenten), scheint mir das Bild zum damaligen Trend zu passen, an Außerirdische und Ufos zu glauben oder auf sie zu »warten«. Als würden sie aus dem Weltall kommen und den Kalten Krieg beenden. Wie auf diesem Bild. Anfang der achtziger Jahre wurde die Komödie mit Louis de Funès »Der Gendarm und die Außerirdischen« sogar in der Sowjetunion gezeigt, ich sah den Film im Kino-Klub der sowjetischen Miliz.

Samantha war im Staat Maine in den Vereinigten Staaten aufgewachsen. Es ging ihr genauso wie uns in Kiew, Moskau oder Rostow, sie hatte Angst vor dem Krieg und konnte nicht verstehen, was die Erwachsenen »da oben« treiben. 1982 schrieb sie dem sowjetischen Staatschef einen Brief von exemplarischer Naivität, die Krieg, Gewalt und Missverständnisse zwischen Menschen einfach nicht akzeptierte. Sie fragte Andropow, ob er für den Krieg stimme. Im April

1983 bekam sie tatsächlich eine Antwort. Andropow verglich Samantha mit Becky, der mutigen Freundin von Tom Sawyer, und lud sie in die Sowjetunion ein. Ihre legendäre Sommerreise bewirkte einen Durchbruch in den Beziehungen der beiden Länder – und auch wir glaubten, dass nun alles in der Welt gut würde. Ich dachte irgendwann, es sei nicht ganz ohne ihren Einfluss gewesen, dass die Perestrojka begann und das Wettrüsten aufhörte.

In ihrer Anwesenheit wollten alle »besser« sein – sei es aus Gründen der Propaganda oder einfach so. Funktionäre, Köchinnen, Journalisten, Kinder – alle liebten sie diese Alien-Botschafterin und waren dankbar, dass sie uns besuchte, damit auch die Menschen in den Vereinigten Staaten von unserer Existenz erfuhren. Sie hatte wirklich etwas Entwaffnendes. Ich war schon damals sehr skeptisch, was unsere sowjetischen Errungenschaften betraf, aber sie machte sogar aus den Potemkin'schen Dörfern etwas Reales. Und ich kann nicht aufhören, daran zu denken, was aus ihr hätte werden können und was sie heute tun würde. Denn nach ihrer Reise hat sie nicht nur Rollen in Hollywoodserien gespielt, sondern auch Fernsehinterviews mit Präsidentschaftskandidaten geführt, dreizehn Jahre alt. Wenn ich das Bild heute anschaue, kehrt mein Glaube an die überirdischen Kräfte eines Kindes zurück.

14.01.2018

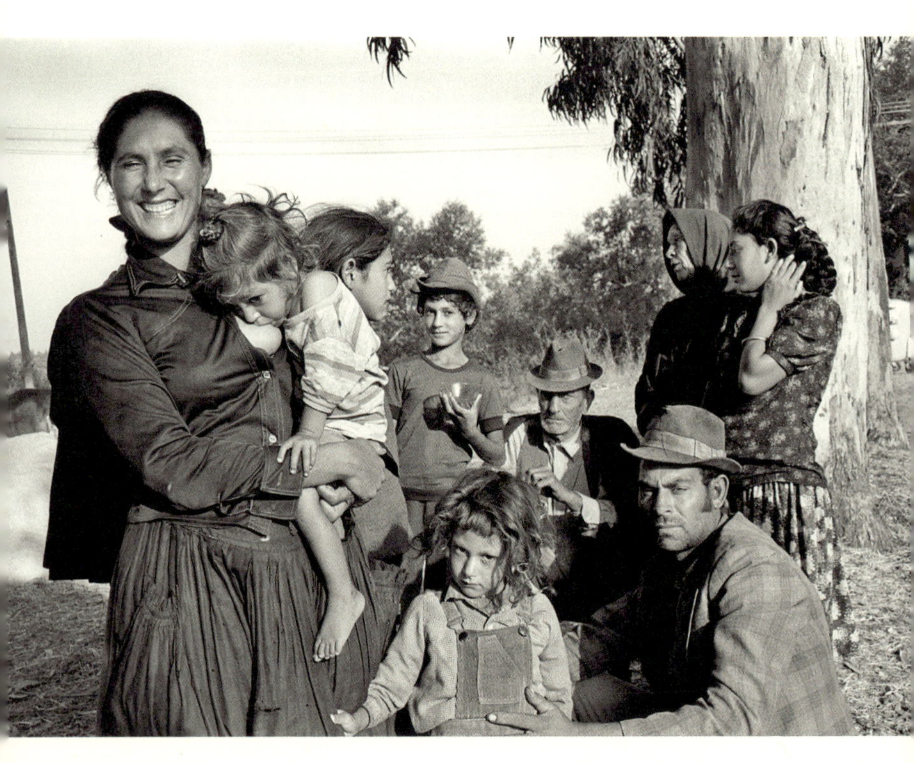

MADONNA VON ALENTEJO

Das erste Mal sah ich dieses Bild im Buch »Lebenszeichen« von Christine de Grancy. Aus der Dunkelheit der Zeit lachte mich eine Frau an. Die kohleartigen Flächen schienen wie aus tiefer Vergangenheit zu stammen. Kaum zu glauben, aber diese portugiesische Roma-Familie wurde erst im Sommer 1986 fotografiert, in der Moderne. Das kleine Buch hat eine Erklärung für den anachronistischen Effekt: Alle Fotos wurden in der Technik des Kupfertiefdrucks abgebildet. Die schwarze raue Tiefe erzeugte das Gefühl einer entfernten Zeit.
Das hier abgedruckte Foto ist etwas anders, hier herrschen graue Töne vor. Trotzdem ist es das Lächeln der Frau, das einen sofort anzieht. Sie stillt im Stehen, sie lächelt oder lacht sogar, erfüllt von sich selbst und überwältigt davon, dass sie fotografiert wird, stillend – und die ganze Familie ist dabei. Diese Gleichzeitigkeit des Sehens kann man in keinem Text nachahmen: das Lächeln, die Brust der Frau, das Kind, das kein Säugling mehr ist, die Blicke der Männer, die Hände – die schwingende Dynamik der ganzen Gruppe. Wie viel Leben kann in einem Foto stecken?
Madonnen haben helle und nachdenkliche Gesichter, manchmal das Drama des Verlustes vorausahnend. Oft schauen sie nach unten, in sich gekehrt oder zum Säugling, sie lachen selten und haben – besonders in der flämischen Kunst des Mittelalters – hohe, manchmal merkwürdig verdrehte Brüste. Dieses Foto bestätigt die Wahrhaftigkeit

einer solchen Kunst. Ich habe schon viele stillende Mütter gesehen, aber niemals solch eine, die so lacht, als würde auch ihre Brust lachen – aus Überfluss an Milch, Lust und Existenz. Fünf Kinder dieser Frau sind auf dem Bild zu sehen, und ganz vorne steht das Kind, dem die Fotografin zuerst begegnet ist.

Damals, 1986, hat de Grancy ihre österreichischen Freunde, eine Schauspielerin des Burgtheaters und den Erfinder des Zirkus Roncalli, in Portugal, in der Region Alentejo besucht. Eines Tages sah sie, wie ein Roma-Kind aus einem Laden verjagt wurde, drückte ihm etwas Geld in die Hand, und am folgenden Tag traf sie zufällig die ganze Familie. Sie waren ihr dankbar, konnten dies aber nicht vermitteln. De Grancy zeigte auf ihre Kamera – und so ist das Bild entstanden. Als Zeichen der Dankbarkeit demonstrierte diese Familie sich selbst, »ecce homines«: Oma und Opa, ein Mann und eine Frau und ihre Kinder. Das Kind im Zentrum, das für den ganzen Tumult »verantwortlich« war, hält sich am Rock der Mutter fest und wirkt misstrauisch. Die Komposition enthält einen Zauber, da die Gruppe alle Facetten zwischen Authentizität und Inszenierung zeigt, zwischen beweglichem Leben und festgehaltenem Moment, Phasen der Annäherung an die Kamera der Betrachterin: Manche sind voll präsent, die anderen tastend, fragend und unwissend, zwei Mädchen sind ins Gespräch mit der Oma vertieft und posieren nicht. Und so wandert der Sinn des Bildes zwischen direkter Repräsentation und Exotisierung der Roma, zwischen Street Photo und Tableau vivant.

Drei Männer aus drei Generationen tragen die gleichen Hüte. Die beiden älteren sind zurückhaltend. Der Junge, der im Zentrum im Hintergrund steht, schaut direkt und offen, er wiederholt – viel leiser, wie ein Echo – das Lächeln seiner Mutter, auch er steht im Dialog mit der Fotografin. Er hält ein Glasschälchen in der Hand, als würde er von der anderen Seite die Szene spiegeln, durch eine magische Linse auf die Welt schauen und das Licht einfangen.

De Grancy ist nach dem Krieg mit ihrer Mutter und ihren drei Geschwistern in Bayern gestrandet. Als Kind hörte sie oft das Volkslied »Wie lustig ist das Zigeunerleben«, in dem »die Zigeuner« als Metapher des Wanderns dienen. Die Abgründe des Krieges werden beim Singen übersehen. Im Wort »Zigeuner« haben sich das Poetische und das Repressive untrennbar vermischt. Die Roma bleiben bis heute das wandernde Objekt der Xenophobie.

In diesen Tagen ist de Grancys Ausstellung in der Galerie Crone in Wien zu Ende gegangen: Im Jahre 1994 begleitete sie David Bowie und Brian Eno in die psychiatrische Anstalt Gugging bei Wien, wo eine Initiative entstanden ist, die sich mit der Kunst geistig Behinderter beschäftigt. Die Frage nach Grenzen und Ausgrenzungen führte Bowie nach Gugging und inspirierte ihn zu seinem Album »Outside«. Der Schatten der Ausgrenzung liegt auch auf diesem Bild. Wir sehen die strahlende Grandezza und die grandiose Hoffnungslosigkeit um sie herum. Das Leben selbst dringt aus dem Foto heraus, wie die Roma aus den Rahmen der Gesellschaft.

25.02.2018

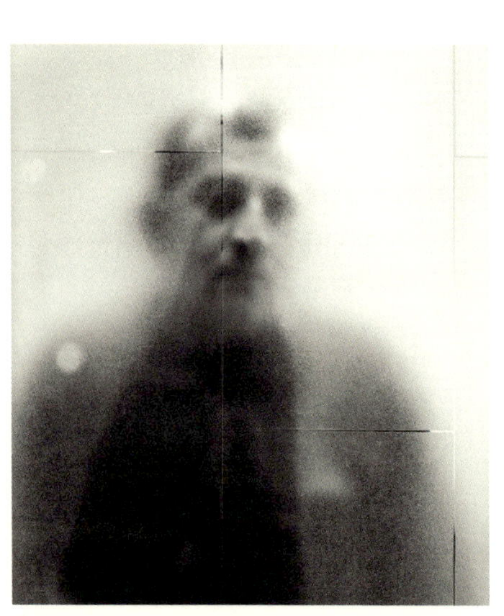
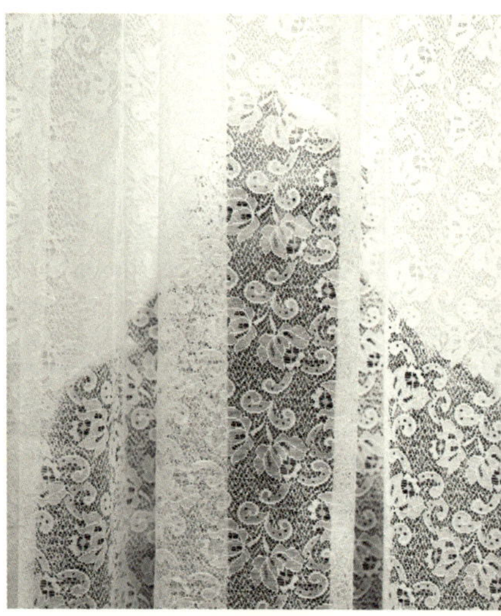
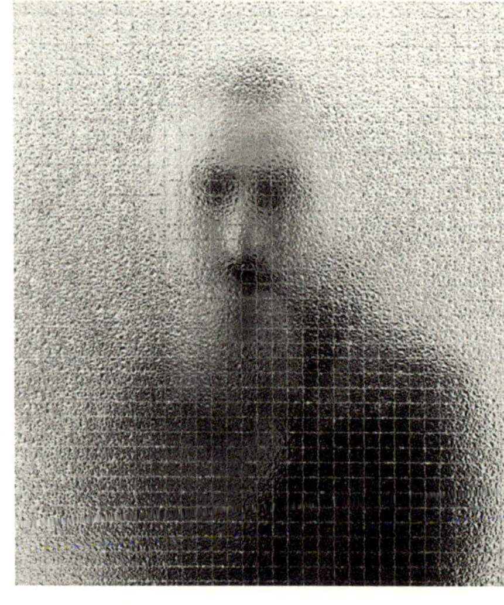
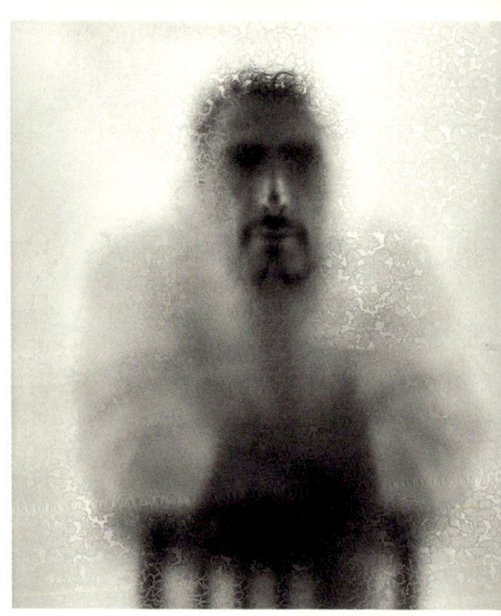

VERSCHLEIERTE MÄNNER

Vier Männer schauen uns an. Hinter den dicken Glasscheiben und Spitzenvorhängen sind ihre Gesichter kaum zu erkennen. Man ahnt sie eher, als dass man sie sieht. Unsere kulturelle Gefangenschaft suggeriert uns, sie seien bedrohlich. Ich finde sie schön, selbst in dieser Ahnung. Die Männer schauen hinaus, sie geben sich Mühe, den Betrachter zu erkennen, als wäre die Annäherung von beiden Seiten gewünscht. Die Fotografin kennt ihre Namen. Rasim, Beker, Fatih, Ünal. Sie bezeichnet sorgfältig die Identitäten, verhüllt aber fotografisch ihre Gesichter.

In vielen türkischen oder arabischen Lokalen in Kreuzberg, Neukölln und Wedding versammeln sich nur Männer. Sie trinken Tee, schauen Fußball, sprechen und spielen. Sie sitzen hinter den milchigen Scheiben ihrer Männer-Cafés und bleiben für die Passanten, die an ihren Leben vorbeilaufen, unzugänglich, beinah unsichtbar. Viele von uns leben neben diesen Orten, kommen aber kaum in Berührung mit ihnen.

Loredana Nemes hat – im Versuch einer Annäherung – diese Fremdheit fotografiert. In der Serie »beyond« hat sie die Gäste dieser Lokale, die für sie als Frau unzugänglich sind, unter der Lupe ihres eigenen Verstecks dargestellt.

Neun Monate hat sie Glasscheiben und Eingänge von Cafés, Tee- und Gemeindehäusern aus der Distanz fotografiert. Man kann auf diesen Fotos die Figuren hinter den Scheiben, ihre vagen Formen erkennen, auch Zimmerpflanzen, manchmal eine Hand oder ein Bild, aber keine Gesichter.

Neun Monate braucht man, um ein Kind auszutragen, neun Monate blieb Loredana Nemes auf Distanz zu den fremden Männern und fremden Orten, erst dann war sie bereit, ihnen näher zu kommen. Als wäre es notwendig, auch die Annäherung auszutragen. Dann bat sie einige der Männer, die in den Cafés saßen, an die Scheibe zu kommen und hinauszublicken. Loredana klopfte an die Scheibe, die Männer kamen ganz nah an sie heran, hielten für Sekunden still, und sie hat sie durch die Scheibe fotografiert. So entstanden auch diese vier Bilder – als Teil einer größeren Reihe. Nicht Gesichter kamen zum Vorschein, sondern Textur, die Grenze zwischen der Fotografin und ihrem Objekt. Die Glasscheiben mit ihren verschiedenen Mustern und Dekorationen sprechen anstelle der Männer, sie verleihen ihnen Gesicht und Charakter. Sind wir das, die diese Männer verschleiern? Die Membran wird zum Helden der Betrachtung, zum gesellschaftlichen Zerrspiegel. Ein leicht verziertes Glas, die Spitzen. Die Männer erscheinen wie aus einem Katalog der Gestalten, aus einer Kunstkammer, einer unheimlichen Maskerade aus dem »Jenseits«: Der erste, auf den Stuhl gelehnt, schimmert durch die Scheibe wie auf dem Grabtuch Christi, der zweite wie eine Braut, die sich mit einem Spitzenvorhang schmückt, verschleiert und versteckt, der dritte ist kariert, als wäre er zweimal gefangen, in einem endlosen Netz, einmal hinter der Scheibe und nochmals in all den kleinen Quadraten des Musters. Kann man selbst frei schauen, wenn man nicht frei angeschaut wird? Spiegelt diese Scheibe unsere eigene Unfähigkeit wider, Menschen ins Gesicht zu schauen?

Die Männer blicken nach draußen wie der Froschprinz aus dem Aquarium, bleiben aber wie durch böse Kräfte verzaubert. Auch die Kamera mit all ihrer Zauberkraft kann sie nicht zurückverwandeln, den Schleier heben. Die Scheibe verleiht den Männern unentzifferbare Gesichter. Sie bleiben ein Geheimnis. »Beyond« ist eine Studie über die Fremdheit der fremden Männer oder die Fremdheit an sich, ein mutiger Versuch, die Grenzen der menschlichen Annäherung zu zeigen.

Letztlich bleibt unklar, ob die Männer verschleiert sind oder unser Blick, der im Versuch einer Annäherung über seine eigene Verschleierung nicht hinauskommt, in den Spitzen hängenbleibt. Die Bilder sind konkret und höchst metaphorisch zugleich. Auch das technische Verfahren wird zum Symbol. Die Fotografin ist eine Frau, die die Männer »untersucht«, und sie ist auch »verschleiert«: Sie fotografiert mit einer Linhof-Großformatkamera, mit einem Tuch über dem Kopf. Kommt sie den Männern dadurch näher? Oder sind sie sogar in ihrer Fremdheit »quitt«?

17.06.2018

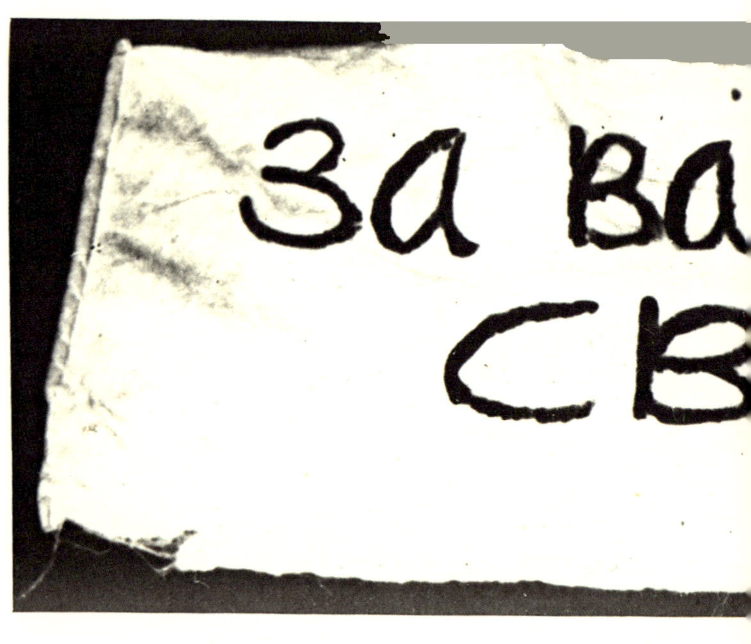

DAS FOTO GIBT ES NICHT

1968 ist das Jahr der unvergesslichen Bilder: Proteste gegen den Vietnamkrieg in den Vereinigten Staaten, Generalstreik in Frankreich oder Krawalle in West-Berlin, Demos von Studenten an der Sorbonne oder Sit-ins von Hippies aller Länder. Die Menschen lebten in der Geschichte, bewegten sie – und wurden dabei fotografiert. Wie oft hat uns der

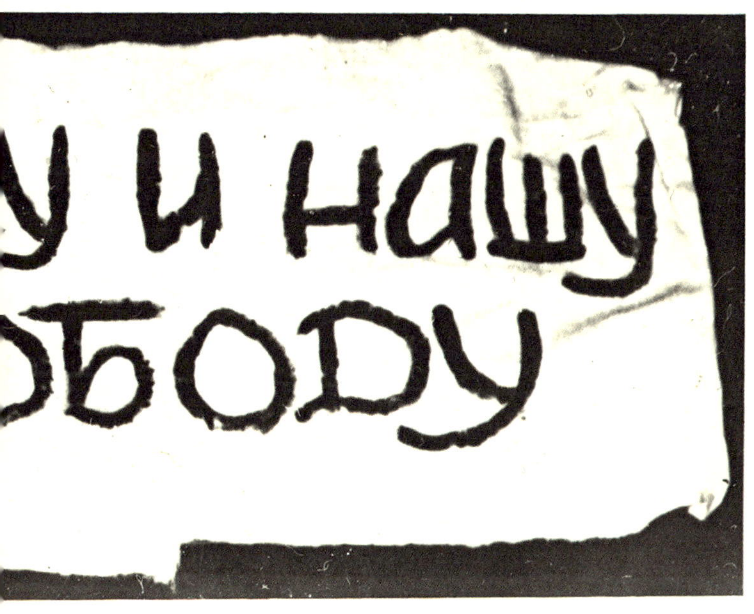

milde Neid ergriffen, als wir diese leuchtenden Gesichter auf den Schwarzweißfotos gesehen haben? Ihre Anziehungskraft beruht nicht nur auf unserer Nostalgie. In den Fotografien sind der Aufbruch, die Jugend, die Energie der Zeit aufbewahrt. Am 21. August 1968 marschieren Truppen des Warschauer Pakts, fast eine halbe Million Soldaten, in die Tschechoslowakei ein. Josef Koudelka hat die Niederschlagung des Prager Frühlings fotografiert. Das Geschehen ist ohne seine Bilder unvorstellbar. Auch sie sind Bestandteil dieses Jahres 1968: junge Menschen gegen Panzer, schreiende, weinende, wütende Passanten, die sich schwerem Geschütz entgegenstellen. Die Niederschlagung des Prager Frühlings war das Ende der Liberalisierung in Osteuropa.

In dem riesigen sowjetischen Imperium gehen acht Menschen auf den Roten Platz, um gegen diese Halbe-Million-Invasion zu protestieren. Natalja Gorbanewskaja, Dissidentin, Dichterin und Übersetzerin, schiebt einen Kinderwagen mit dem drei Wochen alten Iosif. Den acht Menschen geht es nicht nur um die Solidarität mit den Tschechen. Sie empfinden die Okkupation als ihre persönliche Schande. Sie wissen, dass ihr Protest ein selbstmörderischer Akt ist. Kurz rollen sie Plakate aus mit Slogans wie »Hände weg von der ČSSR«, »Freiheit für Dubček!«. Nach wenigen Minuten werden sie verhaftet.

Dieses Ereignis hat sich ins Bewusstsein von Millionen Menschen eingeprägt. Doch es gibt kein Bild davon. Es gibt kein Bild, deswegen nenne ich die Namen: Neben Natalja Gorbanewskaja waren es die Linguistin Larissa Bogoraz, die Studentin Tatjana Bajewa, der Dichter und Student Wadim Delone, der Bauarbeiter Wladimir Dremljuga, der Physiker Pawel Litwinow, der Mathematiker Konstantin Babitskij, der Literaturwissenschaftler Wiktor Fainberg. Ihre Schicksale könnten Romane füllen.

Das einzige visuelle Zeugnis dieses Protests ist ein Bild des Plakates mit der Aufschrift »Für eure und unsere Freiheit«, das Gorbanewskaja hochhielt. (Im Jahr 1973 hat ihr Joan Baez das Lied »Natalia« gewidmet.) Das Plakat wurde beim Verhör abfotografiert, es stammt aus dem Gerichtsprotokoll, das im KGB-Archiv liegt. Es sieht aus wie ein Fund aus der Steinzeit. Der Slogan »Für eure und unsere Freiheit« war und ist das wichtigste Leitmotiv für die sowjetischen Dissidenten. Es stammt aus einem tief moralischen

Geschichtsbewusstsein. Die sowjetischen Panzer in Prag bedeuteten ein Abwürgen aller Freiheiten. Danach gab es nicht mehr viele Menschen, die es wagten, sich zu wehren. Meine Mutter ging zum Schuldirektor in Kiew und sagte: »Ich unterrichte keine Zeitgeschichte mehr.« Das Buch meines Vaters, das im August 1968 in Druck war, wurde eingestampft, bis zur Perestrojka konnte er kein einziges mehr veröffentlichen.

Die Teilnehmer wussten, dass sie für die Minute ihres Protestes mit Jahren der Bestrafung rechnen mussten. Zwei von ihnen wurden in die Psychiatrie geschickt, zwei ins Straflager, drei in die Verbannung nach Sibirien, nur Tatjana Bajewa wurde freigelassen. Bei der Verhaftung hatte die Miliz Fainberg die Zähne ausgeschlagen. Man brachte ihn in die Psychiatrie, um die Brutalität des Staates zu vertuschen. Er hatte gerade sein Studium mit einer Arbeit über J. D. Salinger abgeschlossen. Nach drei Jahren in der Zwangspsychiatrie fragten ihn die Ärzte: »Bereuen Sie Ihre Aktion jetzt?« Er antwortete, die Niederschlagung des Prager Frühlings sei drei Jahre her, die Unterdrückung des Budapester Aufstands zwölf, und Nikolai I. habe vor hundertzwölf Jahren Moldau erobert, das ändere nichts an der Barbarei der Eroberung.

Der Slogan auf dem Bild stammt ursprünglich aus den Zeiten der polnischen Aufstände um 1831 gegen das russische Imperium. Er hatte die Kriege überlebt und wurde in der Fassung »Für unsere und eure Freiheit« auch von der polnischen Volksarmee im Zweiten Weltkrieg und sogar beim Getto-Aufstand in Warschau benutzt. Die sowjetischen Dissidenten hatten die Formel umgedreht: Sie wollten sich zuerst für die Freiheit der anderen einsetzen.

Die Demonstranten hatten sich auf dem Roten Platz vor das »Lobnoje mesto« gestellt, ein Baudenkmal für das Schafott, auf dem die Verurteilten im zaristischen Russland geköpft worden waren. Sie wollten auf ein geschichtliches Muster hinweisen. Über vierzig Jahre später haben Pussy Riot den Ort für ihre Aktion »Aufstand in Russland – Putin hat Schiss« gewählt. Es gibt in Russland eine Tradition von Widerständlern, die die Frage nach Ehre und Gewissen stellen, ohne Aussicht auf einen Sieg. Diese Tradition hat ihre Wurzeln im Aufstand der Dekabristen im Jahre 1825, damals mobilisierten Adlige ihre Truppen gegen die absolute Monarchie, um gegen Willkür und Leibeigenschaft zu protestieren. Die Dekabristen fühlten sich unfrei und unwürdig wegen der Leibeigenen, die sie selbst besaßen, und die sowjetischen Achtundsechziger fühlten sich unfrei und unwürdig in einem Land, das andere Länder unterdrückt. So einfach ist diese beinahe verlorene Logik des Gewissens.

04.02.2018

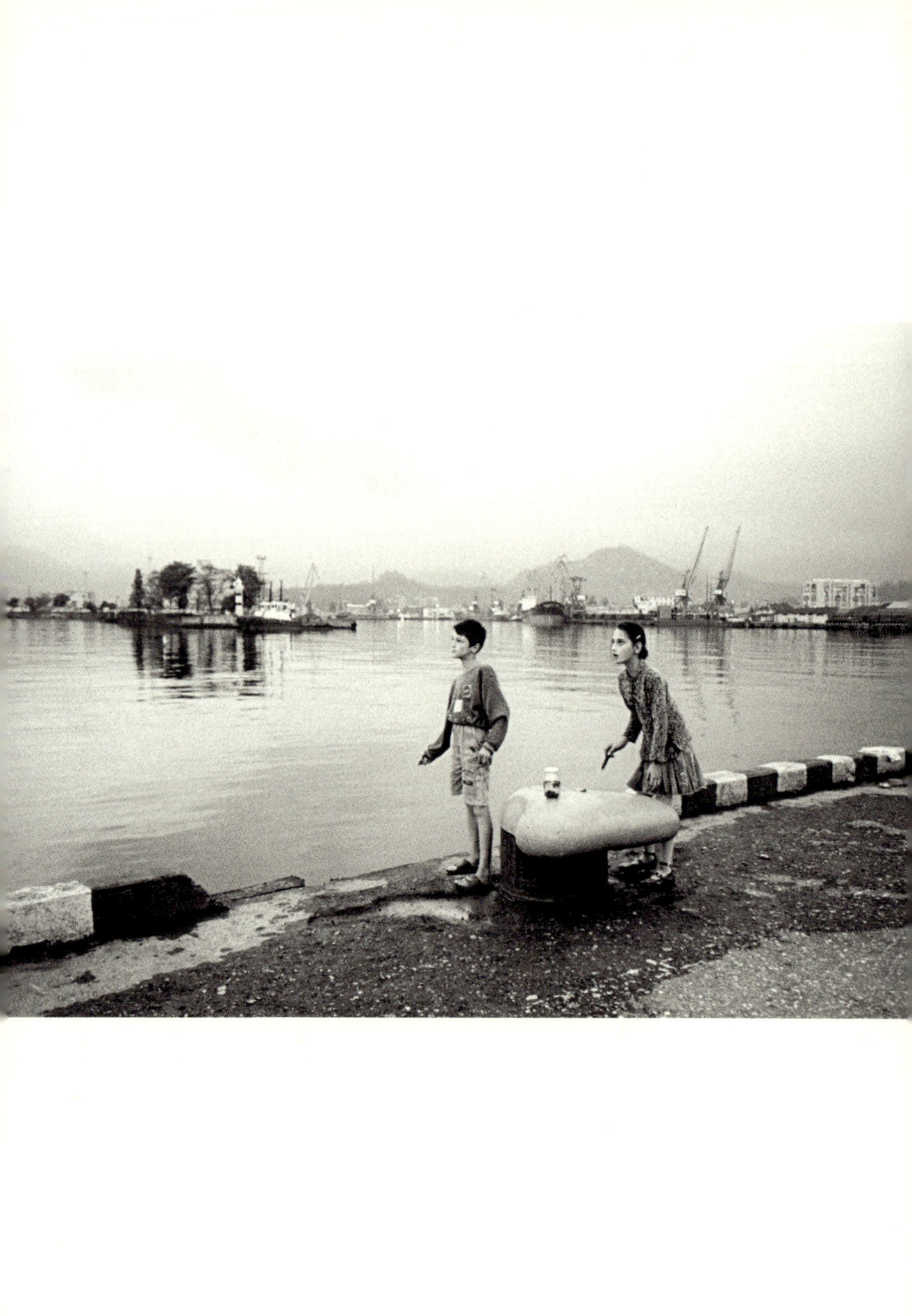

AM SCHWARZEN MEER

Zwei Kinder stehen am Ufer des Meeres und schauen staunend zum linken Rand des Fotos. Sie sehen etwas, das wir nicht sehen. Wir starren auf ihre Starre, auf ihre Schönheit. Wir wissen nicht, was sie so plötzlich erblicken, und auch nicht, was sie noch vor einer Sekunde gespielt haben. Das Plötzliche schafft Zeit.
Ein Glas auf dem Hafenpoller, ein Stock in der Hand. Hat das Mädchen mit dem Stock-Stab gezaubert? Der Junge hält vielleicht einen kleinen Stein, den man ins Wasser wirft, um ihn möglichst häufig springen zu lassen. Es sieht so aus, als hätte das Mädchen gerade etwas auf den Poller geschrieben oder gemalt. Hat sie gefangene kleine Krebse oder Muscheln gezählt? Das Foto verbirgt nicht nur das Geheimnis des unterbrochenen Spiels, sondern auch eine trübe Zukunft, die außerhalb unseres Blickwinkels liegt. Unsere Erwartung wird nicht eingelöst. Auch der Himmel ist bedeckt. Haben die Kinder gerade einen Blitz gesehen?
In dieser Halbdämmerung wirkt das adrett gekleidete Mädchen beinahe mystisch: leuchtendes Gesicht, offener Mund, weit aufgerissene Augen. Sie steht leicht nach vorne gebeugt und ist vor Überraschung so hingerissen und erstarrt, als hätte sie ein Ufo gesehen. Auch der Junge schaut neugierig, aber zurückhaltender. Ein Junge eben.
Jedes Foto ist das Fragment einer Welt, aus Zeit und Raum herausgerissen. Wir können nur dieses Fragment sehen, das sich als ganze Welt darzustellen versucht oder als repräsen-

tativer Teil – wenn nicht als Metapher, dann als Pars pro Toto. Jedes Foto birgt eine Vergänglichkeit. Nichts wird wieder so sein wie in diesem verewigten Moment, als die Kinder im Hafen einer Stadt am Schwarzen Meer ins Staunen geraten. In ihrer Serie »Black Sea« fotografiert die Britin Vanessa Winship Menschen an den Grenzen des Raums und an den Brüchen der Zeit: in den Grenzgebieten der Türkei, an den Rändern der Gesellschaften auf dem Balkan, entlang den Ufern des Schwarzen Meeres.

Spielort der Kinder ist ein Hafenpoller-Zaubertisch, hier werden Schiffe festgemacht, mit einem dicken Tau. Und vielleicht passiert auch hier etwas ganz Gewöhnliches, das ein Wunder ergeben kann. Wenn große Schiffe ankommen, verdecken sie die ganze Welt. Vielleicht haben die Kinder gerade solch ein Riesenschiff erblickt, das ganz nah ist? Und größer als alles, was sich bewegen kann? Größer als die Berge am Horizont?

Die Kinder schaffen mit ihrer Halbbewegung eine merkwürdige, nur leicht angedeutete Symmetrie. Im Hintergrund stehen zwei Hafenkräne, die in die andere Richtung nicken, so dass sie die Körper und Arme der Kinder spiegeln, ein Echo zwischen der Kinder- und der Erwachsenenwelt. Dieses Echo ist erstaunlich und trügerisch zugleich: zwei Kinder, zwei Kräne, zwei ähnliche Bäume, die nochmals im Wasser gespiegelt werden, die geschwungenen Streifen im Meer, die die Form der Berge wiederholen, Wolken, die im Wasser reflektieren, ein heller Teil, der andere dunkel. Auf dem Asphalt wiederholt sich das gleiche Spiel, als würde sich das Meer im Himmel widerspiegeln und dann wieder auf dem Asphalt: wellenhafte Ähnlichkeiten, die Unterschiede betonen. Eine schwarzweiße Bordüre,

wie ein Kalibrierstreifen, läuft diagonal über das kontrastarme Bild.
Im Hafen wird ausgeladen und eingeladen, zwischen Chronik und Fiktion. Es könnte das georgische Batumi sein. Irgendwo in dieser Gegend landeten die Argonauten auf der Suche nach dem Goldenen Vlies. Am Ufer steht ein Haus, und erst jetzt merke ich, dass es wohl Abend ist, da im Haus schon die Lichter brennen. Am Ufer ist ein Schiff zu sehen. Auf vielen Fotos von »Black Sea« zeigen Schiffe ihre glatte, gutgenährte Seite, aber nur in einem Ausschnitt: Sie sind zu massiv, um vollständig zu erscheinen.
Bewegung und Fortbewegung ist überall in den Bildern von Vanessa Winship (Ship – sic!) zu spüren. Schiffe, Brücken, Übergänge, Grenzen, Menschen an Bahnsteigen, vor den Zügen, die alle in verschiedene Richtungen schauen, rennende Jungs, ein Mädchen, das ins Wasser springt und für immer schweben bleibt, und häufig kommen auf den Bildern Tanzende vor, Kinder oder Erwachsene, die noch auf den Tanz warten, sie befinden sich noch vor dem Auftritt, vor ihrer märchenhaften Verwandlung.
Dieses Foto verbirgt eine unvorhersehbare Zukunft, die außerhalb unseres Sehens liegt und die so groß ist wie das sich langsam nähernde Schiff, das den ganzen Horizont einnehmen kann. Es gibt ein rufendes Signal ab. Die Kinder hören es, wir aber nicht.

29.07.2018

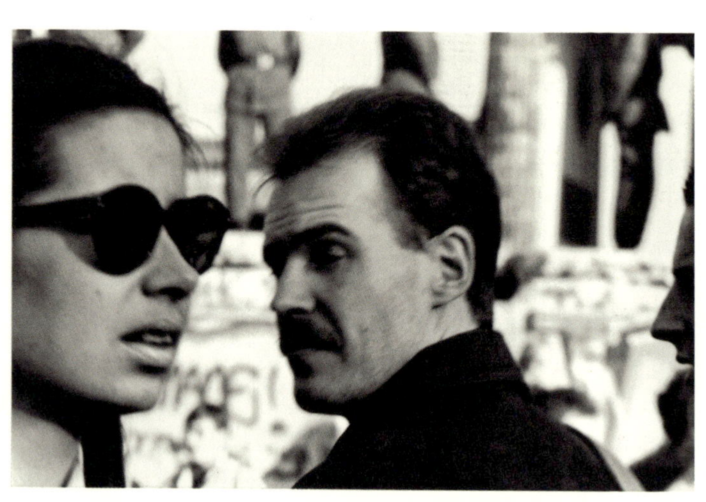

ADOPTIERTE GESCHICHTE

Ohne Zweifel ist dieses Foto im November 1989 gemacht worden. Wahrscheinlich hat der Fotograf an diesem Ort mehrere Bilder geschossen, hat die besten aufbewahrt und dieses eine aussortiert. Ich habe den Abzug einzeln im Berliner Mauerpark gekauft, an der Stelle, an der die Mauer von der Bernauer Straße kommend scharf Richtung Norden abbog. Dort, wo früher der breite Todesstreifen lag, gibt es heute einen der größten Flohmärkte Berlins. Seit zwei Jahrzehnten wird hier Geschichte in Habseligkeiten und kleine Objekte zersplittert und verkauft. So habe auch ich ein privates Stück Mauerfall gekauft, als wäre es ein Teil meiner persönlichen Geschichte.

In den ungeordneten Haufen liegen ganze Familienarchive, lose oder in Alben, die aus unbekannten Gründen ihre gesetzmäßigen Erben verloren haben. Manchmal möchte man gar nicht wissen, warum sie hier gestrandet sind und nicht mehr irgendwo in massiven Holzschränken liegen. Auf dem Flohmarkt sind sie zur Adoption freigegeben.

Jedes Mal, wenn ich zu diesem Flohmarkt im Mauerpark gehe, überschreite ich eine dünne Markierung, einen Streifen mit Pflastersteinen. Jedes Mal halte ich inne, so normal ist dieser Schritt, und doch so wunderbar in seiner Normalität, da es für eine ganze Generation nicht möglich war, ihn zu machen. Auf einer Metallplatte steht geschrieben: »Berliner Mauer 1961-1989«. Die Narbe der Mauer bleibt in der Berliner Topographie zurück, so wie das Datum – 13. August,

Tag des Mauerbaus – als kleiner Haken in meinem Kopf.
Nach dem Kauf hatte ich das Foto in mein Bücherregal zwischen andere, halbwichtige private Fotos gestellt: das von meiner alten Universität, das mit meinem Bruder und einem Dritten – mit dem eingerüsteten Bolschoi-Theater, dem Plakat »Aida« und mir davor. In dieser Reihe suggerierte das Mauerfoto eine Art biographische Teilnahme. Als es schließlich auf meinen Schreibtisch wanderte, schienen mir die Menschen darauf so vertraut, als wären sie meine unbekannten Verbündeten.

Das Foto ist von der westlichen Seite aus gemacht, das erkennt man an den Graffiti, und hinter den Soldaten auf der Mauer sieht man die äußerste linke Säule des Brandenburger Tors. Erst strömten am 9. und 10. November vom Osten die Bürger der DDR nach West-Berlin, dann sind viele Westler von der anderen Seite auf die Mauer geklettert. Im Halbkreis um das Brandenburger Tor herum gab es eine extrabreite Antipanzer-Mauer, die niedriger, massiver als die sonstige Mauer und ohne Rundung oben war, so dass man auf ihr stehen konnte. Am 11. November hatten sich die DDR-Grenzsoldaten hier auf die Mauer gestellt, und erst am 12. wurde der Schießbefehl aufgehoben, und die Soldaten trugen keine Gewehre mehr. Vielleicht sehen wir gerade diesen Tag auf dem Foto.

Im Zentrum steht ein Mann, der sich gerade der Frau zuwendet und in dieser Bewegung fotografiert wird. Seine Augen sind geschlossen. Blinzelt er gerade oder blendet ihn an diesem Novembertag die Sonne? Die Frau ist der eigentliche Mittelpunkt. Ihr Mund ist leicht geöffnet, als wäre sie überrascht, in Eile, so wie auch ein Mann am rechten Rand des Bildes. Der Fotograf und der Mann mit dem Schnurrbart umkreisen sie mit ihren Blicken und lenken auch unsere Aufmerksamkeit auf sie. Ihre Augen sind durch die Sonnenbrille bedeckt. Schützt sie sich doppelt? Wer ist hier aus dem Osten und wer aus dem Westen? Meine Freunde meinen, dass in dieser Zeit im Westen kaum jemand Schnurrbart trug. Fassbinder hatte einen ganz anderen, und auch der war längst gestorben.

Die Frau sieht einer meiner Bekannten sehr ähnlich. Für keine Sekunde habe ich geglaubt, dass ich sie auf dem Flohmarkt zufällig hätte »kaufen« können. Ich fabuliere lieber über sie, über ihr Leben, ihren Beruf, auch über diesen flüchtigen Moment an der Mauer. Ob sie kurz herübergekommen ist? Studiert sie Kunst, oder möchte sie Kindergärtnerin werden? Ich denke an die mögliche Begegnung dieser Menschen in diesen turbulenten Tagen und erkenne zwischen beiden Gesichtern auf der Mauer das Wort »Chaos!«.

Die Soldaten im Hintergrund sind ohne Köpfe, und die Menschen vorne sind ohne Körper, sie zeigen ihre Gesichter in Übergröße. Und das ist genau, was in diesen Tagen geschah und sich auf diesem Foto zufällig wiederfindet: Die gesichtslose anonyme Macht wird geköpft, tritt zurück und wird vage, die Menschen und ihre Geschichten kommen nach vorne. Sie schauen in verschiedene Richtungen gegen die geradlinige Logik der Mauer, auf der Suche nach einem anderen Menschen.

P.S.: Ein paar Wochen nach Veröffentlichung bekam ich einen Brief aus Rom, von Anna-Maria L. Sie schrieb, sie sei die Frau auf dem Foto, sie habe keine Fotos mehr aus dieser Zeit an der Mauer, nur jetzt das meine, und sie sei unsicher, ob die banale Realität ihres Auftauchens meiner Phantasie besser keine Grenzen ziehen solle.

19.08.2018

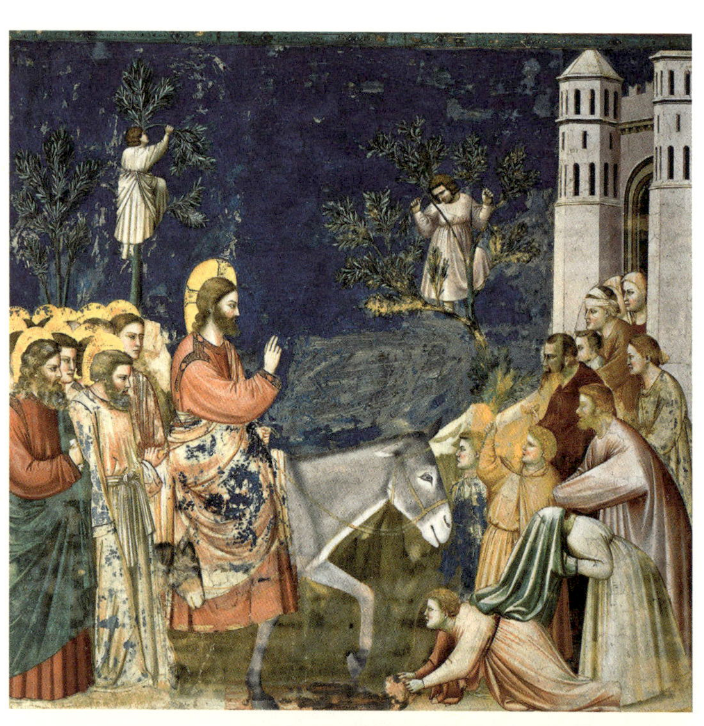

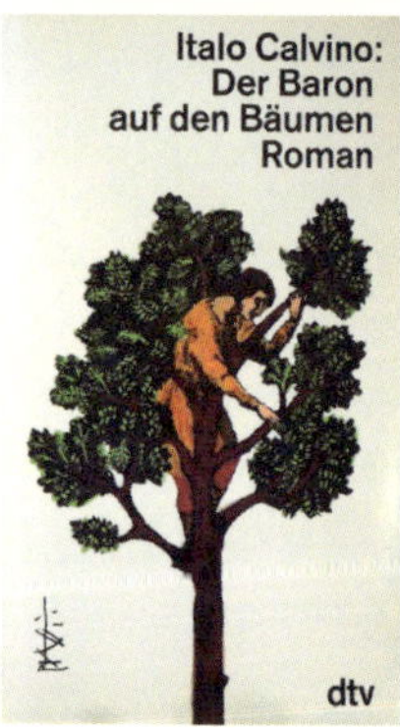
Italo Calvino:
Der Baron
auf den Bäumen
Roman
dtv

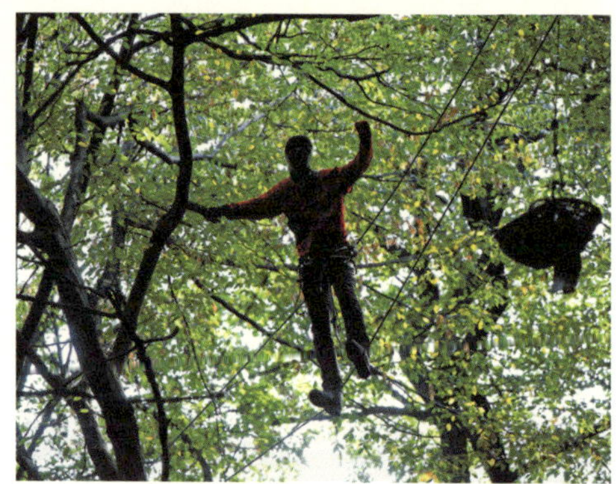

LAUBENFEST

Damals waren stets Zweige und Laub zwischen uns und dem Himmel, wohin wir uns auch wandten.
Italo Calvino

Es war einmal ein Wald, in dem die Menschen wie die Vöglein auf den Bäumen nisteten. Er war ihr Heim, und ihre Körper flogen ihren Gedanken hinterher, von Ast zu Ast. Manche sagten, sie hätten hier nichts zu suchen. Andere staunten, dass sie nicht säten und nicht ernteten und der himmlische Vater sie doch ernährte. Es gab auch diejenigen, die meinten, dass dieser kleine, uralte Wald ein Naturschutzgebiet werden solle für all die Fledermäuse, Vögel, Bäume und auch Menschen, die unsere Märchen und unseren Verstand behüten.
Menschen auf Bäumen – das waren die ersten Bilder aus dem Hambacher Wald, die mir ins Herz schossen, obwohl ich noch nicht wusste, dass manche von diesen Menschen schon seit sechs Jahren dort in Baumhäusern wohnten und dass es bereits 160 solche Menschen in diesem Wald gab. Sie schimmerten auf zahlreichen Bildern durch die Äste hindurch und blieben in meinem Kopf stecken, als hätte mich ihre Freiheit in einem Netz aus Ästen und Kletterseilen gefangen. Dieses Bild hier ist nur eines davon, ein Motiv, eine Hommage. Die Bilder riefen etwas Fragiles in mir hervor, eine Vision oder vielleicht eine Erinnerung. Wo habe ich sie schon einmal gesehen? Die mythologische Dimension des Konfliktes entfaltete sich erst allmählich.

In den letzten Wochen sind wir Zeugen einer öffentlichen Dystopie geworden, die uns bildhaft und beinahe grotesk die Sackgassen eines zivilisierten Staates vor Augen geführt hat. Die größten beweglichen Maschinen der Welt gegen die Menschen auf den Bäumen. Die Maschinen sind dazu da, dieses kleine Stück Wald zu vernichten. Darunter liegt Braunkohle, die umweltschädlichste aller Ressourcen. Die Maschinen, welche die Landschaft auffressen, gelten als legitim, die Menschen, die sich dort angesiedelt haben, gelten als Besetzer oder sogar Kriminelle. Nicht die Maschinen sind die Bedrohung, heißt es, sondern der Menschenschwarm, der die omnipotenten Maschinen bedrohe. Es scheint keine Kraft im Himmel oder in der Politik zu geben, die diese absurde Argumentation brechen und die Gier des Energiekonzerns aufhalten könnte. Im Hambacher Wald geht es nicht um Vogelgesang, sondern um einen Aufschrei. Diese Dystopie hat die ersten Opfer gefordert. Der Unfall, der in diesem Wald geschehen ist, hat uns sprachlos gemacht. Auf der juristischen Ebene scheint niemand schuld daran zu sein. Steffen Meyn wollte Zeugnis ablegen von den Menschen auf den Bäumen, denn kein gewöhnlicher Journalist konnte auf Augenhöhe der Baumhäuser berichten. Das Unglück wirkt, als wäre Meyn ein bei der Berichterstattung gefallener Kriegsfotograf. Sein unheimliches Blogger-Pseudonym vergissmeynnicht sorgt für den Wald. Der andere Fotograf wollte die Bäume festhalten: Er nahm Abschied von dem Wald, indem er jahrelang die todgeweihten Bäume einzeln und in Schwarzweiß porträtierte.

Plötzlich erinnerte ich mich, wo ich schon einmal eine menschliche Vogelschar auf Bäumen sitzen gesehen habe, als wären es reife Früchte. Es war im Baptisterium in Padua, ein Bild, das den Einzug von Jesus in Jerusalem zeigte, ein Motiv, das man in zahlreichen Kirchen und Kathedralen findet. Die Menschen sind da, in der Höhe, sie bezeugen das Geschehen – und nichts versperrt ihnen den Blick.

Der Konflikt um den Hambacher Wald verläuft längst auf einer archetypischen Ebene. Es ist, als fände in diesem Wald ein Kampf zwischen guten und bösen Kräften statt, als ginge es um das letzte Stück Wald überhaupt, um die letzten Bäume der Welt, um einen sakralen Ort, um den Wald, der uns allen gehört. Den deutschen Wald, seine Mythologie, erforscht Anselm Kiefer in seinen Bildern. Der mit Flatterband abgeriegelte Wald erinnert mich an sein Triptychon »Entrance to Paradise«. Werden wir immer wieder aus dem Paradies vertrieben?

In Italo Calvinos Buch »Der Baron auf den Bäumen« klettert der kleine Cosimo auf einen Baum, angeekelt von der Verlogenheit und Gewalt seiner adligen Eltern, und kommt niemals wieder herunter. Im italienischen Ombrosa gilt eine Regel: Solange Cosimo den Boden nicht berührt, ist er in seinem Reich, im Reich der Bäume. Er ist frei und unantastbar. Wenn ein Mensch alles zurücklässt, um da oben zu leben, sind die Kompromisse erschöpft, dann kann er nicht anders.

Der Hambacher Wald berührt viele Menschen, auch weil die Bilder zeigen, dass es hier um den letzten Flecken Leben geht, in einer komplett ruinierten Landschaft, und wie klein dieses Stück Wald ist, so klein, dass man es lieben kann. Die Bilder zeigen, wie ungeschützt Menschen und Bäume sind gegenüber Tausenden Polizisten, Hebebühnen, Kränen und gigantischen Schaufelrädern.

30.09.2018

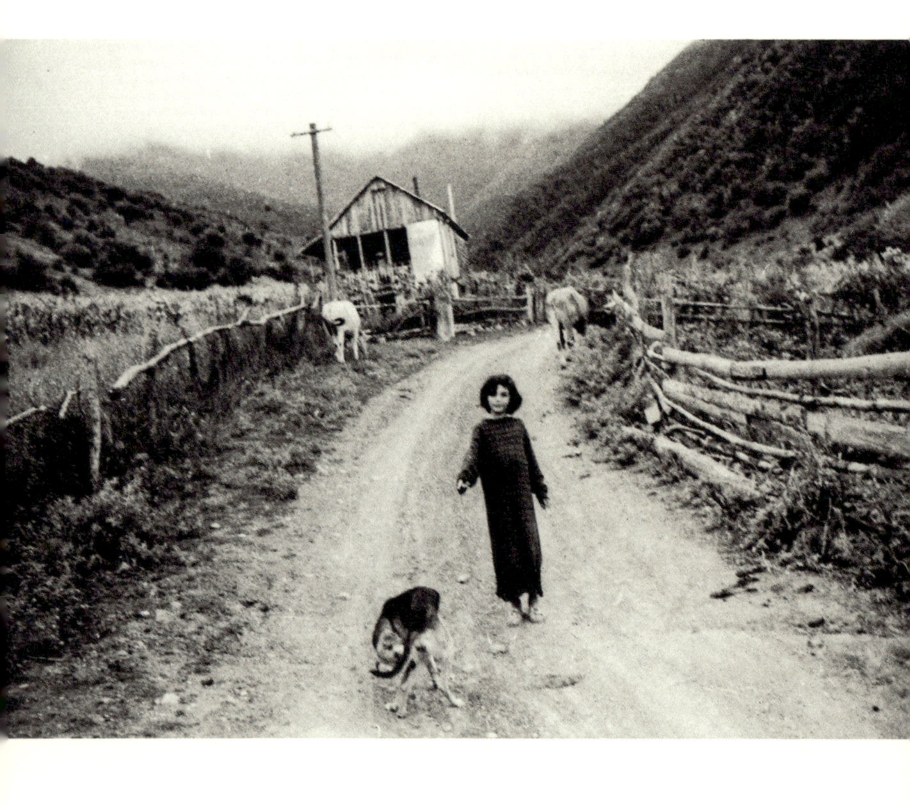

CHILDHOOD REVISITED

Für Rosa Münchmeyer

Vielleicht sehen Erinnerungen so aus wie dieses Bild: leicht verschwommen und in Schwarzweiß, dokumentarisch und illusorisch zugleich. Man blickt zurück, und alles ist noch da: das Mädchen, das vertraut auf uns schaut, die Kühe, die in den Stall zurückkehren, der Hund, der sich mit Flöhen beschäftigt. Bald sinkt der Nebel tiefer und wird das Bergdorf Tagveti (auf Georgisch »Dorf der Mäuse«) bedecken. Das Vergessen ist am Werk.
Ich war in Georgien als Kind zu Besuch, ich hatte nie zuvor so hohe Berge gesehen, ich erinnere mich an die kurvigen Straßen, an rustikale Armut, an das flache Lawasch-Brot und die Schönheit der Menschen. Und an die raue Sprache, rau wie ein grobkörniges Bild. Bei den Bildern dieser Fotografin schien mir, als hätte ich plötzlich etwas gefunden, etwas Zartes, beinahe Verschwundenes, wie eine Heimat, von der man geträumt hat, die einem niemals gehören wird, wie die verlorene, dahingeglittene Zeit.
Meine Kindheit hatte ganz andere Züge, aber ich kann mich von diesem Mädchen nicht trennen, als wäre es ich. Man wird in einen fremden Traum hineinkatapultiert, in eine fremde Erinnerung, die man wiederzuerkennen meint. Diese leichte Biegung der Straße und das Haus in der Ferne rufen Bilder aus inneren Tiefen hervor. Es gibt etwas Andrej-Tarkowski-Ähnliches, so wie die langsamen, verträumten Sequenzen aus seinen Filmen, in denen auch ein Mann mit seinem Hund zu sehen ist; nur die Ewigkeit umringt

sie von allen Seiten, wie die Musik von Bach im Film oder der Nebel auf diesem Bild.
Es war einmal. Aber wann? Ist es gerade gemacht worden, vor dreißig Jahren oder noch viel früher? Ich versuche mir vorzustellen, wie alt das Mädchen jetzt sein könnte, und ich scheitere.
In einem lakonischen Vorwort zum »Book of My Mother« erzählt die georgische Fotografin Natela Grigalashvili die Geschichte ihrer Mutter Keto, die zu Anfang des Zweiten Weltkriegs geboren wurde. Ihr Vater fiel im Krieg, und ihre Mutter wurde vom Zug überfahren, als Keto zehn Jahre alt war. Als Vollwaise aufgewachsen, war sie später keine strenge Mutter, aber auch keine liebevolle. Natela, ihre Tochter, verlässt das Heimatdorf im Zentrum Georgiens mit sechzehn Jahren und möchte Kamerafrau werden. Sie werden einander fremd. Vielleicht wiederholt sich in beiden das Gefühl, nicht genug geliebt worden zu sein. Natela kehrt immer wieder ins Dorf zurück und fängt schon früh an, ihre Mutter zu fotografieren – um sie zurückzugewinnen, um die Beleidigung zu überwinden. Sie dachte, sie mache ein Buch über ihre Mutter, aber daraus wurde ein Buch über sie beide, vielleicht über einiges mehr.
Denn etwas Unheimliches passiert hier: Ich schaue wieder auf das Kind und sehe die Fotografin. Als hätte die Fotografin die Kamera genommen, durch die magische Linse eines billigen sowjetischen Fotoapparats auf das Dorf ihrer Kindheit geschaut – und dort, in der Mitte einer Straße, stand sie selbst. Auf der Suche nach ihrer Mutter hat sie deren Blick auf das Kind übernommen. Als ihre Mutter zehn Jahre alt war, hatte sie keine Eltern mehr. Das Bild ist in der Tat unheimlich, als würden hier Erinnerungen

abfotografiert. Die Erinnerung eines verlassenen Kindes. Das Bild und das Buch sind 1990 entstanden, als das Dorf der Mäuse noch wie am Anfang des zwanzigsten Jahrhunderts aussah. Auf dem Foto ist nicht die Fotografin, schon gar nicht ihre Mutter und auch nicht die Tochter der Fotografin, sondern ihre Nichte. Sie sieht verlegen, aber glücklich aus und scheint der Welt, die sich in dem Blick der Fotografin sammelt, voll zu vertrauen.

Nach dem Tod seiner Mutter schrieb Roland Barthes »La chambre claire«, eines der wichtigsten Bücher über Fotografie, das der Suche nach seiner Mutter gewidmet ist. Es scheint ihm, als fände er sie auf einem Kindheitsfoto wieder, nur dort ist sie zu »erkennen«, obwohl er seine eigene Mutter als Kind nicht hatte erleben können. In seiner Liebe zur Mutter schrieb er über dieses Foto und über viele andere. Er entwickelte eine Theorie des Vergangenen, des Verlustes. Doch das Foto selbst kommt in dem Buch nicht vor.

Das georgische Mädchen scheint Mutter und Tochter wieder zu verbinden. Eine Frau sucht nach ihrer Mutter, sie fotografiert, sie hat selbst eine Tochter. Drei Generationen von Frauen leben in diesem Mädchen, eine Kette von einvernehmlichen Spiegelungen, eine Reproduktion im Wortsinn, in Bild und Sippe. Vielleicht ist auf dem Negativ ein verlassenes Kind zu finden, aber auf diesem Bild sehen wir ein Mädchen, das geliebt wird. Und man lächelt ihm zurück.

28.10.2018

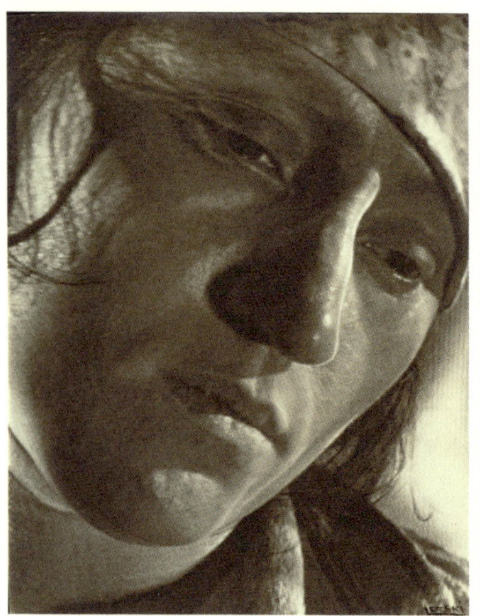
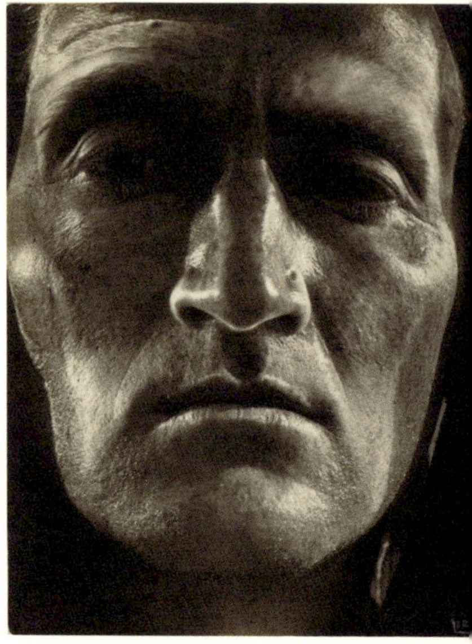

MENSCH ALS MÖGLICHKEIT

Kaiser Augustus? Adonis? Als Skulptur – und dann als Foto für die Ewigkeit? Als ich die ersten Köpfe aus der Serie »Verwandlung durch Licht« von Helmar Lerski gesehen habe, war ich ebenso von seiner Schönheit verblüfft wie verunsichert darüber, was ich da eigentlich sah. Das Gesicht schien sich zu verwandeln, wie im Schlaf: von majestätischer Hochmut einer antiken Statue – mit ihrer programmatischen Männlichkeit, wie sie nur Bronze und Marmor übertragen können – bis hin zu einem vor Hitze oder Begierde ermüdeten und sinnlichen Träumer. Von

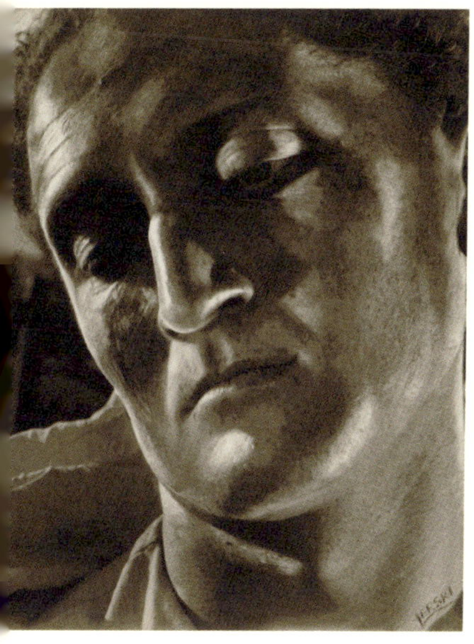
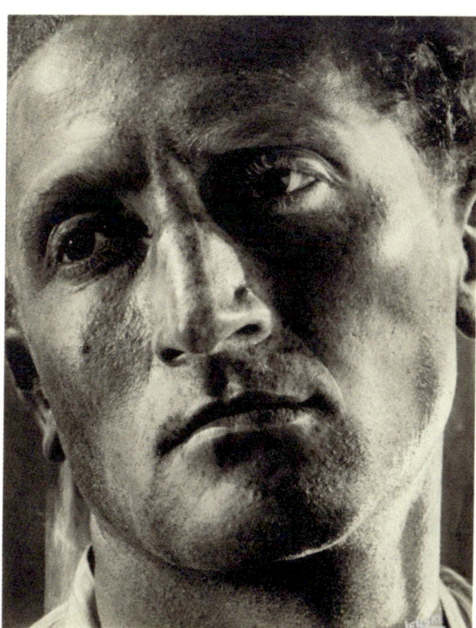

einem »Ausgangsfoto« dieser Serie blickte mich ein rothaariger zierlicher Mann an. Aber je mehr Gesichter ich anschaute, desto weniger konnte ich glauben, dass sie alle einer Person gehörten.
Der Kameramann und Fotograf Helmar Lerski hat im Jahre 1936 insgesamt 175 Fotos von dem Berner Ingenieur Leo Uschatz gemacht. Er fotografierte ihn unter der prallen Sonne auf der Dachterrasse seiner Wohnung in Tel Aviv. Nicht das übliche nördliche Licht der Porträtkünstler, sondern Licht »von überall her« hat Lerski als Instrument benutzt (und bis zu sechzehn Spiegel dazu), um wie ein Bildhauer aus seinem Material Gesichter zu meißeln. Was man auf diesen zwei Bildern nur ahnt, entfaltet sich in weiteren Metamorphosen. In dieser Serie findet man keine feste Identität, sondern grenzenlose Vielfalt: Man »erkennt«

Napoleon und Apollo, Mephisto verdunkelt sich zu einem Bergmann, und dann trifft man auf die Totenmasken eines lebendigen Ingenieurs. Arrogant, dämonisch, abwesend, niemals lächelnd – das Gesicht bleibt ein Rätsel. Manchmal scheinen die Gesichter den olympischen Sichtweisen von Leni Riefenstahl oder sogar der faschistischen Ästhetik von Arno Breker nahe. Die nordischen Nasenflügel, das starke Kinn – es fehlt nur der Helm. Zwei Juden auf einem Dach in Tel Aviv loten 1936 die heroische Ästhetik aus, die sich zu dieser Zeit in Europa gegen sie wendet.
Helmar Lerski wurde als Israel Schmuklerski 1871 in Straßburg in einer polnisch-jüdischen Familie geboren. Er wuchs in Zürich auf, ging mit zwanzig Jahren nach Amerika, wo er in deutschsprachigen Theatern Charakterrollen spielte. 1915 kommt er nach Berlin und wird in den zwanziger Jahren als Experte für Spiegeltechnik und Kameramann schnell bekannt. In »Metropolis« von Fritz Lang ist er für Spezialeffekte zuständig. 1931 produziert er das Fotobuch »Köpfe des Alltags«, das auf den ersten Blick wie eine Variation von August Sanders »Antlitz der Zeit« (1929) erscheint. Auch Lerski fotografiert Kutscher, Zimmermädchen und Schlosser, aber die alltägliche Umgebung, die Einordnung nach Berufen und Beschäftigungen wie bei Sander interessieren Lerski nicht. Er fotografiert die »nackten« Köpfe in Übergröße, stellt sie ins Licht, jenseits der Attribute ihres Berufs oder ihres Status. Dadurch entsteht eine Anthropologie, und zwar eine sehr theatralisierte. Die Menschen werden zu Schauspielern, die durch das dramaturgische Licht des Fotografen zu den verschiedensten Rollen fähig sind. Auch im Gesicht eines Bettlers kann ein Dichter entdeckt werden. Das Gesicht bietet plötzlich »unergründliche

Möglichkeiten« (Kracauer), auch die Möglichkeit, radikal anders zu sein als sein Besitzer.

Eigentlich folgt Lerski der inneren Logik seiner Kunst – der Logik des Lichts. Sogar seinen Umzug nach Palästina 1931 erklärt er mit den besseren Lichtverhältnissen. Unter diesem Licht kommt alles zum Vorschein: sein eigenes Schauspiel, sein expressionistischer Kameramannblick und seine Überzeugung, dass man einen Menschen mit nur einem einzigen Bild nicht wiedergeben kann. In der »Verwandlung durch Licht« verliert das Gesicht seine Objektivität, wird zu einer unfassbaren Erscheinung. In dieser Metamorphose gibt es ein ganzes Spektrum von Rollen, aber keine Psychologie. Der Kopf verhält sich wie ein Planet, und der Fotograf sorgt dabei für das dramatische demiurgische Himmelslicht.

Zu Beginn des 20. Jahrhunderts wuchs die Begeisterung für die menschliche Physiognomie mit jedem Jahrzehnt. Man glaubte, man könne mit der Fotografie den Menschen erfassen, definieren, verstehen. Die Fotografie dokumentierte verletzte Gesichter des Krieges, die Krankheiten, fixierte soziale, ethnische und familiäre Zugehörigkeiten. Und irgendwann traf die physiognomische Manie auf die Rassenkunde.

Die Studie von Lerski scheint keine Suche nach dem »wahren« Gesicht zu propagieren, sondern die Unfassbarkeit zu reflektieren, die Schönheit der aktiven Beobachtung, die auch das Fiktive in einem Gesicht erzeugt. Er schnitzt die unerwarteten Möglichkeiten aus den festgelegten Zügen, studiert das Irreale im realen Gesicht. Und so erscheint der Mensch als eine komplexe und nicht reduzierbare Mischung aus Realem und Fiktivem – zumindest in der Kunst.

09.12.2018

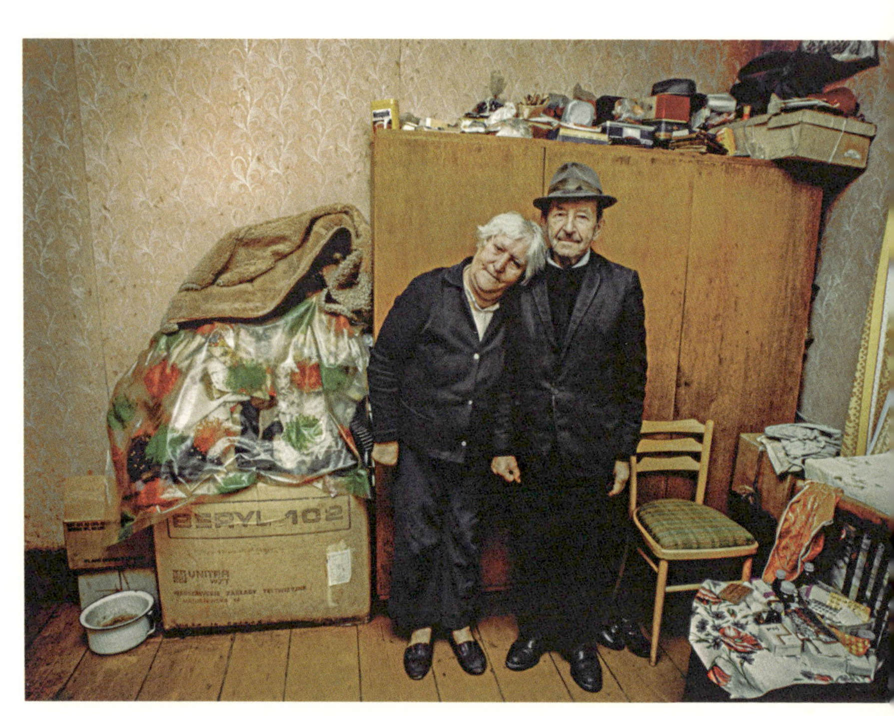
BERYL 102
UNITRA

SARA UND RAFAEL

Ich sehe, was vielleicht alle hier sehen werden, und das ist die Liebe. Ich sehe zwei alte Menschen, ihr zurückhaltendes Lächeln. Die Wärme, die auf uns übergeht, hat das Ehepaar erst für sich gehabt, aufeinander gerichtet. Sie haben keine Kinder. Diese Wärme teilt sich auch zwei anderen Menschen mit, dem Fotografen und der Journalistin. »Kindlein«, sagt die alte Frau. Dann sehe ich eins nach dem anderen: das Alter, die Armut, den Schrank, den Stuhl, verstreute Medikamente, adrette Kleidung, einen unabgewaschenen Topf. Typische Begleiter der osteuropäischen Rentner.

Ich habe dieses Bild im »National Geographic« vom September 1986 gesehen. Zwischen den Artikeln »The Intimate Sense of Smell« und »Invaders from Space – Meteorites« stand eine große Reportage »Remnants: The Last Jews of Poland«. Ich weiß nicht, was mich mehr mitgenommen hat, der schlichte archäologische Titel des Artikels oder seine naturwissenschaftliche Umgebung, die für die Katastrophe ganz »angemessen« einen chemisch-kosmischen Rahmen bildete.

Ein polnisches Paar, eine Generation jünger als die Menschen auf dem Bild, die Journalistin Małgorzata Niezabitowska und der Fotograf Tomasz Tomaszewski, geht 1980 für fünf Jahre auf die Suche. In dem Land, in dem sie aufgewachsen sind, gab es früher eine andere Zivilisation. Von den wenigen Überlebenden des Krieges haben die meisten ihre Heimat nach der antisemitischen Welle von 1968 verlassen. Nach 1970 gab es keinen einzigen Rabbiner mehr in

Polen. Das Paar sucht Juden. Es war unmodisch und wirkte für alle verdächtig im Polen des Kriegsrechts. Kaum jemand verstand, was sie bewegte. Das Ergebnis dieser Recherche wurde erst im »National Geographic« veröffentlicht und später als Buch, das auch auf Deutsch erschien: »Die letzten Juden in Polen«.

Die erstaunlichste Geschichte in diesem Buch ist »Minjan von Lublin«. In dieser alten polnischen Stadt, einst ein wichtiges Zentrum des jüdischen Lebens, das in den Büchern von Isaac Bashevis Singer besungen wird und wo die älteste Talmud-Schule gegründet wurde, findet Niezabitowska eine der letzten jüdischen Gemeinden in Polen, die noch Gottesdienste feiern kann. Dazu braucht man ein »Minjan« – ein Quorum von zehn Männern. Niezabitowska findet sie, diese letzten zehn: alte, meistens einsame Männer, manche wohnen hundert Kilometer von Lublin, unter ihnen zwei Kommunisten und ein Getaufter. Aber sie kommen, um den Gläubigen den Gottesdienst zu ermöglichen. Sie brauchen einander – ein guter Grund zum Leben. Manche sind tatsächlich die letzten Juden in ihrer Stadt. Wie diese zwei auf dem Bild aus Włodawa.

Wir sehen hier »den Frommsten« des Minjan, Rafael Adar, mit seiner Frau Sara. In Włodawa, neunzig Kilometer von Lublin, haben sie ein eigenes Haus, in dem alles vermenschlicht erscheint. So wie sich Sara an ihren Mann lehnt, lehnt sich die Pyramide aus Fernsehkarton, den in Plastikfolie verpackten Habseligkeiten und einer Decke an den Schrank an. Die Welt ihrer Gegenstände ahmt sie nach, zart und unsicher, sie ist wie sie, alt und einzig. Dieses kleine Mysterium hat etwas Clowneskes: die bunten Habseligkeiten? Der Hut von Rafael?

Es gibt viele Bilder in diesem Band, die schöner oder dramatischer sind. Die letzte koschere Metzgerei in Warschau, in der die Menschen wie Witzfiguren wirken. Der letzte jüdische Schneider in Lublin, der seine Tochter verflucht hat, weil sie einen Goi geheiratet hatte: Es gibt aber keine Juden mehr, trotzdem. Zygmunt Warschawer steht in der Mitte einer polnischen Hochzeit: Dutzende Bauern haben ihn während des Krieges versteckt, nun nennen ihn hundert Kinder »Onkel«. Der Vorsitzende der Lubliner Gemeinde sitzt, vom »Vermeer-Licht« aus dem Fenster beleuchtet, allein am Ende des langen, leeren Tisches und liest aus dem heiligen Buch in der heruntergekommenen Synagoge. Sein Volk ist nicht mehr da. Er ist Vorsitzender wider Willen, sein Wissen reicht nicht dafür, aber wenn nicht er, dann wer? Einer von den zehn des Minjan möchte erst nicht fotografiert werden: Sie seien keine Affen, die vorgeführt werden können. Er möchte niemanden darstellen. Und das ist es eigentlich, was hier deutlich wird: Es gibt keine Normalität für sie, die nun die Letzten sind und die ganze verschwundene Welt vertreten müssen.
Dieses Bild bewegt mich, auch weil es hier keine Attribute des Judentums oder Zeichen des Verlusts gibt, weil es nichts »repräsentiert«. Nur Sara und Rafael sind da, mit ihren Familiengeschichten, die kein Wort und kein Bild darstellen kann. Wir werden von ihnen mit Wärme aufgenommen. So stehen sie: Irgendwo oben sind Meteoriten, und hier – der intime Sinn der Liebe.

27.01.2019

KÖNIGIN DES FLIESSBANDS

Unser Blick gleitet das Band entlang, in Richtung der hellen Fenster. Alle Frauen beugen sich über ihre Arbeit. Das Fließband fließt, und die Zeit vergeht, die Arbeitszeit. Man sieht viele Frauenköpfe, aber keine Gesichter. Nur dieses eine von der Frau, die gerade einen fertigen »Armreif« auf das Band legt. Mit ihrer hohen Frisur, ihrer anmutigen und ballettähnlichen Bewegung und ihrem matten, schweren Blick zur Seite fällt sie aus der Reihe der Frauen heraus. Ich denke kurz an »Schwanensee« und die Mechanik des Tanzes. Auf diesem Foto führt sie ihre Solo-Partie aus wie eine Königin, die nun zusammen mit ihren Untertanen am Fließband arbeitet. Vielleicht sind jedoch alle diese Frauen wunderschön und anmutig, wenn sie nur kurz ihre Köpfe hochheben, wenn sie ihren Teil der Arbeit getan haben – fertig! Die Schönheit der Einzelnen ist eine Frage der Zeit, die hier niemand hat. Nur diese eine Frau aber hat solch majestätisches Haar. Oder wurde sie in Wirklichkeit aus der Buchhaltung herübergeholt und vom Fotografen gebeten, zu posieren und zur Seite zu schauen?

Michael Wolf, der vor allem Städte und ihre Einwohner in China oder Japan porträtiert hat, zeigt sein Werk in einer großen Retrospektive »Life in Cities« in den Hamburger Deichtorhallen. Den Anfang machte Wolf in Bottrop im Jahr 1976, als er Menschen bei der Arbeit und in ihrem Privatleben fotografiert hat. Daraus ist seine Diplomarbeit »Die Lebensbedingungen einer Bergmannssiedlung am

Beispiel von Bottrop-Ebel« entstanden, die nun vor Ort, in Bottrop im Josef-Albers-Museum gezeigt wird.
Das Fließband gilt als Symbol der Entfremdung. Darüber sind Bücher geschrieben worden, wie am Fließband durch die Monotonie der Aufgaben und durch die erzwungene Geschwindigkeit endgültig die Kreativität der Arbeit stirbt. Arbeit wird zur reinen Funktion, der Arbeiter zur Maschine. Das Unmenschliche daran hat Charlie Chaplin in »Moderne Zeiten« am Fließband der »Electro Steel Corporation« ins Absurde gesteigert. In großer Geschwindigkeit erfüllt er eine einzige Schraubenbewegung und wird damit selbst zum Werkzeug. Durch seine Ungeschicklichkeit gefährdet er die anderen Arbeiter am Fließband. Aber es ist gerade sein komisches Scheitern, das ihn zum Menschen macht.
Ich bin weit davon entfernt, das Fließband zu humanisieren, auch auf dem Foto sehen die Frauen sehr angespannt aus. Sie müssen eine hohe Produktionsnorm erfüllen, um die unterschiedlichen Geschwindigkeiten bei der Arbeit auszugleichen. Aber trotz der Monotonie der Beschäftigung zeigt dieses Bild keine entwürdigende Arbeit.
Lange habe ich danach recherchiert, in welcher Fabrik dieses Bild entstanden ist, und endlich stieß ich auf einen Artikel über die »Krups-Frauen«. Die Fabrik in Bottrop wurde 1960 als Niederlassung der Krups-Werke gebaut. Sie produzierte Motoren für Haushaltsgeräte: für die legendären Rührgeräte und Kaffeemaschinen, Rasiergeräte und Allesschneider, die in Millionenzahlen in die Haushalte kamen. In den besten Jahren arbeiteten hier 1200 Angestellte, davon 98 Prozent Frauen. Die Nachmittagsschicht, die sogenannte »Mütter-Schicht«, arbeitete, während die Ehemänner auf die Kinder aufpassten, was damals

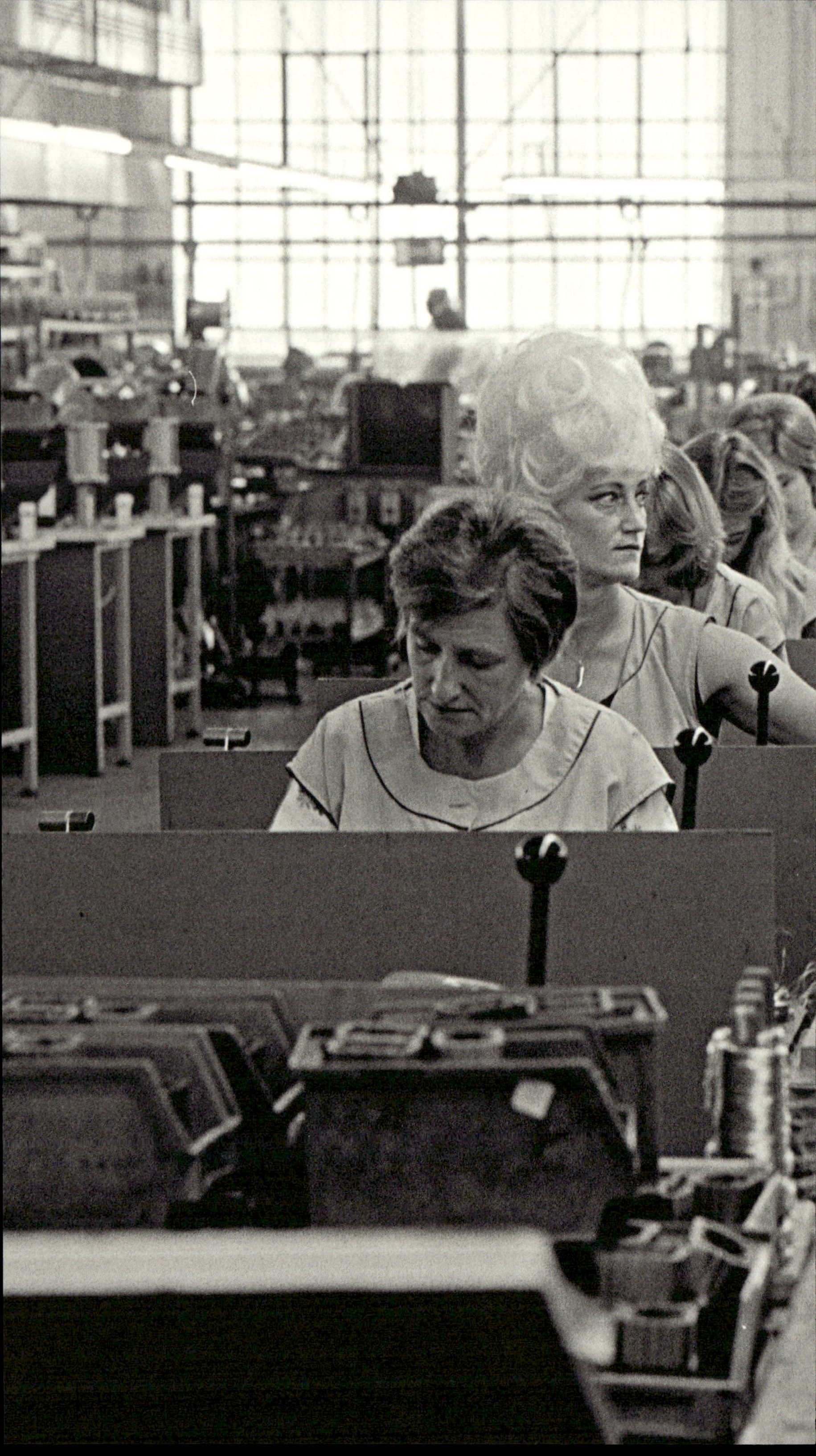

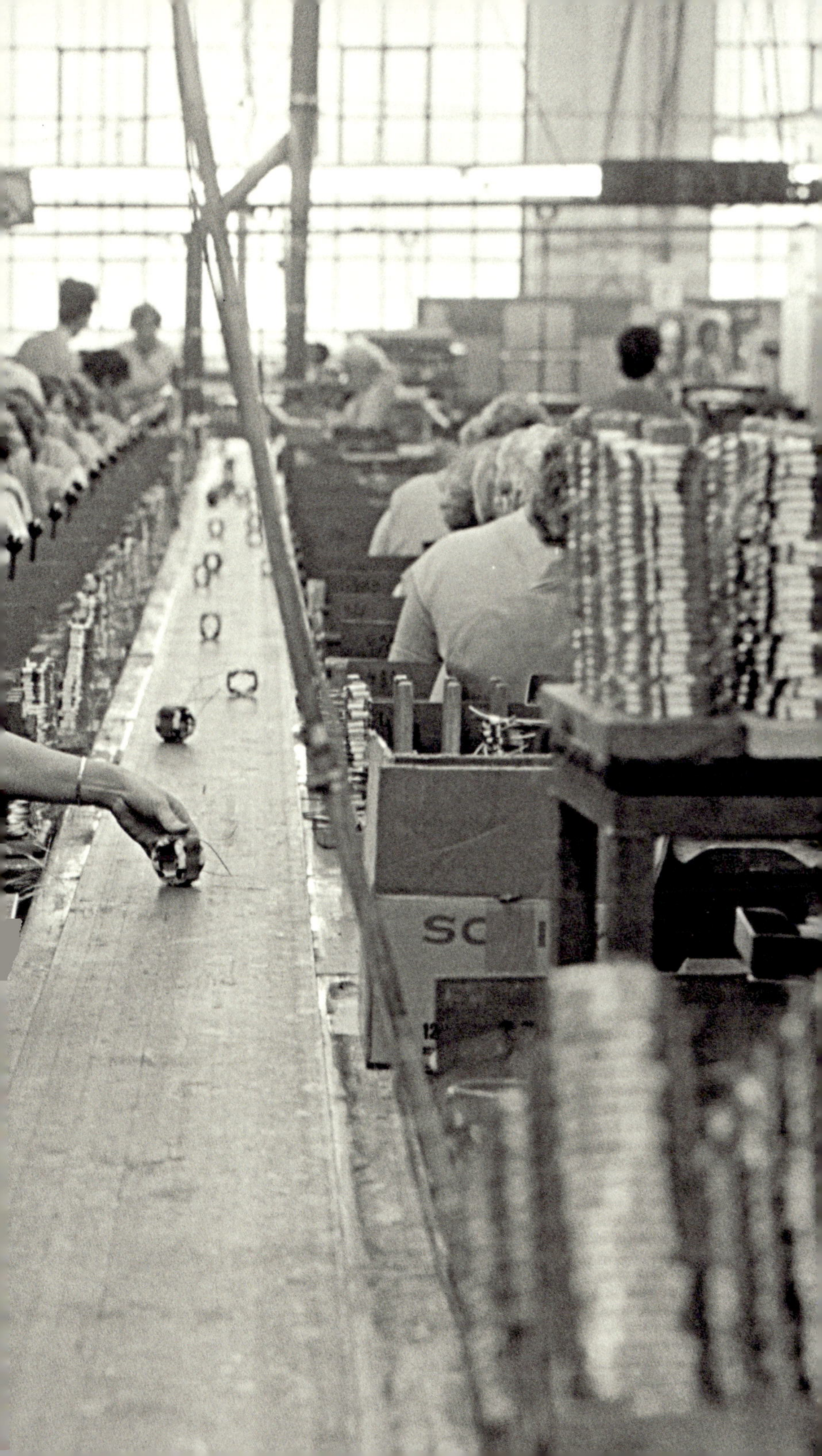

in Westdeutschland beinahe revolutionär war. Für ihre Beschäftigung benötigten die Frauen bis 1977 eine Erlaubnis ihrer Ehemänner: Ich konnte das kaum glauben, denn in der Sowjetunion wurde ein Arbeitsrecht für Frauen nicht einmal thematisiert, alle Frauen mussten arbeiten, ganz gleich, ob man dies als göttliches Gebot oder Staatszwang empfand – die Frau war dabei gleichberechtigt.

Viele Frauen waren froh, in der Bottroper Fabrik zu arbeiten, endlich etwas für sich zu verdienen, obwohl sie miserabel bezahlt wurden (manche bekamen nicht einmal drei D-Mark pro Stunde). Sie verließen ihren Haushalt, um Haushaltsgeräte zu produzieren. Wir werden vielleicht niemals genau verstehen, wie sich die verschiedenen Frauen bei dieser Arbeit gefühlt haben. Wenn man sie hat, ist Arbeit bekanntlich ambivalent, zwischen Zwang und Befreiung. Aber die Schließung dieser Fabrik war für die Mehrheit der Frauen eindeutig ein Lebensdrama. Obwohl sie heute schon seit 35 Jahren geschlossen ist, versammeln sich die »Krups-Frauen« immer noch einmal im Jahr. Ich schaue auf ein Zeitungsbild von 2013: zwanzig weißhaarige alte Frauen, nur eine mit grellroten Haaren sticht heraus. War sie es, die mit dem hohen Haar? Ich habe Irmgard Bobrzik auf einer Seite der DKP im Internet gefunden. Ich habe sie angerufen. Sie war Abgeordnete im Stadtrat Bottrop, hat ab 1972 in der Fabrik gearbeitet, war politisch aktiv – und schon immer rothaarig.

17.02.2019

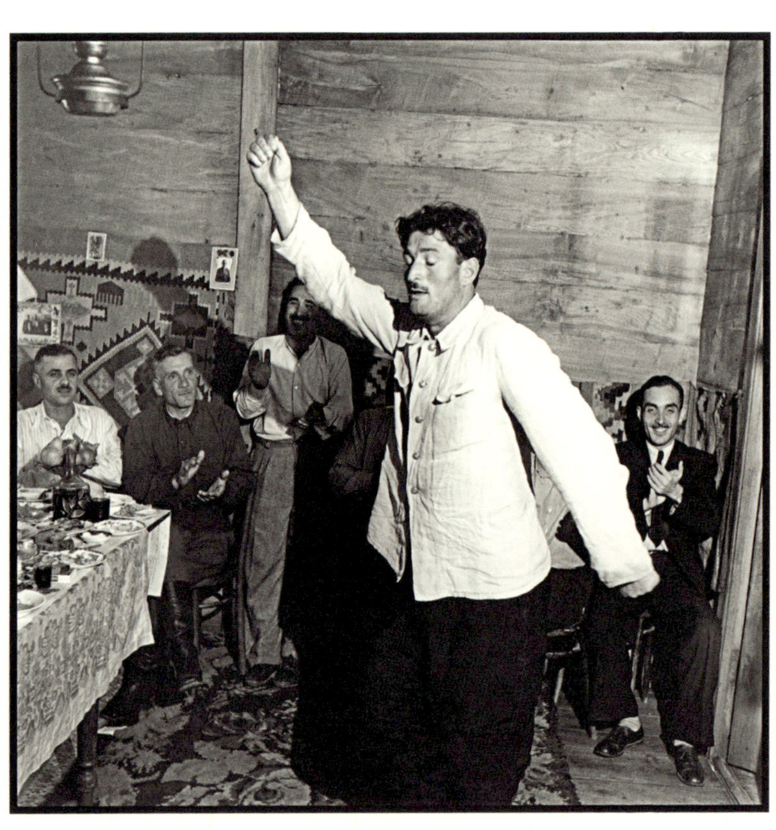

EYES WIDE SHUT

Für Mila

Ein Mann tanzt mit geschlossenen Augen, im Schlummer, weiß wie ein Vogel. Seine Arme sind ausgestreckt, einer nach oben, der andere schräg nach unten. Seine Faust hält er locker, sonst hätte man den Eindruck, er bedrohe jemanden mit seinem Tanz. Dabei wirkt er verträumt und wirft einen Schatten auf die Gesellschaft. Die Kameraden lächeln und applaudieren seinem Schlafwandel, die Tische sind gedeckt. Der Empfang »zweier Amerikaner« in Georgien nimmt seinen ekstatischen Lauf.

Im Jahre 1947 trafen sich zwei Männer mit sehr unterschiedlichen Schicksalen, ein Schriftsteller und ein Fotograf, beide auf dem Höhepunkt des Ruhms, in einer New Yorker Bar. Genießer und Frauenhelden mit linken Sympathien, beschließen sie, in die Sowjetunion zu reisen, um über das Leben der einfachen Menschen dort zu berichten. John Steinbeck, mit dem Pulitzer-Preis dekoriert (»Die Früchte des Zorns«), war ein aufmerksamer Beobachter des sozialistischen Experiments und hatte die UdSSR bereits 1937 besucht. Robert Capa, ein ungarischer Fotograf jüdischer Herkunft, der sich im Europa der Dreißiger in Berlin, Paris und Madrid zwischen Krieg und Flucht bewegt hatte, emigriert 1939 in die Vereinigten Staaten. Er, der für seine Fotos vom Spanischen Bürgerkrieg weltberühmt geworden war, bekommt den amerikanischen Pass erst für die Aufnahmen von der Invasion in der Normandie 1944. Seine Unruhe lässt ihn ein friedliches, sattes Leben kaum ertragen. Seit dem Bürgerkrieg in Spanien versucht er, in die UdSSR zu kommen. Erst zehn Jahre später klappte es, auf der gemeinsamen Reise mit Steinbeck. Das »Russian Journal« erscheint 1948 – »russisch« statt »sowjetisch«, wirkte damals fast unpolitisch, entschärfend. Heute hätte es einen imperialen Klang.

Sie reisen nach Moskau, Kiew und Stalingrad, in die ukrainischen Kolchosen und natürlich immer mit Begleiter. Das »Journal« porträtiert Menschen, Volk und Völker. Trotz Friedenszeiten ist der vergangene Krieg allgegenwärtig, im Text und im Bild, so wie die Ruinen des Erlöser-Klosters in Kiew oder die Trümmer des Zentrums von Stalingrad. Die Reise wird durch einen Ausflug gekrönt: »Stets fiel der magische Name Georgien«, schreibt Steinbeck. Überall sprachen die Menschen mit Sehnsucht und Bewunderung von Georgien, »als wäre das im Kaukasus und am Schwarzen Meer gelegene Land eine Art zweiter Himmel«. Die sowjetischen Menschen glaubten – so John Steinbeck –, dass sie, wenn sie ein tugendhaftes Leben führten, nach ihrem Tod nicht in den Himmel, sondern nach Georgien kämen. Das georgische Kapitel hat im Buch die Nummer sieben, als wäre auch dies ein Zeichen für den »siebten Himmel«, in einer euphorischen Nähe zu Gott.

Wenn ich diesen tanzenden Mann anschaue, denke ich an ein Traumland, ein Elysium, in dem die Seelen der Helden nach ihrem Tod zur Ruhe kommen. Ich kann mich nicht von dem Gedanken trennen, dass dieser Tanzende ein Gegenstück zum bekanntesten Bild Capas sei, zum »Fallenden Soldaten« aus dem Spanischen Bürgerkrieg. Dessen Hände sind zu den Seiten gestreckt, im Sterben hält er sein Gewehr fest. Die Männer sind dem Tanz und dem Tod ergeben. Das

Weiße, die Einsamkeit, ein In-sich-Hineinfallen. Capa fängt genau den Moment ein, in dem der Republikaner von einer Kugel getroffen wird. Er fotografiert den Tod zufällig, als er seine Hände mit der Kamera aus dem Schützengraben streckt und auf den Auslöser drückt.

Bei diesem Fest bringt Steinbeck einen Toast »auf die Abschaffung von Vorhängen aller Art« aus, eiserne und aus Nylon, auch Unwahrheiten oder Aberglauben. Trotz des politischen Ernstes hat seine Rede etwas Frivoles, indem sie auf die Scheu der sowjetischen Damen anspielte. Berauscht von der Feier, vergesse ich, dass über dem kleinen Land der Spuk von Stalin schwebt, der einst einer dieser Menschen war und auch einer von denen hätte sein können, die hier am Tisch sitzen. Ich denke an Vorhänge, an den stalinistischen Terror im Lande der sozialistischen Träumer. Es gibt keine andere Person in der Geschichte, merkt Steinbeck in seinem manchmal bewusst oberflächlichen Buch an, die zu Lebzeiten so verehrt worden wäre wie Stalin, dem alles geglaubt wurde, sogar wenn er den Naturgesetzen widersprach.

Dieses Bild mit den geschlossenen Augen, dem blumigen Boden, dem üppig gedeckten Tisch, fröhlichen Menschen und den barackenähnlichen kahlen Wänden ist mehrfach verschleiert. Vielleicht wagt sich der Schatten nur im Schlummer des Tanzes die Faust für die Freiheit zu erheben. Ich weiß nicht, wohin die Seelen der sowjetischen Menschen nach ihrem Tod gelangen, aber diejenige von Robert Capa, der unter ausgedachtem Namen lebte und in Indochina im Krieg gefallen ist, hängt irgendwo in seinen Bildern, auch hier, heimlich, beheimatet im festlichen georgischen Elysium, in diesem erleuchteten Gesicht.

07.04.2019

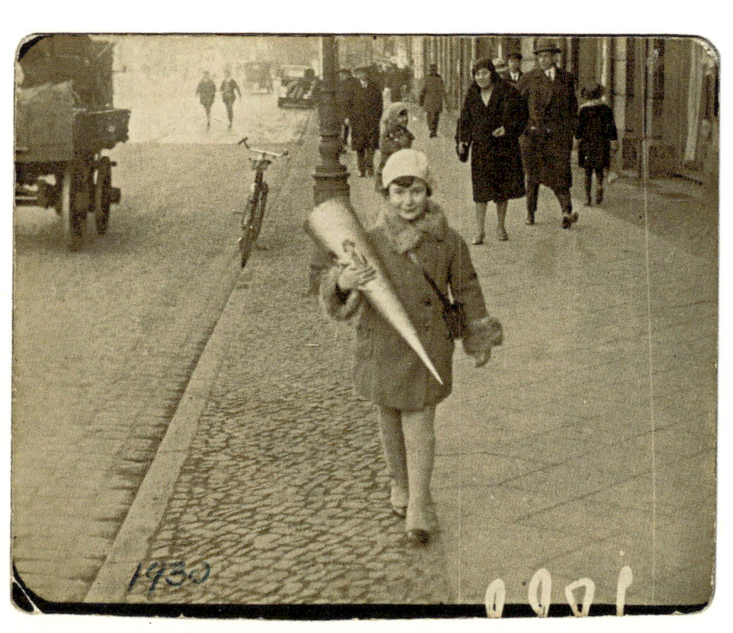
1930

MIRA GEHT ZUR SCHULE

In der Freien Stadt Danzig geht ein Mädchen zur Einschulung, im Jahre 1930. Ihre Tüte ist voll mit Karamell und Pralinen für das süße Leben. Sie kommt in eine deutsche Schule. Deutsch ist ihre Muttersprache. Auf der Rückseite des Fotos steht nur: »Unsere liebe Mira geht zur Schule.« Das Mädchen mit der Zuckertüte ist meine letzte polnische Verwandte. Sie ist die Letzte der »Meinigen« aus dieser polnisch-deutsch-jüdischen Welt der Vorkriegszeit, die eine ganz andere Zukunft hätte haben können. Mira lebte fünfundneunzig Jahre und starb vor zehn Tagen in Oak Ridge, Tennessee, in der Woche, in der ich zum ersten Mal Danzig besucht habe. Als hätte sie gewartet, dass sich der Kreis schließt.

Nun steht das Mädchen auf der Straße, die »Wały Jagiellońskie« heißt, direkt gegenüber dem Hauptbahnhof von Gdańsk. Vielleicht geht Günter Grass vier Jahre später zur selben Schule? Oder ist das nur mein Wunschgedanke, um die Absurdität der folgenden Ereignisse zu betonen? 1935 wird Mira aus dieser Schule entlassen, nur das polnische Gymnasium ist für sie noch erlaubt. Als der Zweite Weltkrieg am 1. September 1939 in eben ihrer Stadt ausbricht, ist sie 15 Jahre alt und wartet auf ein Visum für Palästina. Als ich zum ersten Mal mit Mira spreche, ist sie fast neunzig und antwortet auf Vorkriegsdeutsch, aus dem historischen Jenseits. Nach dem Krieg hat sie kein Deutsch mehr gesprochen. Sie konnte zwanzig Jahre lang überhaupt kaum darüber reden. Mit ihrem Mann sprach sie Polnisch, mit den Kindern Englisch. Als ich Mira 2012 »fand«, waren wir, sie und ich, die Einzigen in der »Familie«, die auf Deutsch kommunizierten. Sie fragte mich nach den deutschen Büchern, und ich brachte ihr unter anderem die »Blechtrommel« mit in die Vereinigten Staaten.

Wir alle haben viele solcher oder ähnlicher Fotos gesehen, auch von Kindern, die niemals erwachsen geworden sind. Ich denke unvermeidlich daran, weil auf der anderen Seite dieser Straße, auf der sie fotografiert wurde, direkt am Bahnhof, jetzt ein Denkmal steht, das an die Kindertransporte erinnert. Mira aber hatte »Glück«. Sie hatte ein langes erfülltes Leben. Was an einem solchen Leben am meisten überrascht, ist seine Normalität. Zwei Söhne, vier Enkelkinder, von allen Seiten geliebt und bewundert. Und vor allem: Sie selbst begegnete Menschen neugierig und offen und schloss sie sofort in ihr Herz, so auch mich.

Wenn wir auf dieses Foto schauen, schauen wir nicht nur auf ein Mädchen, welches das Warschauer Getto, das Getto Tomaszów Mazowiecki, die Konzentrationslager Bliżyn-Majdanek, Auschwitz-Birkenau, Hindenburg, Gleiwitz, Mittelbau-Dora und Bergen-Belsen überlebt hat. Wir schauen auf das Foto, das auf diesem Weg immer bei ihr war. Moritz Ryczke, Miras Vater, hat ihr noch im Getto neunzig (!) Fotos und einige Dokumente in die Hand gedrückt. Und ihr gesagt, dass sie gerettet werden müssen.

Wie sie die ganze Sammlung am Boden eines Blechnapfs eingeklebt und sich niemals davon getrennt hat, darüber schreibt Mira Ryczke-Kimmelman in ihrem Buch »Echoes from the Holocaust«. Der Blechnapf wurde zum Talisman, zum Totem, zum Schatz, zum Zaubertopf. Man könnte denken, dass nicht Mira den Blechnapf gerettet hat, sondern der Blechnapf sie. Niemals in all den Gettos und Lagern oder auf den Todesmärschen hat sie sich den Topf entreißen lassen, nicht einmal kontrolliert wurde er.

Wenn wir »Auschwitz« und »Dusche« lesen, können wir nicht weiter. Aber wir versuchen es. Stellen Sie sich einfach vor: Eine junge Frau geht in Auschwitz in die Dusche. Sie ist nackt und hält einen Blechnapf in der Hand. Sie wurde gerade brutal kahlgeschoren, wie sie später erzählt, und das Wort »brutal« wirkt fast niedlich angesichts des Todes, der hier herrscht. Alle Kleider sind zur Seite gelegt. Und der Blechnapf? So fragt eine SS-Frau Mira etwas verwundert am Eingang zur Dusche: »Was ist das?« Und Mira antwortet: »Meine Suppe.«

Und sie lässt sie hinein. Und dort ist wirklich eine Dusche. Im Blechnapf ist ihre ganze Sippe. Die Szene ist so unfassbar, fast allegorisch, dass ich an halbverständliche mittelalterliche Bilder denke: Wie eine junge Dame mit leicht gewölbtem Bauch etwas mit sich trägt, ihrer nackten Unschuld zum Schutz. Sie steht vor dem Teufel, die anderen kochen bereits in großen Kesseln, bestraft für ihre Existenz. Der Teufel fragt, was sie trägt, und sie antwortet, es sei das Gedächtnis, und er sagt, dann darfst du am Leben bleiben, aber nur du.

Mira verliert alle außer ihren Vater, der viele Jahre später in den Vereinigten Staaten mit der resoluten Handschrift eines erfolgreichen Danziger Kaufmanns zwanzig »Death Records« zu Papier bringt, für seinen Sohn, seine Frau, seine Eltern, alle Geschwister und ihre Kinder. Es bleibt nichts mehr von ihnen als die neunzig Fotos von Mira und ihrer Familie, von Freunden und Verwandten. Für einige

Menschen werden sie zum einzigen Beweis ihrer Existenz. Außer den Fotos sind da noch die wichtigen Papiere des Vaters: eine Mitgliedsbescheinigung des »Vereins Danziger Getreide und Warengroßhändler e.V.«, Führerschein, Steuerbescheid von 1938. Moritz Ryczke hat bezahlt.
Es ist Zeit, uns von Mira zu verabschieden, sie geht nun zur Schule.

28.04.2019

WAS WIR SEHEN

Einmal, nach dem Besuch des berühmten Buchladens am Spreeufer, bin ich fast erblindet von der Vielfalt der Foto- und Bildbände und dem städtischen Flimmern am Wasser – und ins benachbarte Polnische Institut gegangen. Von meinem Polnisch gibt es nur Umrisse, und so flanierte ich, zu müde zum Lesen, in dem kühlen, halbdunklen Saal der Bibliothek an den Regalen entlang und streichelte und ertastete Bücher. So habe ich einen rauen, großformatigen Band entdeckt: Czesław Miłosz – »Die Straßen von Wilna«. Als ich das schwere Buch öffnete, erblickte ich eine Reihe von Punkten auf dichtem vergilbtem Papier. Vor mir lagen die Straßen von Wilna, Vilnius, in polnischer Blindenschrift gedruckt: Ich ertastete meine Wege, als ob diese Schrift die Topographie buchstäblich verkörperte, als ob ich die Straßen hätte erkennen können, nur weil ich einmal in dieser Stadt gewesen war. Unwillkürlich wollte ich die Augen schließen. Später erinnerte ich mich an den kurzen ohnmächtigen Moment dieses Übergangs, einen Zustand des »In-sich-Hineinfallens«, als ich das Foto dieses Jungen erblickte. Ich weiß nicht, ob es seine Geste war, die mir einen Stich gab, sein leicht zerzaustes Haar, oder mein Wissen, dass das Kind, das wir hier sehen, nichts sieht. Es ist blind. Und war immer blind. Der Junge sieht aber gerade ein Schaf, er sieht seine Mutter und er sieht Alain Delon und erzählt einer Fotografin darüber. Und sogar, wenn für sein »Sehen« Anführungszeichen vermutet oder verlangt werden – er sieht.

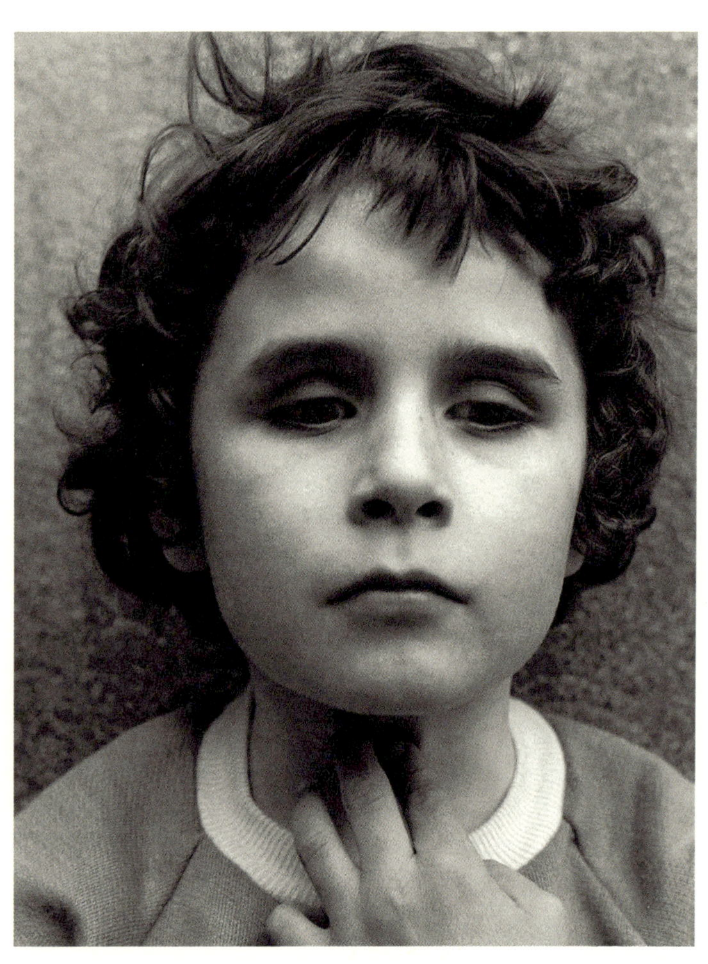

Die französische Fotografin Sophie Calle hat blinde Menschen danach befragt, wie sie sich Schönheit vorstellen, und hat sie in diesem Moment fotografiert, in Schwarzweiß. Daneben hat sie in ihrem Buch »Aveugles« die Visionen der Blinden farbig abgebildet, für uns Sehende. Das Buch besteht aus solchen Porträts, Aussagen über die Schönheit und Bebilderungen dieser Visionen. Alle Porträtierten sind von Geburt an blind, und ihre Vorstellungskraft schöpft nicht aus der Erinnerung, sondern aus Empfindung und Wissen. Sie sprechen über Schönheit. Fassbare und unfassbare Dinge kommen dabei vor: Sterne und weiße Laken, grüne Farbe und ein Luchsfell, der eigene Sohn und die Fluchten in den Gärten von Versailles. »Das Schönste, was ich gesehen (sic!) habe«, sagt ein Blinder, »ist das Meer, das Meer, das weiter reicht als das Auge.« Und ich dachte wieder an meine dunklen Buchregale im Polnischen Institut.
Der Junge blickt in sich hinein, er fasst sich dabei an den Hals, als würde er sich an seiner Stimme, an seiner Aussage festhalten. Oder es bildet sich ein etwas seltsames Triptychon, das mich an ein Kindergedicht erinnert. Das Schaf kann man berühren und die eigene Mutter auch, aber Delon ist so unerreichbar wie die Sterne, der Junge hat jedoch immer wieder gehört, dass er schön sei. Und schließlich reimen sich »le mouton« und Delon und beide schauen direkt in die Kamera.
Calle hat ein Bild des »späteren« Delon gewählt, mit dem der Junge vermutlich nicht viel hätte anfangen können, wenn er ihn gesehen hätte. Genau das ist eine kleine Warnung davor, das Vorgestellte nicht durch konkrete Dinge zu ersetzen. Der Junge tritt in dokumentarischem Schwarzweiß auf und seine Blindheit verleiht ihm prophetische Züge, die

Welt seiner Vorstellung wird in den Farben der Alltäglichkeit gezeigt.

Kurze Aussprüche der Blinden sind im Buch in der Mitte der Seite so platziert, dass sie wie ein Streifen über dem Horizont einer weißen Landschaft verlaufen. Der gleiche Text erscheint in Blindenschrift auf den glänzenden weißen Seiten daneben, unmerklich für die Sehenden.

Das Blättern der Seiten verlieh der Schönheit etwas Taktiles. Ich strich über eine leere glänzende Seite und wusste, das Buch war schön. Als ich die Blindenschrift ertastete, erschrak ich wieder, als wäre ich blind, da ich diese Schrift nicht sehen kann. Ist Schönheit etwas, das wir sehen – oder eher das Unsichtbare dahinter?

07.07.2019

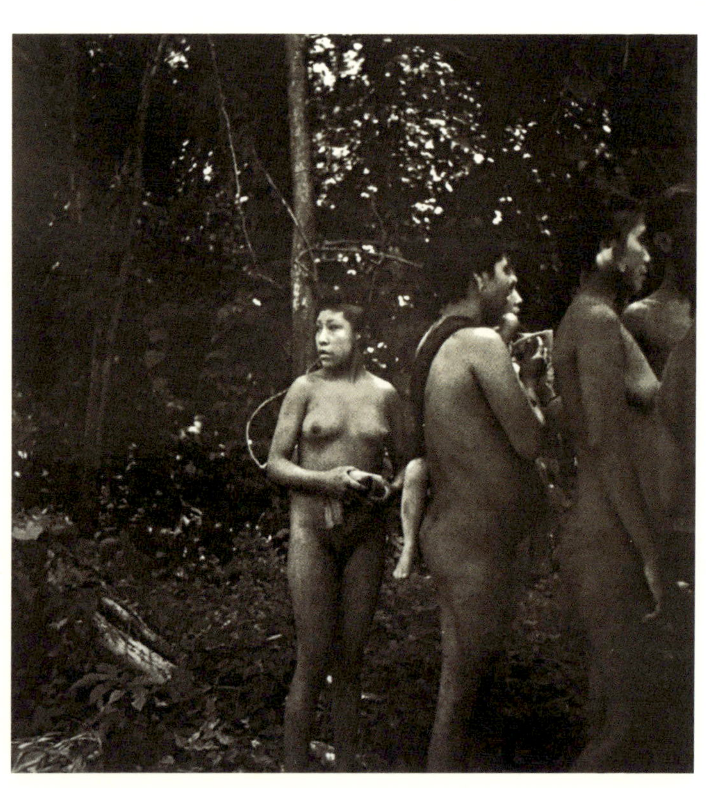

DIE KLEINSTE FRAU

Hunderte Fotos habe ich mir angeschaut, die indigene Völker zeigen, aus Brasilien und Venezuela, einer ethnologischen Neugier folgend, die ich selbst kaum deuten konnte. Auch nach ausführlicher Sichtung der Fotografien, die dem Schutz dieser Völker dienen sollten, spürte ich ein Unbehagen beim Anschauen. Ich erkenne die Ästhetik des Bildes und wie das Licht eine »Erleuchtung« erzeugt, ich sehe das Mädchen, das noch nicht dorthin schaut, wohin die erwachsenen Frauen sich ausrichten. Zufall, dass das Mädchen zur Seite blickt. Es formt eine mythologische Achse. Das Mädchen und der Baum hinter ihr bilden eine Vertikale, eine Schwelle, zwischen rechts, dem Blick nach vorne, und links, dem eigentlichen Zurück. Ich könnte dies als »Unschuld der Wildnis« interpretieren, eine Deutung, die vor allem meine eigene Nostalgie widerspiegelt, durch die ich die Welt dieser Menschen sehe. Das Mädchen steht im Zentrum. Der Dunkelheit gehört die Hälfte des Bildes. Ich sehe hier auch meine Angst: Die Kritik am Voyeurismus raubt mir die Möglichkeit, an meine guten Vorsätze zu glauben. Da erinnerte ich mich an eine Erzählung, die von einem ähnlichen Unbehagen handelt.

1959 schrieb Clarice Lispector, eine brasilianische Schriftstellerin, deren Familie sich, als Clarice noch winzig klein war, aus dem dunklen Chaos der ukrainischen Pogrome nach Südamerika losgerissen hatte, eine Geschichte, die »Die kleinste Frau der Welt« heißt. Die Erzählung handelt von einer radikalen Begegnung: ein weißer männlicher Forscher und sein schwarzes weibliches Objekt. Ein französischer Anthropologe namens Marcel Prêtre dringt immer tiefer in die feuchte Wildnis des Zentralkongos vor, seinem Verlangen, der Wissenschaft, folgend. Ob die Eitelkeit eines Forschers unsere Suche nach dem verlorenen Paradies verkörpert? Nach einem glücklichen Urzustand? Nach einer Parität der Geschlechter? Seine Jagd wird belohnt, da er die kleinste Frau der Welt entdeckt, von der er der Presse berichtet, sie sei »dunkel wie ein Affe«. Der Mann ist mit einer Kamera ausgerüstet, mit dem Recht, zu sichten, zu kategorisieren und einzuordnen. Die kleinste Frau ist einfach da, wie die Welt um sie herum. Obwohl, ganz ehrlich – wie sollen wir wissen, was ihre Existenz ausmacht?

Lispectors Erzählung ist der Betrachtung dieser Pygmäen-Frau gewidmet. Sie, die Kleinste unter den Kleinsten, ist noch dazu schwanger. Ihre Größe und ihr Versteck im unerforschten tropischen Wald suggerieren eine endlose Verkleinerung ihrer menschlichen Bedeutung, bis zum Fast-Nichts, eine Verkleinerung ihrer Existenz bis zur möglichen Unsichtbarkeit, bis zum Verschwinden von ihr und ihrem Volk. Aber diese Logik federt zurück, denn gerade dies macht sie zum Juwel, zur Besonderheit, sie ist die wertvollste Entdeckung des Anthropologen, sein Fund. Die konsequente Verkleinerung zeigt, dass der Mensch, die Frau selbst, diese allerkleinste, unantastbar ist.

Aber zuerst macht der Forscher eine Fotografie von dieser kleinsten Frau, die in der Zeitung publiziert wird. Ihr Bildnis gelangt dadurch in Tausende von Häusern – ein triumphaler Auszug aus dem Wald –, in die Zimmer der modernen Haushalte, in die Stuben der Interpretation, in die sicheren Sackgassen unserer Zivilisation, die sich immer für etwas Besseres hält. Damit beginnt die endlose Vereinnahmung dieser Frau. Ich dachte zuerst, dass die Fiktionalität der Erzählung auch einer Fiktionalität des Fotos entspräche und auch das Volk nicht existiere. Lispector ist aber von einem konkreten Foto ausgegangen, das sie Ende der fünfziger Jahre gesehen hat, als immer mehr Fotoreportagen aus Afrika die Öffentlichkeit erreichten. Ich suchte das Ursprungsfoto von jener »kleinsten Frau« und fand in digitalen Archiven Bilder von Pygmäen aus dem Zentralkongo, die tatsächlich sehr schwarz und sehr klein waren, mit flachen Nasen und tiefgelegenen Augen – und irgendetwas hielt mich davor zurück, diese Suche fortzusetzen. Lispector schildert die Reaktionen, die das Foto auslöste. Die Betrachtung führt – wie die Liebe des Menschen – immer auch zur Vereinnahmung. So sagt eine Mutter zu ihrer Tochter, dass die Traurigkeit der »kleinsten Frau« eine tierartige sei. Eine andere erspürt »endlose Zärtlichkeit« der Pygmäin gegenüber, aber »wer weiß, zu welcher Dunkelheit der Liebe eine solche Zuneigung gelangen kann«. Ein fünfjähriges Mädchen, das noch vor wenigen Minuten die Kleinste in ihrer Welt war, empfand eine Vorahnung davon, dass das »Unglück keine Grenze hat«. Eine Frau schützt ihren kleinen Sohn vor einer Leidenschaft so »dunkel wie ein Affe«, die ihn in Zukunft noch erobern werde. Die Menschen blicken sie an und kehren in der Evolution der eigenen Seele zurück, in ihre unbekannten Ecken. Dann wird die Frau noch gemessen. Die kleinste Frau aber lacht, weil sie noch nicht aufgefressen worden ist, nicht von wilden Tieren und nicht von unserem allesverstehenden Blick.

28.07.2019

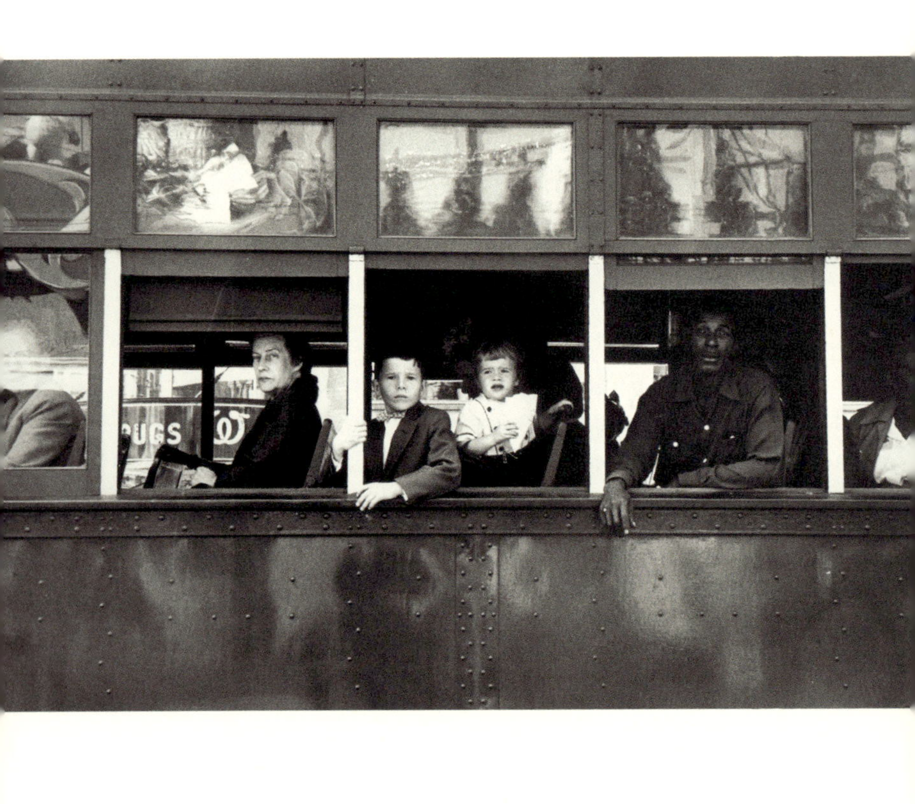

LEINWAND DES LEBENS

Zuerst dachte ich kurz, ich sähe einen Filmstreifen, es fehle nur die Perforierung. Man kann das Bild mit einem Blick nicht erfassen, streift von einem Fenster zum anderen, schaut in die Gesichter der Reihe nach. Aus jedem Fenster schaut einem ein eigenes Leben entgegen, wie eingerahmt, als wäre ein Fenster ein Bildausschnitt für sich. Je genauer man die Gesichter betrachtet, desto vertrauter wirken sie in ihrer Einmaligkeit, Fremdheit, in unserem gemeinsamen »Nimmerwiedersehen«: der Mann hinter der Scheibe, die strenge Dame, die aufgescheuchten Kinder, der Mann mit dem flehenden Blick, die Frau, die lächelnd zur Seite schaut. Ein Querschnitt der Gesellschaft fährt an uns vorbei, wie eine Porträtgalerie on the road. Hier wird zugleich Bewegung und Zeit eingefangen, in diesem Bus von New Orleans.

Mitte der fünfziger Jahre bekommt Robert Frank, ein junger Fotograf aus der Schweiz, ein Guggenheim-Stipendium. Es ermöglicht ihm, eine Reise durch achtundvierzig der Vereinigten Staaten zu unternehmen, um einen umfassenden »Bildspeicher aller amerikanischen Dinge« zu erstellen. Er macht mit seiner kleinen Kamera 30 000 Bilder, unter dem großen Einfluss von Meister Walker Evans. Fotografie wird zur spirituellen Praxis, nicht nur Quelle für historische oder soziologische Beobachtungen.

Frank wählt 83 Fotos für das Buch aus, das 1959 erscheint. Der Bus kommt aufs Cover. Erstaunlich: Es ist das einzige so geometrisch aussehende Foto, in dem Menschen frontal gezeigt werden. Und vielleicht auch das einzige, das wie ein laufender Film aussieht, wie ein Roadmovie, in dem viele mitfahren dürfen.

»The Americans« wird eines der einflussreichsten Fotobücher überhaupt und gilt jetzt als Werk, das zeigt, was die Vereinigten Staaten wirklich ausmacht. Anfangs jedoch fand es keinen Verlag, die Bilder seien zu kritisch, hieß es. In der Tat offenbaren sie die Kluft zwischen realem Leben und dem »American Dream«.

»Er hat aus Amerika ein trauriges Gedicht gesogen«, schrieb Jack Kerouac in seinem Vorwort zu »The Americans«, zwei Jahre zuvor hatte er »On the Road« veröffentlicht – und in den Bildern von Frank sein eigenes Amerika jenseits von Establishment, propagiertem Traum und offiziellem Patriotismus erkannt. Kerouac, der König der Reisenden ohne Ziel, bejubelte den Glücksfall, in diesem jungen Mann aus dem ermüdeten Nachkriegseuropa einen Seelenverwandten für die Wiederentdeckung Amerikas gefunden zu haben. Sein kurzer, atemberaubender Text ist ein Manifest, eine Ode an die Bilder von Frank, an die Orte und ihre Menschen, an diesen endlosen Raum, an die alltäglichen Dinge, die niemals banal sind. Gepriesen sei der Alltag in der amerikanischen Provinz: Rodeoreiter und Verkäuferinnen, Fabrikarbeiter und diese unvergessliche schwarze Krankenschwester mit einem weißen Baby, Jukeboxes, Särge, Autos. Den Moment, den Menschen, die Straße haben die Beatniks in ihrer transzendenten Einmaligkeit wahrgenommen. Frank suchte in seinen Fotos dasselbe.

Er steht stets hinter oder neben den Menschen, simuliert den Blick aus der Menge, als gäbe ihm die Rolle des Fotografen keinen Anspruch darauf, im Zentrum des Geschehens zu stehen. Er ist Teil der Straße, er registriert nicht das gewöhnlich Repräsentative: Seine Menschen drehen sich um, blicken zur Seite, laufen durchs Bild, kommen aus dem Nebel. Schiefe Ebenen, abgeschnittene Figuren, Unschärfen zollen auch dem Surrealismus Tribut, aber im Buch wirkt dieses Verfahren wie ein Mittel zur Demokratisierung des Blicks.

In diesem Bus sitzen die weißen Menschen vorne und die schwarzen hinten. Wir sind Zeugen von ethnischer Trennung und folgen dabei den Rhythmen des fotografischen Schwarzweiß, in dem auch die Hautfarbe einem kompositorischen Verfahren dient. Die weiße Tüte in der Hand des Kindes, die weiße Bluse der Dame dahinter, der weiße Fleck im oberen Fenster links ... Im Dezember desselben Jahres beginnt Rosa Parks ihren beispiellosen Boykott für die Gleichheit des Fahrens. Der Bus fährt durch die McCarthy-Ära am Anfang der Bürgerrechtsbewegung, vorwärts in die Zeit politischen Aufbegehrens, in der die Menschen sich selbst, ihre Orte, ihre Rechte als Heimat wiederfinden, in einer anderen Form des Patriotismus.

Auch deswegen wirkt dieses Foto so verblüffend nostalgisch, denn der Aufbruch der folgenden Jahre scheint endgültig vergangen zu sein. Im oberen Streifen spiegelt sich die Straße, vage, spannend, unlesbar. Beim ausführlichen Betrachten bekommt man das Gefühl, man stehe auch dort, als Teil dieses Films in einem Raum mit den Busfahrenden von damals.

29.09.2019

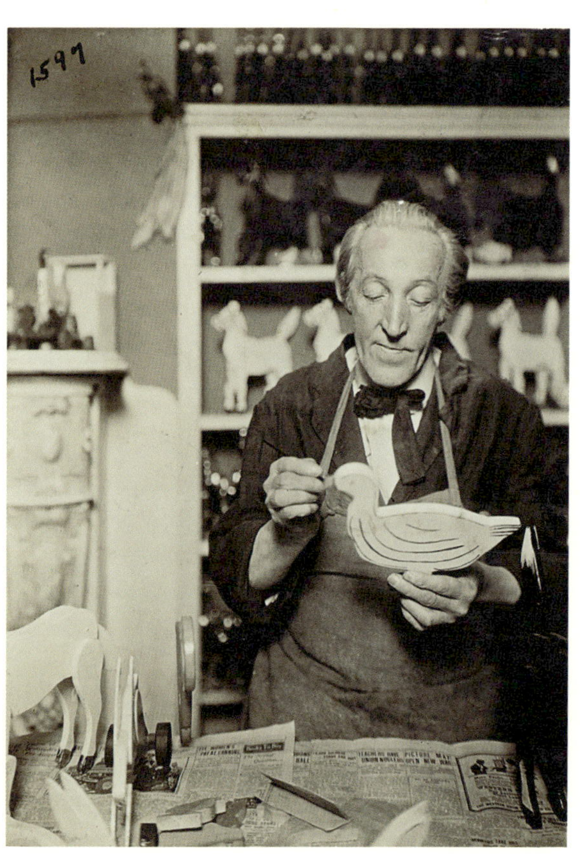
1597

OLD MEN'S TOY SHOP

Dieser alte Mann sieht wie erleuchtet aus, als hätte er etwas Sakrales in der Hand und verrichte eine sakrale Handlung. Er hält aber eine Ente aus Holz, weiß bemalt. Zart und behutsam hält er sie, als wäre sie lebendig, als würde er schon das Kind vor sich sehen, das diese Ente zum Geschenk bekommt. Und er lächelt dieser zukünftigen Freude entgegen, die aus seinen Händen noch nicht verflogen ist. Er malt die letzten Striche am Schnabel, und dann ist die engelhafte Ente fertig. Wie ein Zauberer steht er in seiner Spielzeugwelt, alle seine Pferde im Schrank. Ich weiß nicht, wem sein Lächeln, seine Ausstrahlung gilt, die auch uns jetzt erreicht. Mit einem solchen Gesicht hätte er zu den Mimen oder Schauspielern der Stummfilmzeit gehören können. William G. arbeitet aber im »Old Men's Toy Shop« zusammen mit anderen Männern, die behindert oder alt sind. Für sie ist diese Arbeit eine Rettung, sonst wären sie auf der Straße oder in der gefürchteten Altenanstalt für die Bettelarmen gelandet. William ist einer der Jüngsten hier. Vielleicht ist er gerade eingeschüchtert: Arme Menschen werden um 1913 nicht so häufig fotografiert. Und schon gar nicht von einer Frau.

Wohl kaum hat er gewusst, wie bekannt die Fotografin Jessie Tarbox Beals war, die ihm gegenüberstand. Sie hatte zahlreiche Berühmtheiten fotografiert und war Anfang des 20. Jahrhunderts eine der ersten Nachrichtenfotografinnen. Sie machte Reportagen und reiste kreuz und quer durchs

Land, als die meisten Frauen, die diesen neuen Beruf erforschten, sich noch der Porträt- und Hausfotografie widmeten. Beals war wild und scheute weder Muskelkraft noch Tricks, wenn es darum ging, einen Auftrag zu übernehmen. Sie setzte sich durch, bekam Exklusivverträge, und ihren Namen merkte man sich spätestens, als sie Sir Thomas Lipton, den Erfinder des Teebeutels, fotografierte oder als sie bei der Weltausstellung von St. Louis Präsident Theodore Roosevelt mit der Kamera verfolgte. Sie hat immer versucht, ganze fotografische Narrative anstatt nur eines einzelnen Bildes zu verkaufen und zu publizieren.

Ihr Drang nach Aktualität führte sie in die Mietskasernen oder in diesen Spielzeugladen. Das Gegenüber mit William G. kam im Auftrag der Vereinigung zur Verbesserung der Lebensbedingungen der Armen zustande. Diese Vereinigung verstand Fotografie als Hebel für soziale Reformen. Beals dokumentierte für sie das Leben der armen Männer. Zusammen mit Beschreibungen, Analysen und Diagrammen wurden die Fotos als »empirische Daten« betrachtet, auf deren Basis die Lebensumstände der Armen verbessert werden sollten. Diese Fotoberichte wurden in Fachzeitschriften für Sozialarbeiter publiziert und in Jahresberichten für ein breiteres Publikum, um damit für mehr Wohltätigkeit zu werben. »Keine Versöhnung, kein Frieden – Krieg der Krankheit und der Armut«, hieß es militant im Slogan der Vereinigung. Die Armenhilfe war in den vierziger Jahren des 19. Jahrhunderts gegründet worden, als Antwort auf die Immigrationswelle. Mit ihren zahlreichen Initiativen in Gesundheitswesen, Bildung und sozialem Dienst – Mittagessen für alle Schüler, Grundlagen der Sozialversicherung und sogar die Existenz des Central Parks als sanitärer Notwendigkeit – war sie eine der größten Wohltätigkeitsinstitutionen von New York.

Die soziale Fotografie, so wie dieses Foto, diente der Unterfütterung ihrer reformistischen Visionen. Diese beinahe naive Einstellung zur Funktion von Fotografie wird erst später von Politik und Wirtschaft ausgenutzt. Die Spielzeugwerkstatt, in der William G. arbeitete, war eine soziale Einrichtung, in der Kirche, Mäzene und Mittelklasse sich zusammenfanden, um denjenigen eine würdige Arbeit zu verschaffen, die vom Markt ausgespuckt worden waren. Zum süßen Bild gehörte eine ernüchternde Beschreibung, die Raum für weitere soziale Taten eröffnen sollte. Der strahlende William verdiente in diesem Laden drei Dollar pro Woche, zahlte davon 2,50 Dollar für sein Zimmer und hatte für sich und seine kranke Frau nur 50 Cent übrig. Um Geld zu sparen, lief er immer zu Fuß, und einen Teil seines Essens, das im Laden an die Alten verteilt wurde, nahm er für seine Frau mit. Im Winter heizte er sein Zimmer mit dem Holz, das von der Spielzeugproduktion übrigblieb.

Das helle Bild ist aber nicht verlogen, den ausgestoßenen alten Männern wird geholfen, und so schnitzten sie Spielzeuge nach Mustern, bemalten sie und produzierten sogar A BOX OF HAPPINESS FOR THE KIDDIES. Und wenn man sich erneut sein Gesicht anschaut, das plötzlich dieser Ente ähnlich sieht, und die fünf kurvigen Linien auf der Ente, die die Finger von William wiederholen, wird man wirklich an die Vision glauben wollen, dass alles in der menschlichen Hand liegt.

27.10.2019

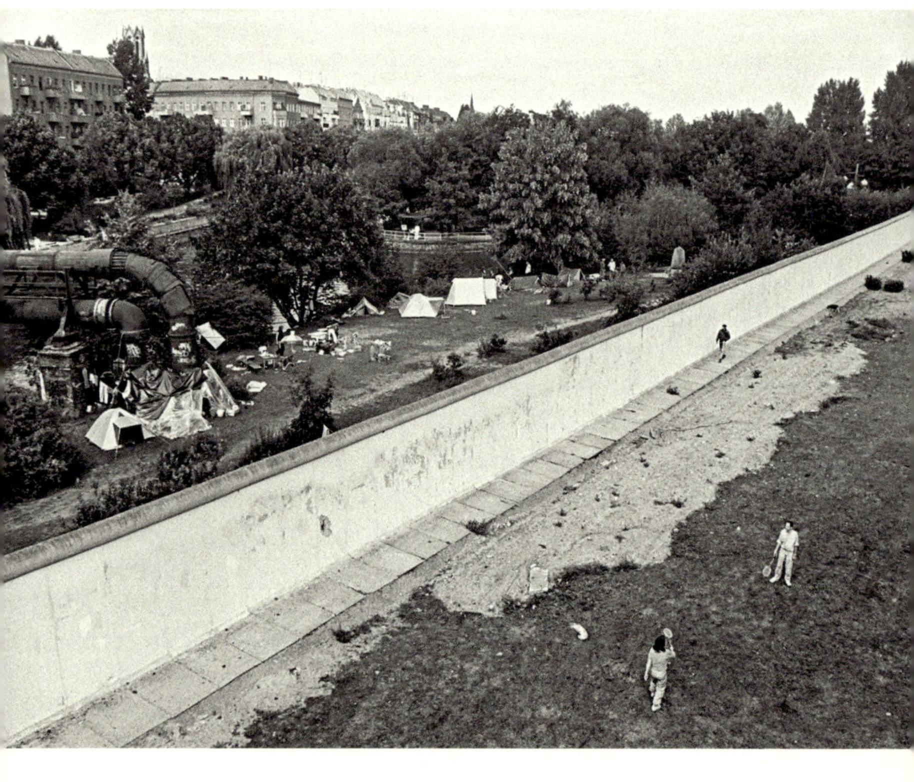

SCHAUEN UND BESCHAUT WERDEN

Berlin ist von Geschichte durchpeitscht. Bloß ist das keine Metapher, sondern Topographie. Die Teilung hatte die Spuren des Weltkrieges für Jahrzehnte konserviert. Bis zum Ende der neunziger Jahre war der Potsdamer Platz ein Loch in der Erde, eine Ödnis in der Mitte der Stadt. Es gibt nun keine Mauer mehr, aber sie hat Narben im Stadtbild zurückgelassen. Diese Spuren sind eine ambivalente Attraktion. Berlin zeigt seine schmerzenden Stellen, zugleich prahlt es damit wie ein Pirat mit seinen großen Narben, als wären sie Zeichen einer abenteuerlichen Erfahrung.

Die Mauer-Narbe ist nun fast überall überwachsen. Manchmal verlangt sie schon jetzt eine beinahe archäologische Recherche, als würde man sich mit dem Leben einer fernen Zivilisation beschäftigen. Dieses Bild stammt aus dem Jahr 1990, als die Mauer noch stand, aber nicht mehr existierte. Ein friedliches, fast bukolisches Bild. Aber auch eine präzise Inspektion der Zeit: Bis zum Sommer 1990 waren viele Mauerteile bereits weggeräumt worden, zuerst jene, die Straßen, Plätze und Brücken teilten. Auf dem Bild sehen wir ein intaktes Stück Mauer am Fluss, die nächste Öffnung ist ganz in der Nähe, nur wenige Meter entfernt. Es erinnert an die Erzählung von Kafka, »Beim Bau der Chinesischen Mauer«. Dort wurde die Mauer in derartig langen Stücken gebaut, dass die Menschen glaubten, sie hätte keine Unterbrechungen.

Das Gelände befindet sich in Alt-Treptow (Osten) direkt

gegenüber dem Görlitzer Park (Westen), wo sich noch bis Mitte der achtziger Jahre ein riesiger Bahnhof befand. Die Güterzüge, die aus der DDR kamen und West-Berlin belieferten, fuhren direkt an diesem Gelände entlang, durch zwei Kontrolltore in der Mauer, über eine massive Eisenbahnbrücke direkt in den Park. Genau diese Tore wurden beim »Mauerfall« einfach geöffnet. Der 21-jährige Fotograf aus Leipzig, der im Sommer 1990 bei seinen Freunden in Kreuzberg wohnte, ging zu Fuß durch die offenen Tore und stand am Todesstreifen.

Dieses Foto hat er von einer »Beschaubrücke« aus geschossen, einem Steg, von dem aus DDR-Grenzsoldaten Züge, die von Ost nach West fuhren, kontrollierten. »Beschau«, ein unheimliches Wort: Zollbeschau, Fleischbeschau, Leichenbeschau. Von dieser Brücke blickt der Fotograf auf ein Zeltlager und die Spielenden. Im linken Teil des Bildes wimmelt es von Gebäuden, Bäumen und Zelten. Der Westen, das Görlitzer Ufer. Die rechte Seite ist leer, eine flache Wiese, und wird erst belebt von den beiden Menschen, die Federball auf dem Todesstreifen spielen, und einem Mann, der einsam an der Mauer entlangspaziert. Der Todesstreifen wird vom privaten Leben erobert. Für Erholung, für Normalität. Kann der Fotograf genau wissen, was er dort sieht? Woher die Menschen kommen, wohin sie sich bewegen in ihrem Spiel? Und jene im Zeltlager, sind sie Touristen, die aus ganz Deutschland nach Berlin gekommen sind? Oder nur die nette Nachbarschaft? Anhänger der »Wagenburg-Kommune«, falls sie damals schon existierte? Der Fotograf hatte den Überblick, hatte aber keine Hoheit über die Deutung, und genau das war das Zeichen der neuen Zeit: Man schaute, aber man »beschaute« nicht mehr. Selbst von dieser Brücke nicht, die wie ein großer Rahmen immer noch dort über dem Weg steht, geschmückt mit dem Wort »Utopia«.

In den letzten Wochen haben wir eine Jubiläumsflut von Mauerbildern erlebt, menschliche Dokumente, die starke Emotionen hervorrufen. Dieses Bild ist dagegen beinahe abstrakt, schematisch, man sieht keine Gesichter, trifft auf keinen Blick. Und doch verblüffte mich das Bild, weil es mir etwas über die Zeit danach erzählt. Nach dem Mauerfall, nach der Perestrojka-Zeit der Öffnung und Begeisterung. Die Zeit, in der unbelebte Orte und weiße Flecken belebt und beleuchtet wurden, verging schnell, wie die Zeit von gemeinsamen Taten und gemeinsamer Mühe. Die Erforschung eines privaten Lebens, eines Lebens, in das sich der Staat nicht einmischt, war neu. In diesem leichten Federballspiel sehe ich die verdünnte Luft der Freiheit, die zuerst das Vergnügen des Privaten schenkte, den Raum, und die dann durch Zersplitterung und Atomisierung quälte. Durch eine Einsamkeit, die kein Mensch in dem Staat kannte, der einen beschaute.

17.11.2019

KANT UND SOLDATEN

»Kant und Soldaten«, schoss es mir durch den Kopf, als ich zum ersten Mal dieses Foto aus Königsberg sah. Welch skurrile Erkenntnis: Als würde hier der kategorische Imperativ dargestellt. Das Foto stammt aus dem Jahr 1999 – kaum zu glauben, denn die Zeit ist hier merkwürdig verschwommen, steckengeblieben im ewigen »Danach«. Der Fotograf Dmitry Vyshemirsky aus Kaliningrad nennt seine Erinnerungsfetzen aus einer untergegangenen Stadt »Königsberg, verzeih«.

Ein Eisbär stellt sich russischen Soldaten. Zwischen ihnen liegt ein Wassergraben, über ihnen hängt ein nebliger Tag. Der Fotograf erinnert sich genau, wie die Soldaten aus einer Straßenbahn ausgestiegen sind und durch den Nebel Richtung Zoo verschwanden und wie er ihnen in Vorahnung hinterhereilte.

Entgegen seiner Gewohnheit steht der Eisbär auf zwei Beinen und stützt sich auf die Steine des Geheges. Kein Schritt zurück. Ich denke an das groteske Buch »Etüden im Schnee« von Yoko Tawada, in dem ein Moskauer Zirkusbär, der nebenher auch als Schriftsteller tätig ist, nach West-Berlin verkauft wird, um einer Verbannung nach Sibirien zu entgehen. Bei Tawada ist der Eisbär mehr als nur eine Allegorie von »Andersdenkenden«, »Minderheiten« oder »den anderen«, denn auch in diesem Foto zeigt sich eine komische und ergreifende Vermischung zwischen Menschlichem und Tierischem. Der Eisbär bemüht sich um einen vernunftbegabten

Dialog in einer für den Menschen verständlichen Sprache. Er hebt die Vorderpfoten. Eine Geste des Selbstschutzes, als würde er versuchen, die Soldaten zu beruhigen, sie von etwas abzuhalten (obwohl sie nicht bewaffnet sind) oder sogar zu ihnen zu predigen. Die Soldaten sind Rekruten, fast noch Kinder. Sie sind noch erziehbar. Manche lachen, manche staunen. »Still, Kinder!«, Waffenstillstand.

Mit seiner Größe, seiner Majestät und seinem flauschigen Fell ist der Eisbär wie ein Kant der Arktis. Rein zoologisch ist der Bär das gefährlichste Raubtier der Welt. Er ist riesig, und er ist aggressiver als Löwen und Tiger. Sein öffentliches Profil ist in der letzten Zeit jedoch zu dem eines großen Kuscheltiers geworden. Zu dieser Verniedlichung hat nicht nur Knut aus dem Berliner Zoologischen Garten beigetragen. Auch durch unsere Unruhe wegen des Klimawandels ist dieses furchterregende sympathische Tier zum Zeugen unseres Fehlhandelns geworden, zum Symbol der Hilflosigkeit der Natur.

Ich folge seinem Blick und sehe noch einen anderen weißen Fleck in diesem dunklen Bild. Da ist das Gesicht eines jungen Mannes, der dem Eisbären direkt gegenübersteht und mit seiner Hand auf den Bären zeigt. Neckt er ihn, wie ein Kind, damit er laut brüllt? Bläst er Halali? Noch ein Soldat winkt: Hallihallo! Sie sind Jäger und Verteidiger des Landes, sie sind im Wehrdienst, und obwohl sie physisch schwächer sind als der Bär, sind sie ihm überlegen. Aber auch sie sind nicht frei: Die Soldaten sind für zwei Jahre zum Dienst verpflichtet, der Bär für sein ganzes Leben im Zoo gefangen. Gemeinsam bilden sie einen »Gefangenen-Chor« der vernunftbegabten Wesen. Der Bär wirkt wie ein Patriarch, ein Regent und Dirigent des Chores. Die Jungs stehen im

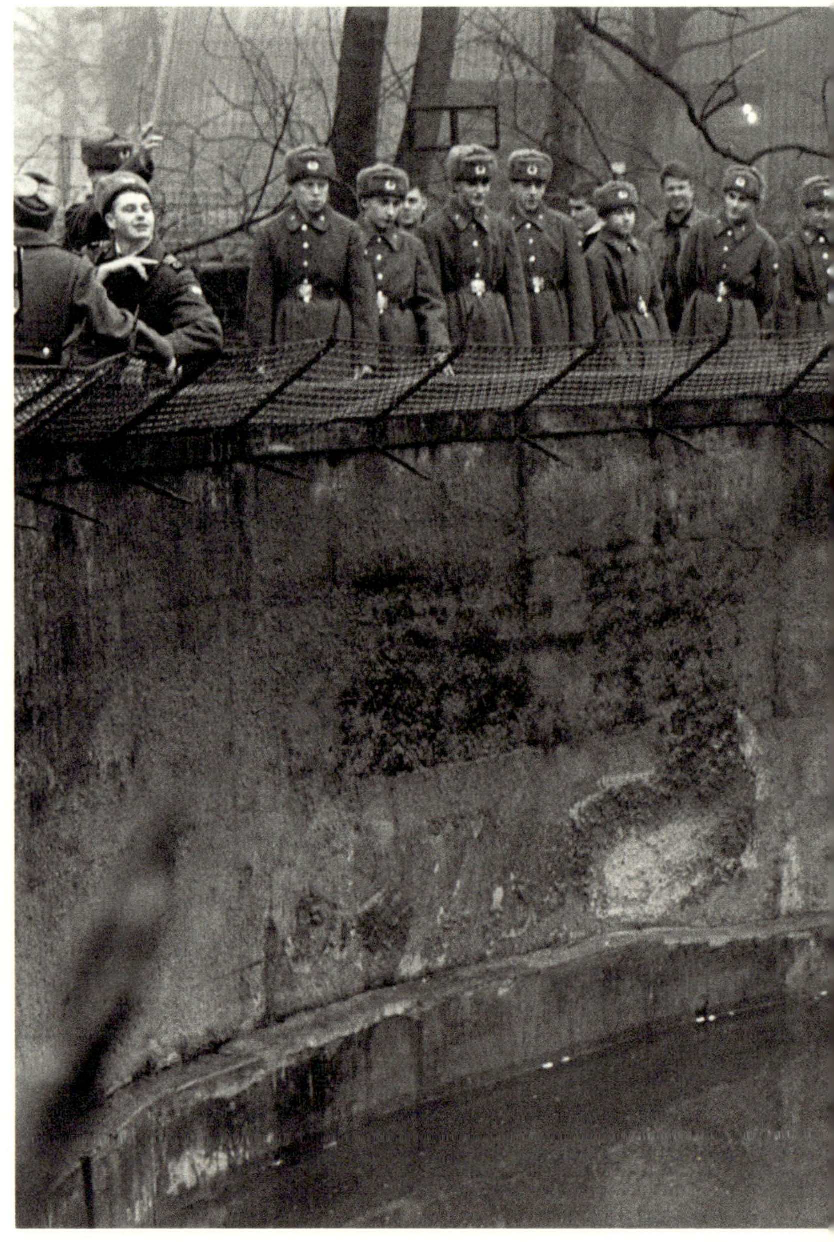

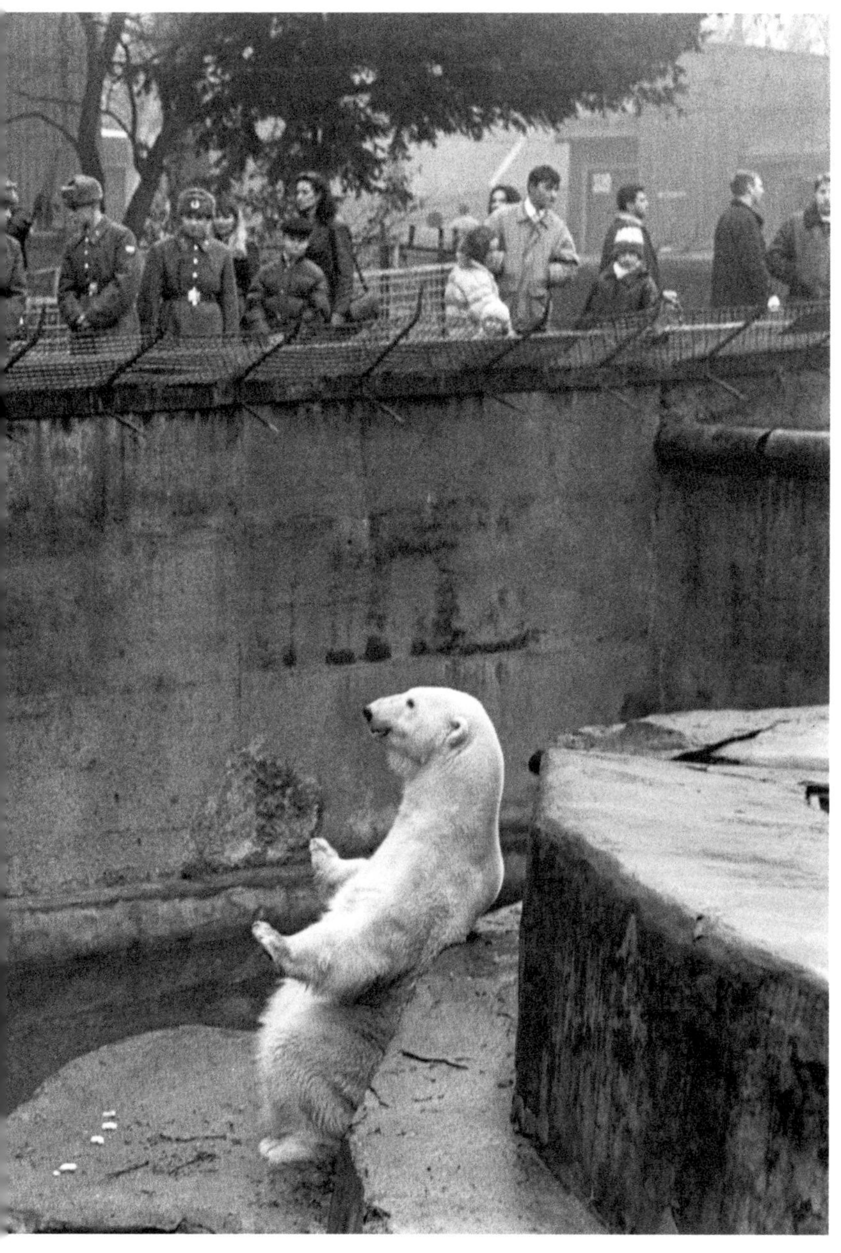

Halbkreis, der Bär bringt ihnen ein altes Stück bei. Üben sie »Du sollst nicht töten«?
Ich habe dieses Foto in dem Buch der Slawistin Valentina Parisi entdeckt, »Una mappa di Kaliningrad«. Ihr italienischer Großvater hatte während des Zweiten Weltkriegs zwei Jahre als Kriegsgefangener in Königsberg verbracht. Das Buch beginnt mit der Zerstörung der Stadt im August 1944 durch die britischen Bombenangriffe. Danach war die Stadt in der Gewalt der Roten Armee. Erobert wurden nur noch Ruinen, das historische Königsberg existierte bereits nicht mehr. Im Königsberger Zoo, in dem Dmitry Vyshemirsky vierzig Jahre später dieses Foto schoss, waren von siebenhundert Tieren nur vier am Leben geblieben: ein Damhirsch, ein Dachs, ein Esel und das schwerverletzte Nilpferd »Hans«. Er war der Einzige aus seiner Familie, der den Krieg überlebt hat. Seine Geschwister kamen im Februar 1945 im Dresdner Zoo und im Breslauer Zoo bei Bombenangriffen ums Leben.
Das Nilpferd »Hans« wurde vom sowjetischen Arzt Polonski geheilt. Wie Parisi schreibt, heißt »Nilpferd« nur auf Russisch »Begemot« – ein Wort, das aus dem Hebräischen stammt und zuerst im Buch Hiob erwähnt wird, als »Riese« oder »Tier der Tiere«. Damit wurde die Rettung von Hans zu einer Rettung der Tiere, nicht aller Tiere, sondern des Tiers an sich – und damit auch des Menschen, in einem verzweifelten Versuch, die zerbrochene Welt zu heilen.
Und hier erhebt sich der Eisbär aus Kaliningrad auf seine weichen Pfoten gegen die Gewalt und für das moralische Gesetz in uns und den bestirnten Himmel über uns.

08.12.2019

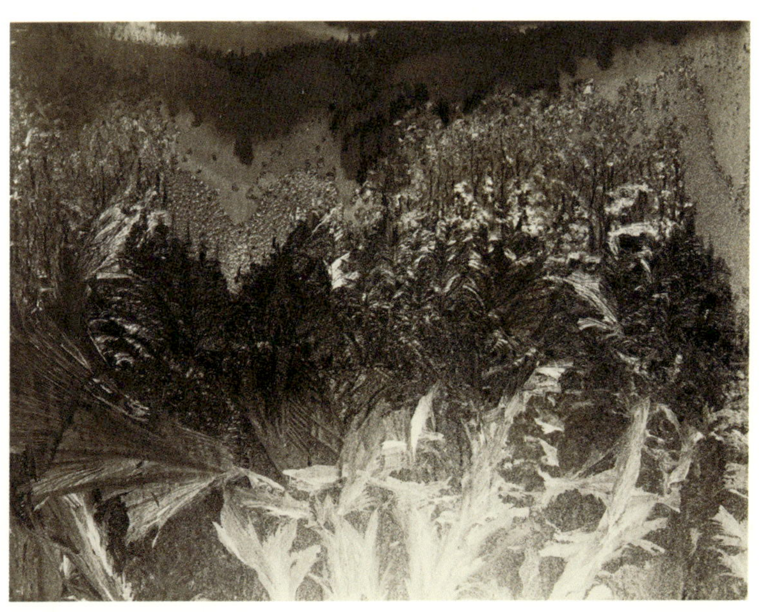

EISBLUMEN VON DAVOS

Der Traum von Schnee und Frost wird mit jedem Jahr nostalgischer, als wären sie endgültig irgendwo in der märchenhaften Kinderwelt geblieben, als wären Eisblumen und Schnee die Kindheit selbst. Der Schnee tritt in die Vergangenheit zurück, zieht höher in die Berge, weiter nach Norden. Sogar ein gewöhnlicher Winterurlaub bekommt die Züge einer Pilgerfahrt Richtung Schnee. So wie man früher in dürren Jahren den Regen herbeigerufen hat, hat man in Moskau nun angefangen, den Schnee zu beschwören, wenn auch nur im Spaß und auf Facebook. Seit kurzem gibt es in Russland den hochmütigen Begriff »Euro-Winter«, womit nicht nur der schneelose europäische Winter gebrandmarkt, sondern unterschwellig – wenn auch ironisch – die Demokratie der lauwarmen Europäer verspottet wird. Denn: alles schmilzt.

Die Sehnsucht nach dem weißen Schnee, nach Erneuerung, nach Stille hat mich auf die Idee gebracht, statt des Fotos eine leere Stelle zu lassen. Vielleicht in einem schwarzen Rahmen, als Hommage an den nicht gefallenen Schnee, als Todesanzeige. Aber dann habe ich dieses Foto gefunden, das vor hundert Jahren in Davos entstanden ist. Es hat mich zurück in die Welt meiner Kindheit katapultiert. Ich habe geglaubt, hier etwas zu erkennen. Eis-Träume verderben nicht, sie frieren nur ein. Eis spricht aus der Ewigkeit.

Ob es an einer besonderen Krümmung der Schneepflanzen lag? An dem Übergang vom Erinnerten zum Erträumten?

Die Farnwedel, die Astern, der Feuervogel. Wo ist hier das fotografische Punktum? Und wer ist hier der Künstler – Väterchen Frost?

Auf diesem Foto ist das Märchen direkt auf die Oberfläche graviert. Unten lodert das Feuer, erstarrte Eisflüsse schlängeln sich nach oben, Eispflanzen entfalten ihre Flussärmel. In dieser Landschaft tritt der Urwald in Erscheinung, die dunkle Grenze der Tannen, von Bergen gekrönt, alles mit Puderzucker bestreut. Wir folgen dem Fotografen und blicken in ein verzaubertes Reich. Er schaut durch seine Linse auf eine undurchsichtige Fensterscheibe. Ganz oben ist sie nur beschlagen. Was verbirgt sich dahinter – die kristalline Struktur oder eine reale Berglandschaft?

Die Betrachtung von kaltem Eis weckt unerwartet warme Gefühle. Eiskristalle, in einer dichten spitzenartigen Schleife, die den Blick nach draußen versperrt, lassen die Wärme und Geborgenheit des Hauses stärker spüren. Die phantastischen Frostblumen verkapseln unsere Innenwelt, machen aus ihr eine prachtvolle Schatulle. Man kann an die Scheibe hauchen, um ein Guckloch zu machen, ein Atem-Auge nach draußen. Als ich Kind war, dienten mir die Eisblumen als Beweis dafür, dass die Schneekönigin vorbeigefahren war und die Blumen ausgeatmet hatte. Sie wollte unbemerkt bleiben. Diese Blumen bezeugten damit auch die Wahrheit aller anderen Märchen.

Emil Meerkämper, ein junger deutscher Ingenieur, zog wegen seiner Lungenkrankheit im Jahre 1900 nach Davos. Dort eröffnete er ein Fotoatelier, porträtierte Kurgäste, Wintersportler und Einheimische, aber vor allem wurde er durch seine Ortsansichten bekannt. Postkarten mit seinen Motiven wurden aus Graubünden in die ganze Welt verschickt. Und wenn man auf die geographische Karte des Kantons schaut, ist man verblüfft, wie sehr die Bergketten auf der Karte und die Eis-Ornamente auf dem Foto einander ähneln. Ein optisches Echo, auf das man nur hinweisen darf, ohne es zu erklären, so wie das Schicksal von Hans Castorp aus dem »Zauberberg«, der als junger Schiffbauingenieur nach Davos kommt, ein Echo bildet mit Meerkämper, seinem seemännischen Namen.

Denn das Geheimnis der Eisblumen liegt auch darin, dass sie uns ständig an etwas erinnern, sie bilden unvorhersehbare Ähnlichkeiten. Sie wachsen, wenn andere Blumen und Pflanzen vor Kälte erstarren, als übernähmen sie eine Aufgabe, die die vegetative Welt im Winter nicht mehr vollbringen kann. Adrian Leverkühn kam im »Doktor Faustus« gar nicht darüber hinweg, dass Eisblumen »mit einer gewissen gaukelnden Unverschämtheit Pflanzliches nachahmten«.

Walter Benjamin hat die Verschmelzung der Formen von Eisblumen beschrieben, als Komplott zwischen Kindlich-Märchenhaftem und Natur-Volkstümlichem, das einen organischen Übergang zwischen Kultur und Natur schaffe. Die bunten bäuerlichen Tücher der Frauen auf einem Moskauer Wintermarkt seien mit blauer Wolle genäht, die Eisblumen nachbildete.

Eisblumen entstehen und verschwinden auf der Grenze zwischen Natur und Zivilisation. Eigentlich müsste man heutzutage solche Fenster wie auf dem Foto sofort denunzieren, denn die Existenz dieser Blumen bedeutet schlicht, dass die Fenster undicht sind, sich dort Schmutz und Feuchtigkeit gesammelt haben. Eine Reminiszenz an eine Zeit vor der Energieeffizienz, wie der Rauch von Lokomotiven.

05.01.2020

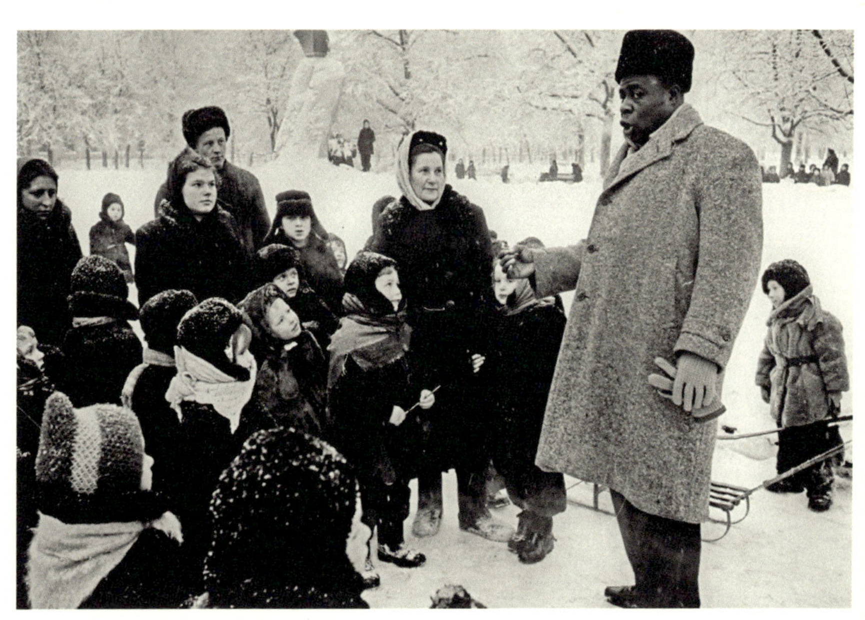

TAUWETTER

Dieses Foto ist voller Kontraste: schwarz und etwas ärmlich gekleidete weiße Kinder und Erwachsene – ein schwarzer Mann in heller eleganter Kleidung. Er spricht oder, nein, er singt und sie schweigen, hören ihm zu, schauen mit Neugier und Erstaunen. Haben sie jemals zuvor einen Schwarzen gesehen? Überhaupt einen Ausländer? Oder staunen sie, weil sie von der kräftigen Opernstimme beeindruckt sind? Auch er ist neugierig, in dieser für ihn fremden Welt. Es ist Ende Dezember, ein Park in Leningrad, 1955. Überall liegt Schnee, alles ist in Weiß gehüllt, und die Kinder haben Schlitten dabei. Dieses Bild, das man sofort auf eine Exotisierung reduzieren kann, strahlt Wärme aus, trotz der Kälte des Winters. Hier findet eine wundersame menschliche Begegnung statt, die jahrzehntelang nicht möglich gewesen war.

Der Mann, der wie Väterchen Frost wirkt, ist Moses LaMarr, der Bariton der Everyman Opera Company, eines Ensembles mit ausschließlich afroamerikanischen Sängern, gegründet 1952, noch vor der Bürgerrechtsbewegung. Mit »Porgy und Bess« von George Gershwin reisen sie nach Leningrad und Moskau und sind damit die erste US-amerikanische Theatertruppe überhaupt, die in der Sowjetunion seit 1917 auftritt. Begleitet wird die Tournee von Truman Capote, der über die Reise eine umfangreiche Reportage für den »New Yorker« schreibt.

Das State Department hat diese Inszenierung von »Porgy und Bess« als das bis dahin teuerste Auslandskulturprojekt der amerikanischen Regierung unterstützt. Vier Jahre lang ist das Ensemble in der ganzen Welt unterwegs. Nur die Reise in die UdSSR wird paradoxerweise nicht gesponsert, da sie als »politically premature« eingeschätzt wird. Denn es wird befürchtet, dass das Stück, das die Armut der Schwarzen in den USA thematisiert, von der Sowjetregierung für anti-amerikanische und antikapitalistische Propaganda benutzt wird. So wird die Finanzierung dieses Gastspiels komplett vom sowjetischen Kulturministerium übernommen.

Dieses Schnee-Bild zeigt Tauwetter: Seit dem Tod von Stalin im März 1953 stellt sich das Land seiner eigenen verschwiegenen Vergangenheit und öffnet sich dem Ausland. Im Jahre 1955 gastiert in Moskau die Comédie-Française und es findet die erste »Woche des französischen Films« statt, Gérard Philipe ist dabei. Und plötzlich steht Moses LaMarr in der Mitte eines verschneiten Parks in Leningrad. Man kann sich kaum vorstellen, mit welch fieberndem Interesse und mit welcher Dankbarkeit diese ersten lebendigen Ost-West-Begegnungen wahrgenommen werden, trotz der beinahe totalen Kontrolle. Kulturhunger und Auslandssehnsucht waren wichtiger als Propaganda, als alle ideologischen Kalkulationen. »Porgy und Bess« wird unerwartet als Musterstück des sozialistischen Realismus gefeiert, die Musik bewundert und die Künstler bejubelt.

Es gab praktisch keine Schwarzen in der Sowjetunion, aber die enorme Sympathie gegenüber der afroamerikanischen Bevölkerung schöpfte aus der Literatur, vor allem aus dem Kultbuch »Onkel Toms Hütte« von Harriet Beecher Stowe. Das Buch prägte Generationen sowjetischer Kinder in ihrem Mitgefühl für die Unterdrückten, dabei erinnerte die Sklaverei in den USA auch an die Leibeigenschaft im zaristischen Russland. Aus einer prekären Mischung aus marxistischen Formeln und christlicher oder allgemein menschlicher Ethik entstand ein Bild von Schwarz-Amerikanern als erniedrigten leidenden Brüdern, als geborenen Kommunisten, als das Weltproletariat selbst.

Aber dieser Sänger ist sichtlich kein Proletarier. Das Foto spiegelt die Sprachmetaphern und die Semiotik, mit der Wladimir Majakowski in seinem Gedicht »Black und White« jonglierte: die Schwarzen machen schwarze Arbeit und die Weißen weiße. Der kleine arme Billy fragt den weißen Boss, warum denn, ach, der Schwarze den »weißen weißen Zucker« machen muss – und wird daraufhin verprügelt.

Dieses Foto erzählt davon, wie ein Ereignis durch übermäßige politisch-ideologische Erwartungen missbraucht wird, sich dann aber doch in einem Moment der menschlichen Begegnung davon befreien kann: Die Neugierde und Freude des Treffens machen Fremdenfeindlichkeit unmöglich, die Kinder sind dankbar, gesehen zu werden und sehen zu dürfen. Hier sind beide Seiten »exotisch«, anders, unbekannt. LaMarr zieht einen Handschuh aus. Um eine Opern-Geste zu machen? Oder um die Hand an sein Herz zu legen?

07.06.2020

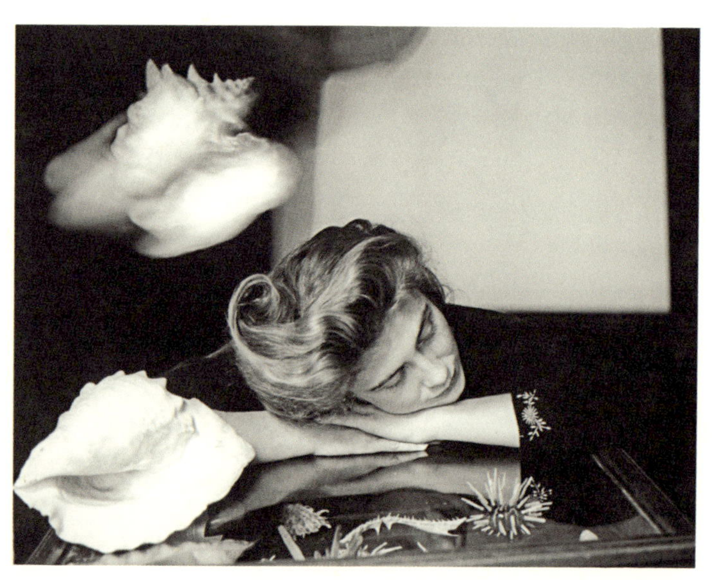

FRANCESCA UND DIE MUSCHEL

Wenn man eine Muschel ans Ohr presst, hört man das Rauschen des fernen Meeres, das eine Muschel in sich behält. Der Soundtrack aus einer fernen Zeit, eine Erinnerung, die jetzt stattfindet. Wenn man eine Muschel ans Ohr presst, hört man den Lärm des eigenen Blutes, die Pulsation des eigenen Körpers. Oder nein, das sind Märchen, denn eigentlich hört man die Schwingungen des Raumes, die die Muschel durch ihre Eigenfrequenz wiedergibt.

Im Universum dieser Fotografie von Francesca Woodman spiegeln alle Aussagen einander, werden gleichzeitig wahrgenommen. Gestalt, Gegenstand und Geschichte, Image und seine konkrete Verkörperung materialisieren sich in diesem Bild.

Wenn man durch die Ausstellung »On being an Angel« von Francesca Woodman im C/O Berlin streift, wird man zur Nähe gezwungen. Die Abzüge sind so klein, dass man in eine intime Distanz zu ihnen treten muss. Man schaut die Fotos nicht an, man schaut in sie hinein. Hier, hautnah, fängt ein schmerzhaft-lustvolles Spiel an, manchmal fast kindlich frech, das sich in Unschuld tarnt.

Francesca Woodman forscht und erforscht sich selbst mit wissenschaftlichem Eifer. Sie ist Fotografin und ihr eigenes Modell, sie ist Subjekt und Objekt, sie ist ständig in Bewegung zwischen den Rollen und Blickwinkeln. Sie denkt in Serien, entwickelt Performances, und dann macht sie diese Momentaufnahme ihrer eigenen Entstehung, als wäre

Fotografie die höchste aller Künste. Ihr gewaltiges Werk zeugt von der Wucht ihrer kurzen, nur 22-jährigen Existenz in jedem einzelnen Bild. Trotz des regen Dialogs mit der klassischen Kunst – Einflüsse von Daguerreotypie bis zur surrealistischen Fotografie – gibt es in ihren Werken nichts Schülerhaftes. Alles ist durch den Fleischwolf ihres Körpers und ihrer Wahrnehmung gedreht. Beseelt und unersättlich untersucht sie ihren eigenen Körper, findet ihn im Versteck und verliert ihn in der Entblößung, und immer versucht sie, die eigene Materialität aufzulösen, zu verschwinden. Sie spielt mit der Repräsentation von Weiblichkeit, Sexualität und ihren Attributen. Sie schafft eine erstaunliche Studie des Körpers in verschiedenen Facetten des Daseins, wie man sie erst nach vielen Jahren Lebenserfahrung zu begreifen wagt. In diesem Bild schläft sie, Francesca, wie eine ermüdete Schülerin des Eigenunterrichts, der Eigenentblößungen, ermüdet von ihren Eigenschwingungen. Eine schlafende Schönheit. Helden der Renaissance versammeln sich um ihren Kopf herum. Wer kommt, sie zu wecken? Sie ist körperlos, die Muscheln sind die Vorboten. Ihr Haar erinnert an »Vertigo« von Alfred Hitchcock und spiegelt die Muscheln – die eine schwebt in einer verschwommenen Halbexistenz, die andere ruht in ihrer fest-materiellen Natur. Die Hände der Schlafenden liegen auf einer Museumsvitrine. Ein Seeigel mit einem daneben liegenden Rückenknochen bildet eine urzeitliche Pflanze, wie die Blume auf einem Stengel, die sich als Ornament auf den Kleidungsärmeln der Schlafenden wiederholt. Wann endet die Urzeit? Das weiße Papier bezeugt den Moment vor dem Anfang. Was wird hier eigentlich exponiert vor der weißen Leinwand der noch nicht geborenen Kunst?

Dieses fragile Mädchen ist ein Resonanzkörper der mächtigen Sinne. In vielen Fotos stellt Woodman sich selbst nackt in eine Vitrine, probiert den musealen Glassarg für sich aus, presst sich in seinen Rahmen hinein. In diesem Museum der Nature morte exponiert und bewahrt sie sich selbst auf, neben den Fossilien, als hätte sie einen Anspruch auf den Ursprung der Zeit. Die entblößte Muschel und die bekleidete Frau, das Jetzt und das Paläozoikum sind ineinander so verschachtelt, dass es zum ewigen Rausch einer Muschel wird, die die Schwingungen einer jungen Frau beibehält. Oder irren wir uns und wir sehen hier ein ihr sehr ähnliches Modell? Und Woodman ist »nur« die Fotografin? Die Leinwand, die die Unschuld ihres Schlafes bewahrt, wandert über ihre Werke hinweg, wird zur Kulisse, zur Fläche des Geschehens. In einem Video steht die nackte Künstlerin mit einem Papierband bedeckt, auf dem ihr Name steht. Sie fängt an, das Papier an der Stelle zu zerreißen, wo der Buchstabe »A« wie »Anfang« steht. Ihre Brüste und ihr Bauch kommen zum Vorschein in ihrer jugendlichen marmor-antiken Weiße, der Schoß bleibt verdeckt. Dann zerreißt sie das Papier komplett und verlässt das Bild. Diese Venus-Geburt aus der Schale des Papiers ist nicht nur Gewaltakt und Durchbruch, sondern das Aussteigen aus dem Rahmen. Ich kann mich nicht von der Schwermut darüber trennen, dass ihr Schritt aus dem Fensterrahmen einer New Yorker Wohnung den Regeln ihrer eigenen Kunst entsprechen soll. Aber hier, in den Grenzen dieses Fotos, bewahrt sie ihren eigenen Traum von der Schöpfung.

15.03.2020

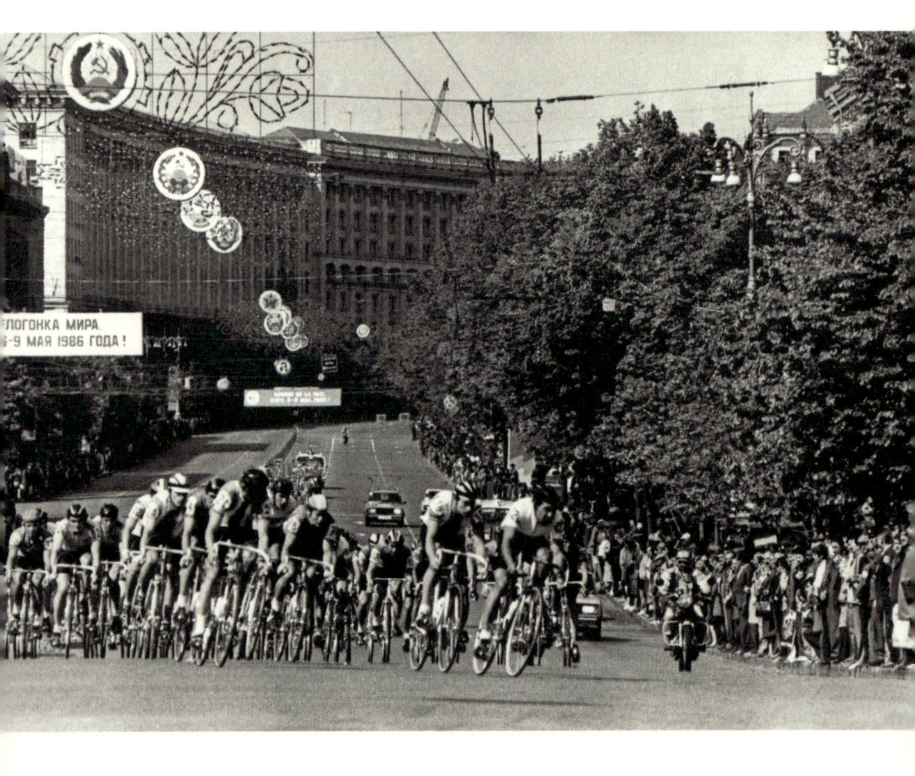
ЛОГОНКА МИРА.
-9 МАЯ 1986 ГОДА !

STRAHLENDE KURVE

Die Friedensfahrt – genannt die »Tour de France des Ostens« – startete im Jahr 1986 in Kiew. Dieser Wettbewerb fand damals zum ersten Mal in der Sowjetunion statt. Es wurden sogar Sportler aus »kapitalistischen« Ländern erwartet, ein Signal für Perestrojka und Öffnung. Als der Startschuss gegeben wurde, war Kiew jedoch bereits seit zehn Tagen in den Weltnachrichten »geöffnet« und auf der Weltkarte präsent – die größte Stadt in der Umgebung von Tschernobyl, dem Ort der Reaktor-Explosion. Nur die Kiewer Bevölkerung wusste nicht viel davon. Einer der vielen Gründe, warum die Regierung die realen Gefahren verschwieg, war die Friedensfahrt. Zur Zeit dieser Fahrt begann der Zerfall des ideologischen Denksystems. Radioaktivität durchfraß den Eisernen Vorhang wie Motten einen alten Stoff.

Auf dieser Momentaufnahme biegen die Radrennfahrer in eine Kurve ein, begleitet von Motorrädern und Autos. Den Hauptboulevard Kiews, den sechsspurigen Kreschtschatik, my love, der jedem Spazierenden gerade und flach erscheint, empfindet man hier als etwas steil und kurvig. Trick eines Sportfotografen? Die Perspektive schlägt einen Bogen an einem langen Prachthaus entlang und spannt den Raum an wie die Sportler ihre muskuläre Energie. Große Mengen festlich gekleideter und ungeschützter Menschen stehen an den Rändern der beiden Straßenseiten.

Das Banner »6.-9. Mai Friedensfahrt 1986!« ist über die Straße gespannt. Es sind die allerersten Sekunden des Rennens.

Von hier aus geht es über Polen und die DDR bis zur Finaletappe nach Prag am 22. Mai. Über den Köpfen, wie ein Segen, sind die runden Wappen aller Sowjetrepubliken und pflanzenförmiger Leuchtschmuck befestigt – die damalige Werbung für das schöne Leben. Und es ist wirklich prächtig in Kiew Anfang Mai. Die großen Kastanien blühen, auch wenn man ihre Blütenstände nicht sehen kann. Nur eine Straßenlaterne ragt stellvertretend mit ihren Lampenblüten aus dem Laub.

Auf dieser Straße stand die Zeit schon mehrere Male still, und mehrmals dachten die Menschen hier, dass das Leben niemals mehr sein werde wie zuvor. Es ist eine Nachkriegsstraße, aus der Zeit vor dem Krieg ist hier nichts geblieben. Auch die legendären Laternen im Stalin'schen Klassizismus wurden erst Ende der vierziger Jahre gebaut, als die Straße noch in Ruinen lag. Die Kastanien prägen das Wappen der Stadt, sie werden in der Kiewer Hymne besungen, die früher als Erkennungsmelodie aus einem Türmchen mit einer großen Uhr über die Straße läutete, zu jeder Stunde, jahrzehntelang. Das Haus mit der Uhr ist hier vom Laub verdeckt. Diese Uhr hat Tschernobyl, Perestrojka und alle anderen Zeiten überlebt und verbrannte 2014 beim Kampf um den Majdan. Seitdem gibt es keine Uhr und keine Zeit über dieser Straße.

Der Hauptheld dieses Fotos ist nicht Olaf Ludwig, der Friedensfahrt-Gewinner, der als »strahlender Sieger« gefeiert und verspottet wurde. Er erinnerte sich daran, wie er die Absagen vieler Mannschaften wahrgenommen hat. DDR-Funktionäre aber drohten ihm für den Fall einer Verweigerung mit dem Ende seiner Karriere. Er erinnert sich auch daran, dass die Straßen von riesigen Lastwagen mit

Wasser gespült wurden und dass es überhaupt keine Kinder gab, die sonstigen Begleiter aller Straßenfeste.

Der wahre Held dieses Fotos ist die unsichtbare Gefahr, die man hier nicht spürt und nicht findet. Wir sehen ein Dokument der Unsichtbarkeit. Weder das chemische Material des Films noch das Sujet des Fotos sind in der Lage, das Geschehen zu registrieren. Die Häuser brennen nicht, die Menschen sind nicht verletzt, die radioaktiven Teilchen zerfressen das Fotomaterial nicht. Aber die Menschen, die auf der Straße stehen, sind in Gefahr, sie sammeln die Radioaktivität im Laufe der Zeit. Die Zeit läuft gegen sie.

Aber sie werden sich erinnern: an die Lügen der Führung, an die Evakuierung Hunderttausender, an den Wind, der bereits seit ein paar Tagen Richtung Kiew wehte, an die verspätet ausgebrochene Panik, mit Menschenmassen auf dem Bahnhof und Eltern, die ihre Kinder in abfahrende Züge hineinquetschen. Dies ist ein Beweisfoto für das Verbrechen einer Regierung, die Normalität simulierte, auf Kosten von wehrlosen Menschen.

26.04.2020

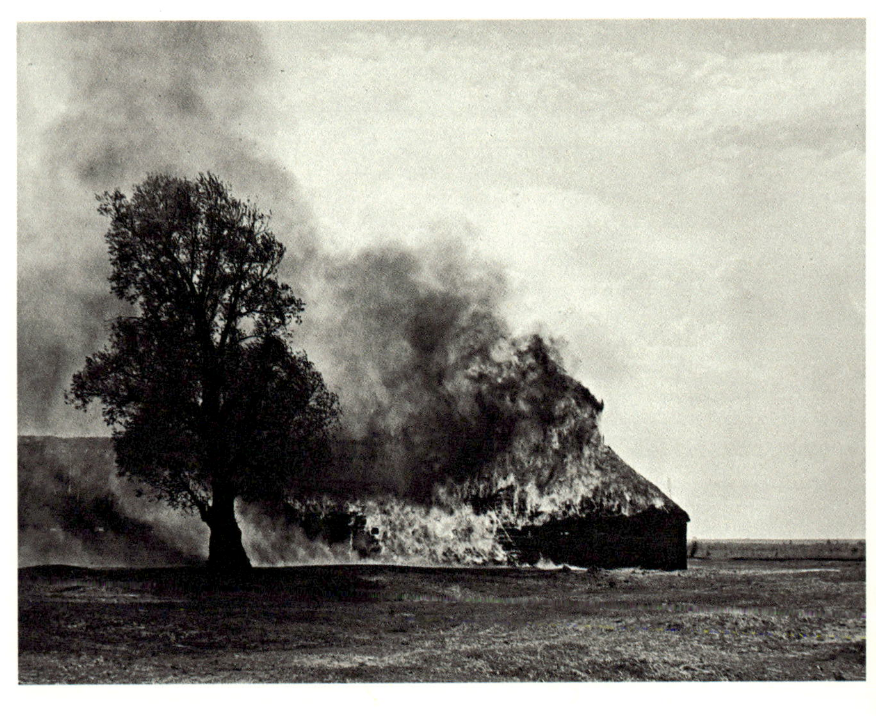

ZERTRETENES LAND

Das Haus brennt, der Baum wächst, vergehendes Holz und werdendes Holz. Die Rauchwolke verbindet Erde und Himmel. Trockenes Gras auf der Erde, Heu auf dem Dach. Die brennende Materie teilt sich, sie wird zu Asche, fällt als Staub zur Erde. Oder sie fliegt auf, vermischt sich mit der Luft, löst sich im Himmel auf. Der natürliche Kreislauf des Krieges?

Wenn man den Fotoband »Dieter Keller – Das Auge des Krieges, Ukraine 1941/1942« in die Hand nimmt, herausgegeben von dem jungen Berliner Verlag »Buchkunst«, blättert man durch die »Bloodlands«. Dörfer brennen, Tiere und Menschen sterben, und die Häuser schauen auf uns zurück mit ihren leeren Augenhöhlen aus diesen unheimlich schönen Bildern. Die Dörfer brennen schön, so wie ein Sonnenuntergang schön sein kann, selbst die Sonne brennt sich durch den dunklen Himmel. Diese Bilder sind vielleicht jedem unheimlich, doch mir noch ein wenig mehr, denn das ist meine Heimat, die sich durch diesen Vernichtungszug selbst fremd wird.

Der deutsche Soldat Dieter Keller (1909-1985) zieht im Blitzkrieg 1941 mit der Wehrmacht durch die Ukraine. Was er genau macht, wo er mitmacht oder nicht mitmacht, ist unklar. Vermutlich wird er in der Verwaltung eingesetzt und nimmt an den Gefechten nicht teil. Vor dem Krieg verkehrte Keller in Künstlerkreisen, im Umfeld des Bauhauses, er war mit Oskar Schlemmer bekannt. Nach dem Krieg machte er sich als Kunsthändler einen Namen. Er selbst hat diese Bilder niemals veröffentlicht.

Ein Pferd, im Stehen sterbend, Pferdeköpfe, die auf der Erde liegen wie Zeugen eines unbekannten Kultes, endlose Ödnis, Häuser ohne Bewohner, das Gewölbe einer zerstörten Kirche. Lächelnde Kinder, eines steht neben einem Grab mit hebräischen Buchstaben (der Holocaust ließ in dieser Gegend keine Lücken), Bauern, sowjetische Gefangene, wie lebende Schatten im Gegenlicht fotografiert, Leichen, eine Blume, ein Frosch. Der Übergang vom Leben zum Tod scheint sich ganz natürlich zu vollziehen, und immer wieder schaut der Fotograf auf die Textur des Bodens, mit seiner Kamera untersucht er den Staub, denn alles wird hier zu Staub, wie nach dem Gesetz Gottes. Dieter Keller fotografiert Spuren: von Vögeln im Schnee, von Menschen in der Erde. Doch, halt, das sind keine Fußabdrücke, sondern die Füße selbst, Teile des Körpers. Das ist es, was die Menschen als Spur hinterlassen: ihre toten Körper, eingemeißelt in die Erde. Das Land wird zertrampelt und zu Erde zertreten, doch die Folgen des Krieges werden als Naturzustand dargeboten. Kellers Blick ist archäologisch, als grabe er eine Zivilisation aus, die er eben entdeckt hat, dabei wird sie von seinen Kameraden vergraben.

Kellers Bilder sind ästhetisch stark, ihre Veröffentlichung ist eine bedeutende Tat, jedoch etwas skandalös: Schon der Titel »Das Auge des Krieges« übernimmt die Eroberer-Perspektive. Beide Begleittexte des Bandes romantisieren den Blick des Fotografen, sie fabulieren über seine Gedanken. Darf man das in einem Kunstbuch tun, ohne die Opfer und ihr Land zu thematisieren? Ohne sich nach den Ortschaften zu fragen, nach dem Schicksal der Menschen? Nach militärischem Werdegang des Fotografen? Die Bemerkung, dass die Fotos heimlich gemacht wurden, suggeriert Widerstand. Doch in diesem Krieg haben Zigtausende fotografiert, ohne bestraft zu werden, wie man nach der Wehrmachtsausstellung und zahlreichen Publikationen aus Archiven und Privatsammlungen weiß.

Dieter Keller wird in diesem Fotoband in eine Reihe mit Otto Dix, Hieronymus Bosch oder Francisco de Goya gestellt, doch diese Künstler beschäftigen sich in ihren Bildern mit dem Leiden der Opfer, ihre Werke rütteln auf. In Goyas berühmtem Kriegszyklus ist klar, wer gegen wen Gewalt ausübt. Die Fotografien von Keller dagegen zeigen den Blick der Eroberer, das weite offene Land. Er sieht den Krieg, als wäre der Feldzug eine Jahreszeit im Kreislauf der Natur. Vieles spricht dafür, dass Keller gegen seinen Willen in diesen Krieg gezogen ist und versucht, sich durch seine Kamera zu retten. Die Frage ist jedoch, ob wir seinen Blick übernehmen dürfen und damit die Ästhetik, der es nicht unheimlich ist, die eigenen Verbrechen als Naturereignis erscheinen zu lassen.

28.06.2020

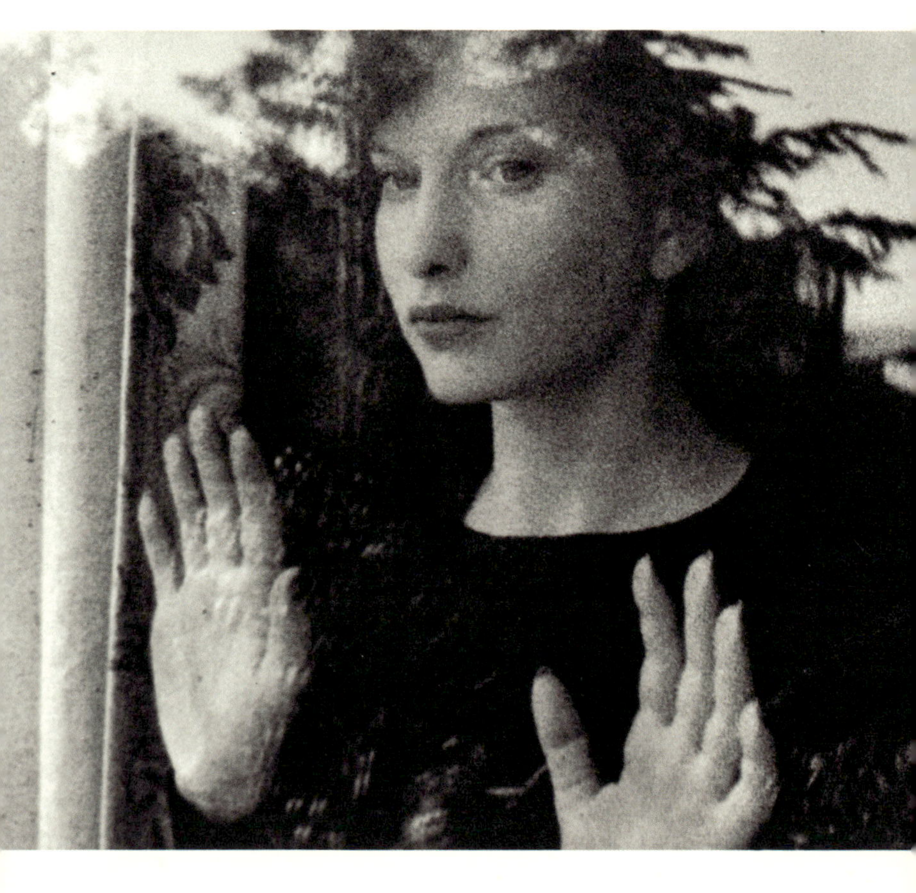

BESCHWÖRERIN DER ZEIT

Eine Frau steht am Fenster. In ihrem Zimmer. Sie ist in sich versunken. Magisch schön. Wartet sie auf das Kommende, erinnert sie sich an das Vergangene? Ihre Augen sind auf irgendetwas gerichtet, ruhig und ein bisschen misstrauisch. Ihre Hände berühren das Glas – eine deutlich spürbare Grenze, die jedoch diffus und fragil erscheint. Die Welt bebt unter ihren Fingerspitzen. Um sie herum entsteht eine leicht gekräuselte Bewegung, als würde sie nicht Glas, sondern eine Wasserfläche berühren. Die Welt draußen verschmilzt mit ihrer inneren Welt.

Die leuchtende Fläche erinnert an ein Renaissance-Gemälde. An Leonardo oder an den ganzen avantgardistischen Tumult um Mona Lisa. Frau, Fenster und Natur sind hier nicht in Perspektive dargestellt, sondern ineinander verschoben. Alles spiegelt sich, auch die Bäume der Außenwelt krönen die Frau mit einem pflanzlichen Kranz, so wie Flora in Botticellis »Primavera«. Die Frau im Zimmer wird zur Königin der Natur. Auf den Vorhängen öffnen sich die Blüten. Die Natur wird zum Teil ihres inneren Universums, ihres Wesens. Und dann ist da noch der helle Himmel über ihrem Kopf – gespiegelt.

Das Bild stammt aus dem ersten und bekanntesten Film der Tänzerin, Filmtheoretikerin, Regisseurin und Voodoo-Expertin Maya Deren. Sie selbst ist hier zu sehen, als Darstellerin ihrer eigenen Ideen. Den Kurzfilm »Meshes of the Afternoon« hatte sie 1943 zusammen mit ihrem damaligen

Mann Alexander Hammid, einem tschechischen Emigranten, gedreht. Der Film wurde in Los Angeles produziert, im Abspann wird »Hollywood« angegeben – eine ironische Referenz an die Traumfabrik. Der Film verläuft wie eine kreiselnde Sequenz, in variierten Wiederholungen, Traum und Realität verweben sich, es wird auf das ganze surrealistische Glossar angespielt: Schlüssel, Spiegel, Türen, Treppe, Messer, Doppelgänger und Liebhaber, die zu Mördern werden.
Ob man aus der Realität in den Traum erwacht oder aus dem Traum in die Realität fällt, wird nicht aufgelöst. Der Film in seiner Materialität wird hier zur mythologischen Kunst des Gewebes. Dieses Einzelbild (still shot) ist programmatisch. Es erhält die dynamische und narrative Energie und erscheint auf die Sekunde genau in der Mitte des Films. Die Zeit kann in jede Richtung rotieren, als hätte der Film die Struktur einer Tora-Rolle. Im Film sieht die Frau am Fenster sich selbst draußen vorbeirennen. Maya Deren wird zu ihrer eigenen Reflexion. Dieses Bild ist das bekannteste Porträt der Künstlerin und zugleich der bekannteste »Repräsentant« ihres Werks. Es wird häufig spiegelverkehrt reproduziert, was zur ambivalenten Autorenschaft dieses Bildes – »das ist ein Bild von Maya Deren« – passt.
Deren wird als Eleonora Derenkowskaja in eine wohlhabende jüdische Familie in Kiew geboren, im Revolutionsjahr 1917. Ihr Vater ist ein renommierter Psychiater. Die Familie verlässt Kiew 1922 angesichts der Machtwillkür und der Pogrome und emigriert in die Vereinigten Staaten, wo der Name zu Deren gekürzt wird. Sie studiert Politikwissenschaft, Journalismus und englische Literatur. Ihre Leidenschaft für Tanz, für rituelle Rhythmen und ekstatische Selbstauflösung lebt sie später im Film aus. Sogar die Film-

welt betritt sie durch eine Art mythologische »Initiation«: Dafür nimmt sie den Vornamen »Maya« an – einen Namen, der rituelle und religiöse Bedeutungen »kondensiert«: für Buddhisten ist »Maya« die »Illusion«, in der griechischen Mythologie der »Bote« und im Sanskrit die »Mutter«.

Im Jahr 1943 stirbt Derens Vater und hinterlässt ihr seine 16-mm-Kamera. Mit dieser Kamera dreht sie alle ihre Filme, als wäre das Auge des verstorbenen Psychiaters zum Hilfsinstrument mutiert (in dieser Zeit werden gerade solche Handkameras zum zentralen dokumentarischen Medium der Kriegsberichterstattung). Mit ihren wenigen fertiggestellten und einigen nicht beendeten Filmen gilt Deren als »Mutter des US-amerikanischen Avantgarde-Films«. Sie hat nicht nur zahlreiche Filmemacher beeinflusst (besonders David Lynch) – mit ihrem Live-Theater in New York hat sie auch neue Räume für unabhängige experimentelle Filmkunst geschaffen.

In dem Dokumentarfilm »Im Spiegel der Maya Deren« von Martina Kudláček bezeichnet der Filmemacher Jonas Mekas zwei Stapel Filmdosen von Maya Deren als »den heiligen Gral des Kinos«. Der Tribut eines Freundes? Auf der Suche nach der »Glaubwürdigkeit des Unwirklichen« hat Maya Deren ein neues Erleben von Zeit und Raum kreiert. Die Frau auf dem Foto beschwört die Zeit wie die Priesterin eines Kultes.

05.04.2020

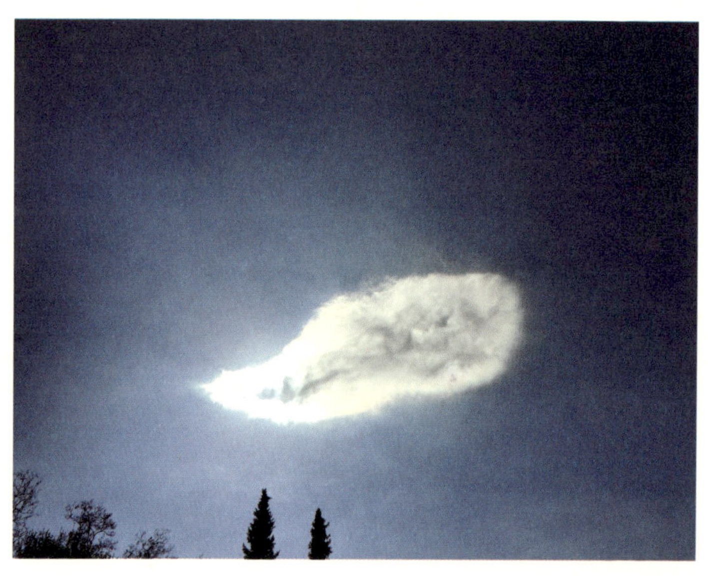

MEINE WOLKE

Einst haben die Götter in den Wolken gelebt und mit Nachsicht auf uns hinabgeblickt. Sie versteckten sich hinter den Wolken und waren für die gesamte Meteorologie verantwortlich. Sie haben das Wetter gemacht. Die Ereignisse im Himmel waren Quelle der Mythologie. Der Glaube schöpfte aus diesem himmlischen Wegweiser, in Vorahnung einer Erscheinung, einer Epiphanie.

Man muss nicht unbedingt kurzsichtig sein, um zu sehen, wie aus den Wolken Engel geboren werden, wie die Prinzessinnen ihre Kissen ausschütteln und wie der alte Mann an Feiertagen die müden Füße aus den Wolken baumeln lässt. Da oben verschwindet die Deutlichkeit des irdischen gegenständlichen Lebens, denn dort oben fließt alles wie in einem Ozean. Auch eine dichte undurchsichtige Wolke, die aus kondensiertem Nebel besteht, aus Materie, verändert sich in wenigen Sekunden, eine Metamorphose, die jeder kennt. Wenn man auf die Wolken schaut, landet man sofort im Himmel, ohne Leiter, ohne Flügel. Man wird selbst zur puren Phantasie, im Schauen verharrend. Ein Blick dahin – und der festgeschnürte Körper verliert bereits seine Eindeutigkeit, fängt an zu schweben. Geerdete Gedanken lösen sich von der Schwerkraft und schwingen sich mit dem Blick empor.

Ich schaue auf diese Wolke, und alles Schwere in mir wird bedeutend und leicht, das Einsame wird zum Einzigen. Wir schauen durch sie hindurch, auf die ganze Breite des Himmels, in seine Unendlichkeit. Die Landschaft müssen wir betreten, »aber der Himmel wölbt sich über alle«, bemerkte der scharfäugige Kunsthistoriker John Ruskin.

Der Himmel ist für alle da. Dies war besonders merkbar, als wir in den letzten Wochen auf unsere kleine Umgebung reduziert waren. Ich genoss die Bedächtigkeit der Stadt, und doch versank ich im Kummer, wie in einen Trichter, angesichts des quälenden Weltgeschehens. Ich ging häufig in den Park, da waren Bäume, die ich bald besser kannte als meine Freunde. Dort stand auch eine zusammengewachsene Tanne mit zwei Kronen. Genau diese Botin der Zweisamkeit schob sich zufällig ins Bild, als ich die einsame Wolke fotografierte.

Ich lag im Gras unter prallblauem wolkenfreiem Himmel, nicht weit von einem Monument im Volkspark Friedrichshain, an dem die Worte »Für eure und unsere Freiheit« in Granitbuchstaben ausgemeißelt sind. Ich lag und las, die anderen spazierten oder joggten, und die Anwesenheit des Slogans hatte aus uns beinahe Freiheitskämpfer der Natur gemacht. Plötzlich legte sich ein Schatten über mich und brachte Kälte. Dies kam so unerwartet, dass ich rasch aufsprang, als hätte mich etwas bedroht, als wäre ein Unglück über mich hereingebrochen und ich müsste mich schützen. Ich starrte in den Himmel: Die Sonne war von dieser kleinen strahlenden Wolke überdeckt. Als ich sie sah, war ich etwas verärgert, so niedlich und zahm war sie, dabei hatte sie die Sonne verschluckt, wie das Krokodil in einem Kindermärchen. Mit ihrer idealen Form erinnerte sie an etwas Ursprüngliches, an einen Einzeller, ja, an das Pantoffeltierchen. Mir fehlten noch die Hausschuhe im Himmel!

Ich machte meinen shoot aus dem Schatten. Die Wolke lächelte unschuldig und zahnlos, ich strahlte ihr aus ihrem

Schatten entgegen. Ich habe sie nur fotografiert, dabei war ich so froh, als hätte ich sie selbst erschaffen. Oder gilt dies als »himmlisches Telefonat«, weil ich sie mit dem Telefon fotografiert habe? Ich war die Einzige, die auf die Wolke starrte, stehend, weil sie die Kälte schickte – um mich zum Aufstieg zu verleiten –, und ich erhob mich, und das auch nur, weil ich schnell friere. Vielleicht sind Wolken nur für Bedürftige da? Sie löste Sorgen aus, um dann alle Sorgen aufzulösen.

Im ganzen Himmel war sie allein, leicht wie eine Feder, mächtiger als die Sonne, eine Wiege für mein Herz, beschwichtigend war sie und frech, und ich wollte sie in den Schlaf wiegen, einlullen.

Aber sie verweilte nicht in der Wiege: Im nächsten Augenblick löste sie sich nach oben, dehnte sich und wurde selbst zu einem eng eingewickelten Kind, wie bei Giovanni Bellini. Dann durchbrach sie alle Formen, und in wenigen Sekunden wurde sie zu einem durchsichtigen und leichten Herzen, das sich mit einem Atemzug in Fasern und Flocken auflöste und schnell verschwand.

17.05.2020

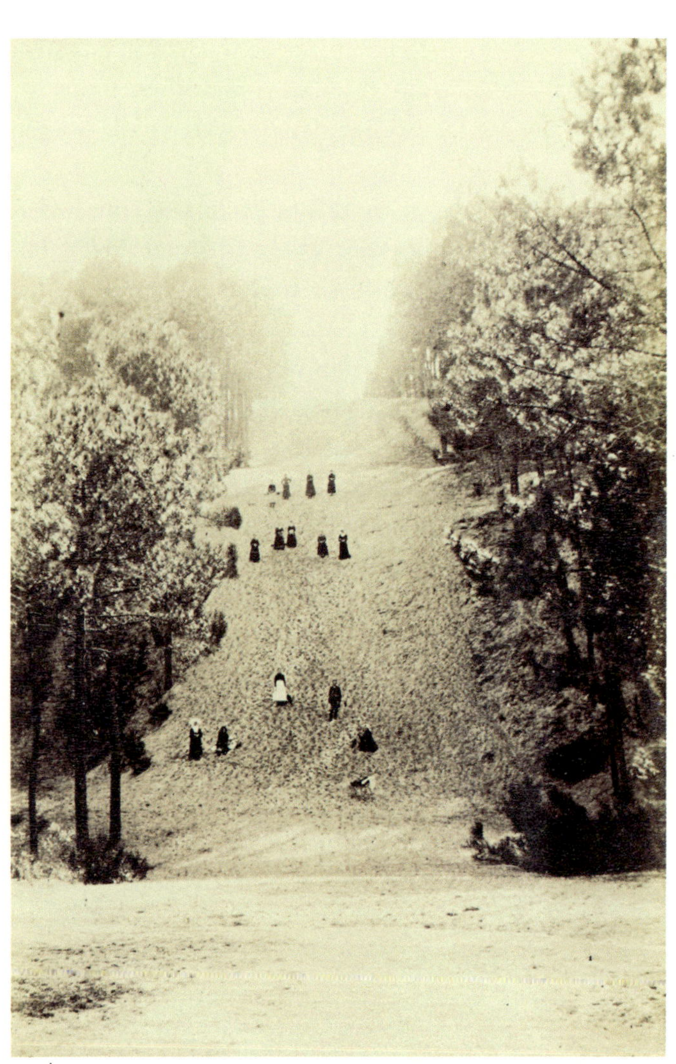

NACH OBEN NACH UNTEN

Dieses Bild stammt aus der Sammlung Ruth und Peter Herzog, einer der größten privaten Foto-Sammlungen der Welt. Seit diesem Wochenende zeigt das Baseler Kunstmuseum eine kleine Auswahl aus dieser Wunderkammer, die beinahe eine halbe Million Fotografien enthält. Ich habe dieses um 1865 entstandene Bild zuerst digital gesehen und später im Sammlungsarchiv wiedergefunden, in dem Album eines anonymen Fotografen unter verschiedenen Ansichten Frankreichs. Es ragte auf wundersame Weise aus den Bildern von einer Loire-Reise heraus, wie eine Art technisches Unglück. Ich sah Hunderte von weiteren Fotos der Sammlung, aber kehrte immer wieder zu diesem zurück. Der Doppelhügel, die kleinen Figuren, die Entfernung, alles wollte hier wiedererkannt werden. Vielleicht wegen des leuchtenden Weges, der zum überbelichteten Himmel aufsteigt. In welche Richtung läuft die Zeit? Ich wollte in diesem Bild verweilen, es war wie ein Déjà-vu, ich versuchte mich zu besinnen und schaute von unten nach oben und wieder hinunter, einem imaginären Spaziergang folgend. Ob es an dem verträumten Verhältnis zwischen Licht und Dunkelheit, zwischen den Menschen und der Landschaft, zwischen Bewegung und Halt lag? Die kleinen Figuren standen still auf dem hellen Hügel, auf beiden Seiten von Bäumen umrahmt oder sogar umarmt , in der Natur geborgen.

Das Foto schien mir Transzendenz zu materialisieren. Alles strebte hier nach oben: die Menschen, das Licht und die

Zeit – dorthin, wo das Weiß am Ende über den Hügeln blendet und alles Materielle in Licht auflöst. Die Menschen bewegen sich jedoch nicht und schauen nach unten, zur Kamera, auf uns. Das gegenläufige Streben nach oben und nach unten (der Schwerkraft folgend) bildet den Kontrapunkt dieses auf den ersten Blick leichten und friedlichen Bildes. Es birgt eine ausgeglichene Bewegung und strahlt eine beinahe schmerzhafte Schönheit aus, wie eine Genesung, die sich an die Krankheit erinnert.

Als Kind hatte ich ein amerikanisches Buch mit dem rätselhaften Titel »Up the Down Staircase« besessen. Auf Russisch klang es noch schöner: Die gleiche Anzahl von Silben fuhren nach oben, um danach wieder in gleicher Anzahl nach unten zu fallen. Hier passierte etwas Ähnliches: Als sähe man auf diesem Bild eine Sanduhr, die durch die leicht asymmetrische Komposition unterstützt wird. Ich habe das Bild vergrößert und dann entdeckt, dass fast alle Frauen auf dem Hügel Nonnen sind; vielleicht ist ihr Kloster in der Nähe, und was ich hier in diesem Spaziergang zu erkennen meine, entspricht buchstäblich einem spirituellen Aufstieg. In der biblischen Geschichte träumt Jakob von einer Leiter, die in den Himmel führt, und von Engeln, die auf- und niedersteigen. Warum steigen die Engel zuerst nach oben, wenn sie doch zuerst einmal vom Himmel herabkommen müssten? Ist das die Logik des Träumers Jakob, oder eines Menschen überhaupt, der seinem eigenen irdischen Blick folgt?

Vielleicht führte mich das Wort »Treppe« oder diese vertikale Komposition an das dramatische Geschehen auf der Potemkin Treppe in Odessa heran, aus dem »Panzerkreuzer Potemkin« von Sergej Eisenstein. Jene berühmte Treppe steht mit ihrer brutalen Dynamik im Kontrast zu diesem stillen Bild. Die Potemkin-Treppe sehen wir in einer Sequenz von Flucht und Gewalt. Wie ein Schnitt selbst, der Gewalt gegen Material ausübt, so wirken die Ereignisse auf der Treppe: Menschen strömen hinunter, um ihrer Erschießung zu entfliehen; in diesem Strom rollt auch ein Kinderwagen die Treppe hinunter.

Von dieser schicksalhaften Treppe wanderte meine Aufmerksamkeit zum unteren Teil des friedlichen Bildes, zu den Frauen in ihren verschiedenen Posen. Tatsächlich waren nicht alle, aber die meisten von ihnen Nonnen. Ich sah einen Mann und eine Frau in einer großen weißen Schürze. Jemand saß auf dem Boden. Der Schwerkraft folgend ist der unterste Gegenstand auf diesem Foto ein Kinderwagen, der letzte Gegenstand am Fuße des Hügels, der jüngste Teilnehmer des Spaziergangs.

19.07.2020

A Mr Jules Favre.
Tours le 21 octobre.

1449 2007 2979 1709 3338 3384 2907 ville 1253 0136 1050 1714 0158 2089 1722
0136 2067 0136 3115 4385 0137 0142 2074 0568 3783 3527 corps 1453 1085 3379
4217 2906 0506 0142 commencé 0142 3370 2067 1527 5150 5301 3034 périmètre
1453 2997 5789 1783 3053 4799 intérieure 2082 0129 0796 2907 4598 s'2062 4138
2903 0142 3416 2384 2067 1527 1709 4997 3053 2305 5369 0124 1453 3703 2907
2450 3407 0136 4387 1453 3436 5291 0136 1453 0136 1050 1714 0137 3603 riva-
lisé 1453 1506 2067 1453 1056 0142 5527 moment 2907 place 1453 2907 5789 2082
0129 1318 1453 0883 4217 3604 estime 3053 5301 1453 2906 ennemi 0142 3976 1453
1663 2600 0904 2391 2907 5789 3604 0142 3721 2074 3581 Elle 0142 2074 2701
2067 3053 4217 3404 se sont établis 4254 5150 1556 4702 2906 2701 1718 encore
0917 1585 3608 2074 rapportés 3783 3336 1453 0136 3238 3357 0136 4339 0124
1556 postes 4370 0142 0136 0898 2917 3339 0136 2284 son 1609 3034 commandant
1453 2007 2459 3497 0136 4387 1453 3486 5291 0136 3356 5245 5212 3325 1722
0142 2074 5491 0142 2907 tête 1453 4919 0704 2907 résistance 1453 0136 1050
1714 0136 5789 3658 0134 peut 2082 3563 0134 0142 été 1556 3667 3053 3976
héroïques 1453 3547 0136 2385 4708 5877 4325 2907 1412 1709 2404 ouvre 5527
1522 4048 0136 5102 0669 3605 0638 besoins 1556 2288 1453 0136 1050 1714 0136
0990 1522 porte 4254 0918 noble 3808 1097 0142 0730 3249 1453 2907 3752 0137
3034 3504 0138 2446 3157 0711 5282 5283 0137.

Le Ministre de la marine à Tours au délégué de la marine à Paris. Chiffre Stations. 563 pour 1842 — Tours 19 octobre 1870. —
2487 76 406 129 ouvert votre lettre du 1752 Je réponds 749 1166 de Paris
63 de 782 avec 2599 1810 772 2400 257 2065 317 1656 et 1985 644 381
2131 formé 1752 1489 et 2521 2407 1489 (1762 2004 338 381 381 2131) 2445
2290 805 713 1842 a nommé 3000 76 1827 pour diriger 442 375 2339 1030
2547 2609 des 1805 2487 76 406 2809 et 129 719 rôles sous l'autorité
2135 3000 76 1827 409 1587 pour eux et surtout pour l'1985. Décret portant
945 1676 482 d'1977 et de 1372 647 1151 166 — 13 octobre 2469 2187 408 1838
des 164 sur les 163 et 2521 dans l'1985 1113 la 782 1133 3000 408 520 à
personnes n'2569 1102 à l' 1985. Toutefois 1133 3000 408 1479 après 782 seule-
ment pour 2050 d'1703 ou important 442. — 14 octobre 1985 auxiliaire avec 387
1860 587 166 1860 légion 2555 62 1060 et autres. — 1986 auxiliaire et 1985 751
2398 137 assimilée l'une à l'autre 1113 782 fractions d'un 28 57 1985 3000
134 166 — 1439 des Deux 1985 pouvant être 377 1838 279 245 pouvant 2536 indif-
féremment 1016 dans l'une ou dans l'autre 1630 1619 1588. — 1985 953 de plus de
386 381 2131 et 644 774 2072 à 607 226 76 1960 et 260 392 1030 après 808
2620 2277 et s'étend en 1078 682 1607 — 792 2480 1676 357 1437 2585. — Le 1752
1489 (2467 357 1676 751 1242 1487) en bonne 2961 en 2521 3000 1635 1242
822 76 2407 1489 en 2521 3000 305 164 76 2487 890 832 1281 1151
163 1136 1016 1224 2032 257 216 802 129 — 2487 1416 786 171 2554.

Steenackers à Mercadier R. Grenelle St Gn 103
Dépêches à remettre à leurs destinataires

Le décret ci-joint doit être remis à M. Picard et aux autres membres du Gouvernement.

Texte du décret.

La délégation du Gouvernement de la défense nationale,

Considérant que le service des lignes télégraphiques et le service des postes ont un but commun et doivent se compléter mutuellement;

Qu'en opérant dans une certaine mesure les moyens dont ils disposent, on peut obtenir une meilleure utilisation de leurs forces et donner satisfaction à un vœu souvent émis par l'opinion publique;

Considérant qu'il importe, surtout dans les circonstances présentes, d'imprimer une impulsion plus active et un mouvement plus rapide à tous les moyens de communication sur tous les points du territoire de la République;

Décrète:

Article 1er. — L'Administration des Lignes télégraphiques et l'Administration des Postes sont placées sous une direction unique.

Article II. — M. Steenackers (François Frédéric) Directeur général des lignes télégraphiques, est nommé Directeur général des Télégraphes et des Postes.

Fait à Tours, le douze octobre 1870.

Signé: L. Gambetta. – A. Crémieux. – Glais-Bizoin. – Fourichon

Un décret en date du même jour nomme M. Le Goff (François Joseph), Secrétaire général de la Direction des Télégraphes et Postes.

A Monsieur Jules Favre. 339 883 2127 29.
2253 65 1030 2189 17 2276 554 2106 1039 329 62 511 508 349 732
22 788 81 144 394 224 61 353 915 21 1170 56 1470 50 397
42.247.227.82.471.740.47.605.423.1037.88.23.2148.12.740.
220 807 423 169.87.2261.2106.364.438.360.313.423.964.1274.628.
627.94.1997.777.388.560.48.77.368.220.901.1193.847.494.317.
161.23.794.414.60.363.330.364.423.246.207.2137.511.462.71.
361.960.1313.917.371.44.328.373.397.227.21.829.483.782.906.
516.185.607.910.1831.498 357.284.731.1446.89.1685.1454.95.920
627.994.259.1063.916.182.48.772.906.49.1972.823.13.1063.42.
460.881.604.181.296.90.413.427.59.560.10.1373.437.62.1954.
648.1365.1616.1320.169.311.464.1762.18 364 423.627.89.406.403.
759.2059.371.532.384.740.747.990.288.2210.781.1894.65.913.2071.
928.930.717.88.2259.803.911.1377.2140.2071.1033.174.86.847.1908.
1267.21.180.17.366.137.1326.1719.29.

TAUBEN-TELEGRAMME

Die Taube nimmt man oft als lästigen Stadtvogel wahr. Gegen seinen Mist und sein Gurren werden auf Fensterbänken scharfe Dornen aufgestellt. Dabei war es die Taube (und nicht der imposante Rabe), die nach der Sintflut als erstes Lebewesen die Erde erreicht hat und mit dem Ölzweig vom Berg Ararat zu Noah zurückgekehrt ist. Auch deswegen diente die Taube später als Symbol für den Frieden, als Zeichen des Lebens. Schon in der Tora, dem Alten Testament, spiegelt sich wider, dass Tauben bereits in vorsintflutlichen Zeiten domestiziert und zur Kommunikation genutzt wurden. Später wird ausgerechnet die Taube zum Sinnbild des Heiligen Geistes, die über allem schwebt und unter ihren Flügeln alles behütet, obwohl der Adler über eine viel größere Spannweite verfügt.

Dank ihrer Fähigkeit, immer den Weg »nach Hause« zu finden, wurden Tauben schon seit der Antike in Feldzügen eingesetzt. Im Ersten Weltkrieg erreichte dies eine industrielle Dimension: Bis zu zweihunderttausend Tauben waren im Militärdienst. Unter ihnen gab es hochdekorierte Kriegshelden, man würdigte sie sogar mit Denkmälern. Es gibt Fotos von Taubenschlägen, die wie riesige Kathedralen aussehen, und von solchen, die kleinen Pferdewagen ähneln. Aus dieser Zeit stammt das erste Tauben-Selfie: Eine an einer Taube für militärische Erkundung befestigte Kamera war verrutscht, und der fliegende »Spion« hat seine eigenen Flügel und die Straße unter sich fotografiert.

Aber nur einmal in der Geschichte wurde die Taube zum Bestandteil des fotografischen Verfahrens. Was wir hier sehen, ist eine Rarität aus dem Deutsch-Französischen Krieg 1870/71: eine Depesche, die aus Tours an der Loire, wohin die französische Regierung evakuiert worden war, nach Paris mit einer Taube verschickt wurde. Diese Depesche ist selbst eine Fotografie: Ein Dutzend Dokumente sind abfotografiert und extrem verkleinert auf einem dünnen, briefmarkengroßen Fotopapier abgezogen, gerollt und am Gefieder einer Taube befestigt worden. Nach Erhalt wurde diese Botschaft mit einem Mikroskop gelesen. Hier sehen wir eine chiffrierte Depesche (neugierige Leser verweise ich auf die Fachliteratur). Da gibt es private Meldungen von hochpositionierten Personen: »Bei uns ist alles in Ordnung« und »bitte schicken Sie die Bestätigung per Ballon« (die Post hatte zuerst Briefe auch mit Fesselballons aus Paris verschickt). Das Wichtigste hier ist aber das Dekret (unterzeichnet von Innenminister Léon Gambetta) über die Fusion von Telegraphenamt und Post, die beide während der Belagerung keine Verbindung nach und von Paris herstellen konnten. Dieses Mikropapier wurde nie als offizielles Dokument gedruckt und gilt deshalb als Original. Paradox, aber so wird die mit der Taubenpost zugestellte Fotodepesche zum Beweis für sich selbst – und für die Fusion der Post mit der Telegraphie. Die Posttaube wird zum Doppel-Träger der Fusion: als Bote und als Instrument der Fotografie, da die Übermittlung komplett von den Kapazitäten des Vogels abhing. Zu Recht heißen diese Aufnahmen auf Französisch daher »Pigeongrammes«.

In seinen amüsanten Memoiren ernennt sich der berühmte Porträtfotograf Nadar, der bereits den Begriff »fotografische Post« geprägt hat, selbst zum eigentlichen Direktor der Post im belagerten Paris. Mit seiner Fesselballon-Leidenschaft – er versuchte, die Luftfahrt im Dienste der Kartographie einzusetzen – wurde Nadar zum Zentrum für Anfragen. Unmengen wollten ein Lebenszeichen per Ballon an Verwandte und Geliebte verschicken. Nadar erzählt von einem wundersamen Hightech-Verfahren, das die zweite Phase von Pigeongrammen eröffnete. Ein namenloser Ingenieur schlug vor, Hunderte zusammengepinnter Briefe abzufotografieren und auf ein winzig kleines Stück Kollodium abzuziehen, das nur wenige Milligramm wog. Die Tauben konnten so Tausende Briefe auf solchen Mikrofilmen transportieren. Die Geschichte hält noch ein paar andere Namen fest: Dagron, Barreswill, Blaise. Solche Briefe wurden mit einer Laterna magica auf eine Leinwand projiziert, abgeschrieben und an die Adressen verschickt. Ab November 1870 wurde massenhaft Taubenpost geschrieben: »Lelotte hat fünf Zähne«, »ich lebe, um Dich und das Baby immer zu lieben«, »Gesundheit perfekt, Langeweile, Bedauern, Hoffnung, freundliche Grüße an alle« für 50 Centimes pro Wort. In der wissenschaftlichen Literatur heißt es, dass etwa 500 Tauben eingesetzt wurden und nur wenige Botschaften ihr Ziel erreicht haben. Die Tauben verflogen sich, wurden abgeschossen, und »The Times« schrieb am 19. November 1870, dass die Preußen »mit ihrem gewöhnlichen teuflischen Wissen und Erfindungsgeist« Habichte und Falken gegen Brieftauben eingesetzt haben – ein Krieg der Vögel, ein Krieg der Symbole, und man weiß wieder nicht, wo das Märchen landet und wo sich die Wirklichkeit aufschwingt.

16.08.2020

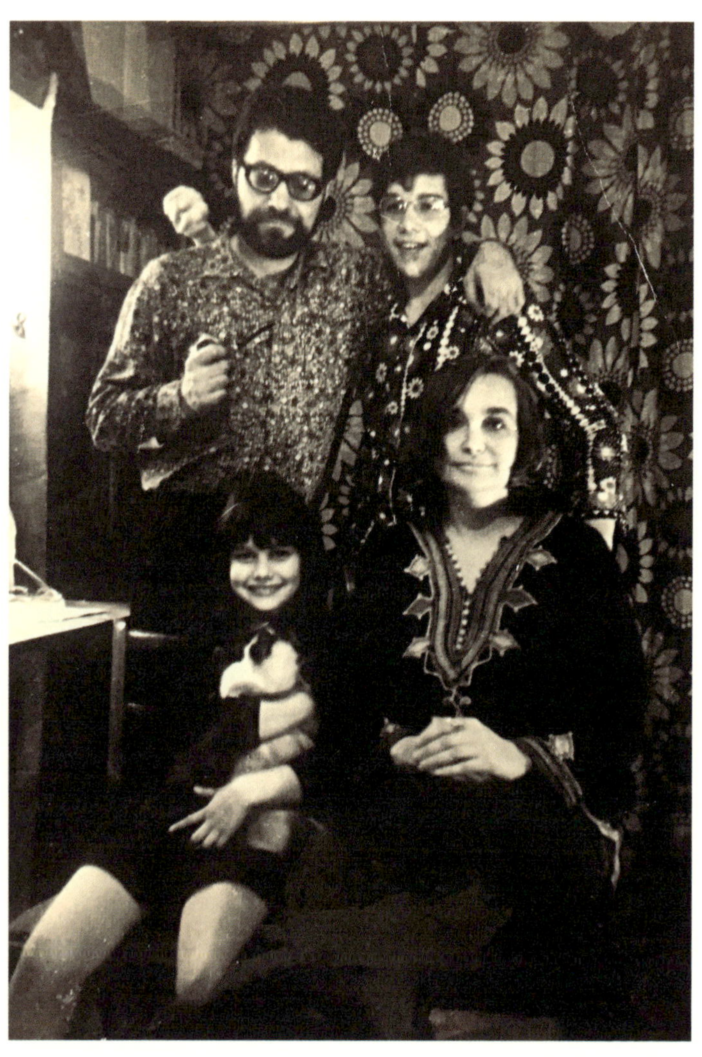

DER GOLDENE SCHLÜSSEL

Das Lieblingskinderbuch meiner Generation erzählt von Buratino, einem hölzernen Jungen, der von zu Hause wegrennt. Zuerst landet er in einem Puppentheater, in dem er seinesgleichen findet, Pierrot und Malvina, die unter der despotischen Regie von Meister Karabas Barabas spielen müssen. Gemeinsam gelingt ihnen die Flucht, und Buratino findet einen goldenen Schlüssel, der Glück bringen soll. Er weiß aber nicht, welche Tür er damit öffnen muss. Die geheime Tür findet er letztlich bei sich zu Hause, hinter einer bemalten Leinwand, in der kleinen Stube von Papa Carlo. Er dreht den Schlüssel, und es öffnet sich – eine freie Bühne für freie Menschen.

Auf dem Foto ist mein Zuhause zu sehen. Alles ist bunt und strahlend hier: ein geblümter Vorhang, geblümte Hemden – Flower Power 1977 in der Sowjetunion. Wie konnte das sein? Meine Familie und Hippies? Eine unbestreitbare stilistische Gemeinsamkeit, aber welch anderes Schicksal! Wenn ich vom Eisernen Vorhang höre, denke ich immer an unseren geblümten, hinter dem man die soziale Hölle, in die meine Eltern gedrängt waren, nicht sieht. Alle strahlen dagegen. Ich sitze dort in Schwarz, in einer weißen Strumpfhose – meinem Tanzkostüm, von Mama geschneidert. Mein fröhlicher Bruder – er lernte damals wie ein Besessener für die Schule, um später den Wehrdienst umgehen zu können. Und ich? Ich weiß nur, dass ich mich zweifellos für Alice in Wonderland hielt, denn meine Katze lächelte, und die Welt da draußen hatte für uns die absurdesten Regeln aufgestellt, die kein Kind verstand.

Unsere Familien-Welt war nicht durch Erbe oder Konsum erschaffen, sondern durch das Kommen und Gehen unserer Freunde. In der Welt der Defizite war jeder Gegenstand vermenschlicht, mit einer Geschichte gekrönt, es gab keine Routine im Erwerb und Besitz von Sachen. Die schönen Dinge entstanden durch Verlust: die »iranische« Bluse meiner Mutter, die ich noch zwanzig Jahre später trug, die Bücherschränke, die Pfeife stammten von »für immer« in die Vereinigten Staaten emigrierten Freunden.

Dies ist mein Zuhause. Ich kenne hier alles bis zum letzten Detail, bis zu der kleinen »8« an der Wand des Schrankes, damals für Mama zum 8. März gebastelt und nun von mir in ein Andenken an Papa, der 88 wurde, verwandelt. Eine kleine geheime Ewigkeit aus Plastilin. Das Betrachten dieses Fotos trainiert mein Glücksempfinden, und auch meine Mutter sagt: »Das ist das Beste, was wir haben.« Hier besitzen wir uns selbst, als gehöre dieser Moment des Zusammenseins, der Geborgenheit und Freude nicht nur in die Vergangenheit, als hätte er sich in ein »Immer« ausgedehnt, der Dynamik späterer Verluste trotzend.

Meine Mutter, die hier wie eine Königin aussieht, arbeitete damals sechs Tage pro Woche, 12 Stunden am Tag und kam immer erst spätabends nach Hause. Sie verdiente für uns alle. Meinem Vater war jegliche Arbeitsmöglichkeit entzogen worden, und er, ein geborener Gelehrter und Dozent, hat sein Leben in einer Studierstube in dieser Wohnung verbracht und dort seine Bücher geschrieben. Die Wahrheitssuche wanderte in die privaten Räume, in die legendären sowjetischen Küchen, und für ihn lag die Freiheit in der Schöpfung eines eigenen Genres. Er schrieb das Buch »Bücher unserer Kindheit« über das gemeinsame Lesen ganzer Generationen, über die Märchen, die mit großen Buchstaben in unsere Seele eingeprägt sind: über die russischen Varianten von Doktor Doolittle, Wizzard von Oz und, ja, über den russischen Pinocchio – Buratino. Es war mein Vater, der entdeckt hatte, wie der goldene Schlüssel aus »Alice in Wonderland« in die Hände von Buratino gelangt war und welche Tür zur inneren Freiheit er uns aufschloss. Wäre mein Vater ein Heiliger, wäre die Pfeife, die er in der Hand hält, sein Attribut. Sie gehörte in sein Wappen, wenn er ein Ritter wäre. Die ganze Poesie unseres Hauses roch nach Pfeifentabak, nach bulgarischem »Neptun«, später nach »Amphora«. Überall auf der Welt, wo ich Pfeifentabak rieche, spüre ich seine Anwesenheit. Wenn ich mir dieses Foto anschaue, denke ich an Freiheit und Halt, an eine endlose Zimmerflucht des Zurückkommens, an eine geheime Tür zur Kindheit. Mich ergreift die seltsame Vorahnung einer Entdeckung, die ich noch vor mir habe, eines Rätsels, das ich nicht verstehe, trotz des Schlüssels in meiner Hand.

29.11.2020

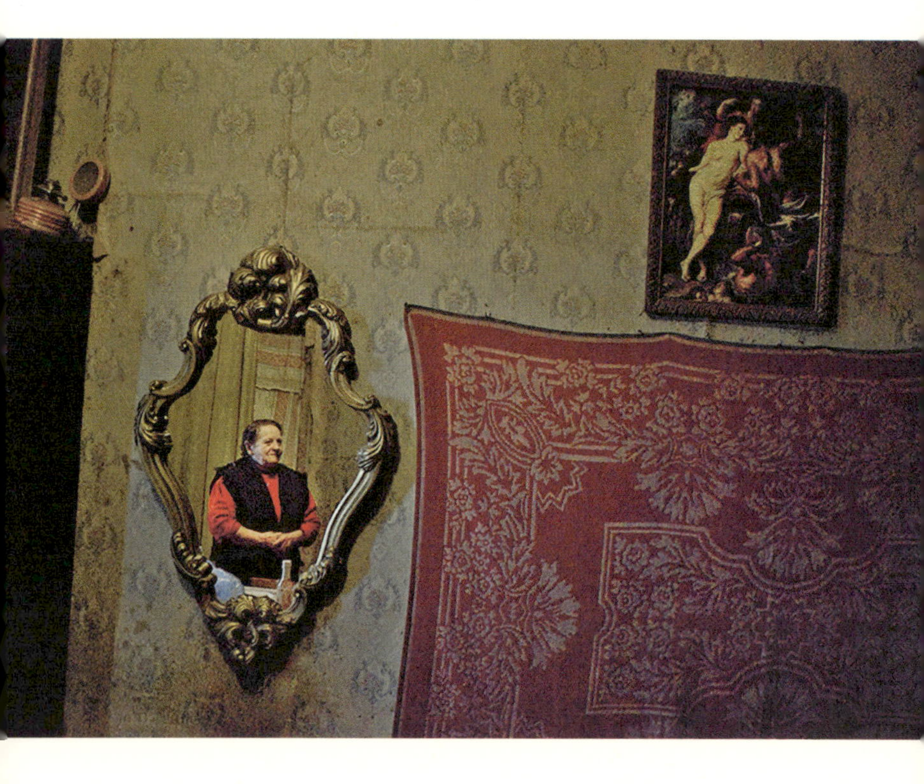

EREMITAGE

Vielleicht gibt es so etwas wie eine Aktualität der Gefühle, genauso wie es aktuelle Nachrichten gibt. Gefühle sind schwer zu definieren, aber man erkennt sie manchmal in Bildern, jedoch in einem übertragenen Sinne. Nach den traurigen Maskeraden der letzten Zeit scheint mir dieses Foto wie aus einer Kreuzung meiner eigenen Gedanken entstanden. Isolation? Älterwerden? Verschwinden? Heim? Das Foto ruft zugleich ein unwillkürliches Lächeln hervor und erinnert plötzlich an das, wofür man in der Kunst längst eine prägende Formel gefunden hat: memento mori! Wir sehen eine alte Frau, reflektiert in ihrem Spiegel. Über dem roten Tuch, das die Wand in ihrem Zimmer dekoriert, hängt eine Reproduktion des Bildes »Bündnis der Erde mit dem Wasser« von Peter Paul Rubens. Das Foto ist – wenn auch zufällig – mit einer gewissen Ironie komponiert: Die alte Frau, bekleidet und bescheiden, vor einem biederen Hintergrund. Sie lächelt. Und daneben die junge Venus, die ihre Schönheit direkt vermittelt, die sich selbst exponiert. Die Alte ist nur bis zur Taille zu sehen, ihr Körper ist versteckt, sie kreuzt die Hände. Die Junge breitet einladend die Arme aus. Dabei sind beide als umrahmte Bilder auf der Wand zu sehen, als wären sie Kunstwerke und unterstützten einander in ihrer Existenz.

Die Alte heißt Valentina und lebte in Tiflis. Die Junge ist Kybele, die Göttin der Erde. Das Original von Rubens befindet sich in der Eremitage in Sankt Petersburg. Die ganze Sowjetunion war mit Reproduktionen der Kybele bepflastert, 1977 wurde sogar eine Briefmarke herausgegeben. Kybele mit dem Füllhorn in der Hand flirtet mit Neptun, zwischen ihnen fließt das Wasser, das alles in der Allegorie der Fruchtbarkeit, der Prosperität und des Reichtums vereinigt – um sie herum sind die Siegesgöttin Nike, zwei Putten und Poseidons Sohn Triton gruppiert, die nebenbei auch das Obdach von Valentina segnen.

So wie sich bei Rubens ein kleines Stück blauer Himmel zeigt, gibt es auch in der Spiegelung von Valentina ein kleines Stück blauer Farbe – eine Plastiktüte, das Füllhorn der modernen Gesellschaft. Auf dem Tisch steht eine Flasche, nein, kein Wodka, eher Ketchup. Auf dem Schrank liegt eine Öllampe, denn Tiflis war lange Zeit die Stadt der Stromausfälle. Der Rahmen des Spiegels wiederholt das Ornament der Tapeten, als würde das Ambiente die neuen Elemente aus seiner eigenen Struktur heraus erblühen lassen, als hätte diese Wohnung auch die floralen Kräfte des Füllhorns entwickelt. Bemerkenswert ist, dass dieses Foto selbst die Komposition des Kunstwerks von Rubens wiederholt, in dem sich das Motiv von unten links nach oben rechts organisiert und eine Diagonale bildet, in einer rotierenden Symmetrie. Alles steht etwas schief, so wie die frivole Kybele.

Der Fotograf Dmitry Gomberg ist ein Wanderer. Aus New York kam er nach Georgien und zog monatelang mit Hirten und ihren Schafherden durch die Bergwelt Tuschetiens. In Tiflis fotografierte er seine Nachbarn. Der wurzellose Neu-Eingezogene porträtierte die Alteingesessenen, die er auf den halbverfallenen Straßen von Sololaki kennen lernte. Mittlerweile hat er ein ganzes Archiv mit Bildern und Notizen seiner Freundschaften im Viertel. Sieht er das

Verschwinden einer Stadt und ihrer Menschen deutlicher als die Einheimischen?
Valentina lebte mit ihren beiden Söhnen – beide Alkoholiker – in dieser Wohnung, von der man einen »Eine-Million-Dollar-Blick« auf die Stadt hat, wie der Fotograf sagte. Früher war sie eine Näherin, sie war sehr warmherzig, und er besuchte sie sehr gerne. »Als ich einmal zurück nach Tiflis kam, gab es das Haus von Valentina nicht mehr. Die Nachbarin gab mir eine Adresse, ich bin dort hingefahren, aber auch da gab es sie nicht mehr.«
Vielleicht ist Valentina nun im Reich der Toten. Nach alten Sitten bedeckt man die Spiegel, wenn jemand stirbt. Aber hier sehen wir sie in einem prächtigen Rahmen an der Wand ihrer eigenen Wohnung, die nicht mehr existiert, von einem zugezogenen Nachbarn verewigt, der bald wieder weiterzieht.
Doch dieses Foto zeigt keine Allegorie der Vergänglichkeit. Ich schaue auf das dunkelrote Tuch, auf die Ornamente dieses fremden Lebens und sehe dort einen Jungbrunnen, in den Valentina hineinsteigt und als Kybele wieder herauskommt.

17.01.2021

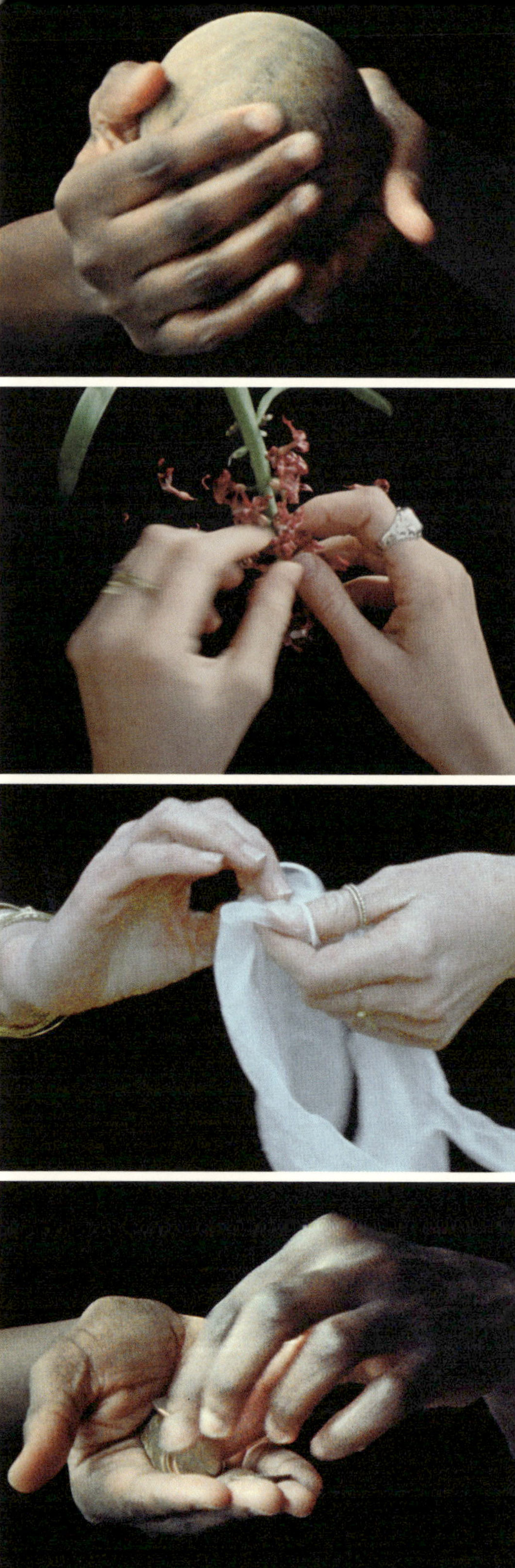

KATALOG DER UNBESUNGENEN GESTEN

Für Adam

Vor vielen Jahren habe ich eine Postkarte zum Geschenk bekommen, viermal eine Hand, die im himmelblauen Wasser rührt, versunken, träumerisch, je eine Hand in jedem Fensterchen, so wie hier je zwei. Das Blau, die sonnige Haut der Hand, auch die Wasserspritzer sind so tief in mein Gedächtnis eingetaucht, als wären es klassische Kunstschätze oder Archetypen. Vielleicht habe ich mich nur sehr an diese Postkarte gewöhnt, da sie über zwanzig Jahre in meiner Küche hing und dem Abwasch eine ästhetische Dimension verlieh, in Berlin, wo ich nicht mehr bin. In letzter Zeit tauchte sie immer wieder in meinem Kopf auf, wie aus einem doppelten Jenseits, als wäre sie ein Tribut an etwas, das es nicht mehr gibt.

Diese blaue Postkarte stammte von der Französin Natacha Nisic, die 1995, als noch ganz junge Künstlerin, damit begann, einen »Catalogue de Gestes« zu erstellen, in dem sie Alltagsgesten der Einwohner von Paris registrierte. Ein Katalog der unbesungenen friedlichen Taten – im Unterschied zur »Chanson de Geste«, dem Gemeingut der Franzosen, die legendäre Kriegstaten besingt. Aus den alltäglichen kleinen Gesten entsteht eine Magie, ein unmittelbarer Abdruck der Zeit, wie wir auf dieser schwarzen »Postkarte« mit Fotos von 2020 sehen können. Der »Katalog« ist kein abgeschlossenes Projekt, sondern er ist offen, wie der Katalog einer Bibliothek, der sich im Laufe der Zeit mit Neuzugängen füllt. Seit einem Vierteljahrhundert beobachtet und filmt Nisic Hände mit ihrer Super-8-Kamera. Jedes Foto ist nur ein Einzelbild, 1/24 Sekunde des Films, das zu einer Art bibliographischer Beschreibung einer Geste wird und aus dem Inneren der Zeit heraus Bewegungen der Hände in die 24 Stunden eines Tages entfaltet – wie sie Haare kämmen, in einem Buch blättern, das Kleid aufknöpfen, auf einer Tastatur tippen, einen Zettel zerreißen, ein Ei pellen, ein Streichholz anzünden, klatschen, schreiben, sich gegenseitig streicheln. Die Künstlerin sammelt Gesten ein, als wären sie vom Aussterben bedrohte Pflanzen- und Tierarten unserer digitalisierten Zeit.

Aus dem schwarzen Hintergrund heraus treten die Hände auf, als selbständige Wesen, sie werden porträtiert, sie ersetzen den ganzen Körper, auch das Gesicht. Sie sprechen eine primäre Sprache, die uns allen gehört und verbindet. Sie ist nicht symbolisch oder konventionell, wie die Gebärdensprache oder die heilige Sprache der Tanzenden. Sie verweist nicht auf andere Bedeutungen, sondern steht für sich selbst. Zwei Hände halten eine hölzerne Kugel, als wäre sie der Erdball, Frauenhände mit Ringen ziehen Gummihandschuhe an. Die Bewegung ist so anmutig und manieriert, als wären diese Handschuhe aus Seide. Andere Hände zählen Geld. In jeder unserer Bewegungen steckt die Geschichte der Kultur. Ein anderes Paar hält eine verwelkte Hyazinthe. Ein Speicherplatz der Motive: Wie viele Frauen der Kunstgeschichte halten eine Blume? Die Künstlerin sagt, sie sammele Gesten, wie man Blumen pflückt. Auch metaphorisch bleibt ihre Arbeit manuell, wie alles Materielle, das wir schaffen.

In unserer maskierten Zeit ist die Gestik noch intensiver geworden, muss sie Sinn und Ausdruck der Mimik übernehmen. Zugleich halten heute nicht nur die Gesichter, sondern auch die Hände eine beispiellose soziale Askese: Sie dürfen den anderen nicht berühren, die ganze zivilisatorische Errungenschaft der Nähe und Offenheit, die sich durch Händeschütteln oder Berührung ausgedrückt hat, birgt nun Gefahr. Der Katalog von Nisic ist dadurch noch sehnsüchtiger geworden – er dokumentiert eine anthropologische Verschiebung, auch im Blick des Betrachters.

Die Hände eines Menschen sind aufeinander angewiesen, aber gerade hier sind sie nicht einsam, sondern in einem Dialog, der schon in der Anatomie, in der Natur des Menschen angelegt ist, in der Form einer lebendigen Zweisamkeit. Diese vier Paare kreieren eine drehende Bewegung, die spüren lässt: die Erde bewegt sich doch, und die Erschaffung Adams verbirgt sich in jedem Hände-Paar. Nisics Ausstellung ist eröffnet – im geschlossenen Centre Pompidou.

28.03.2021

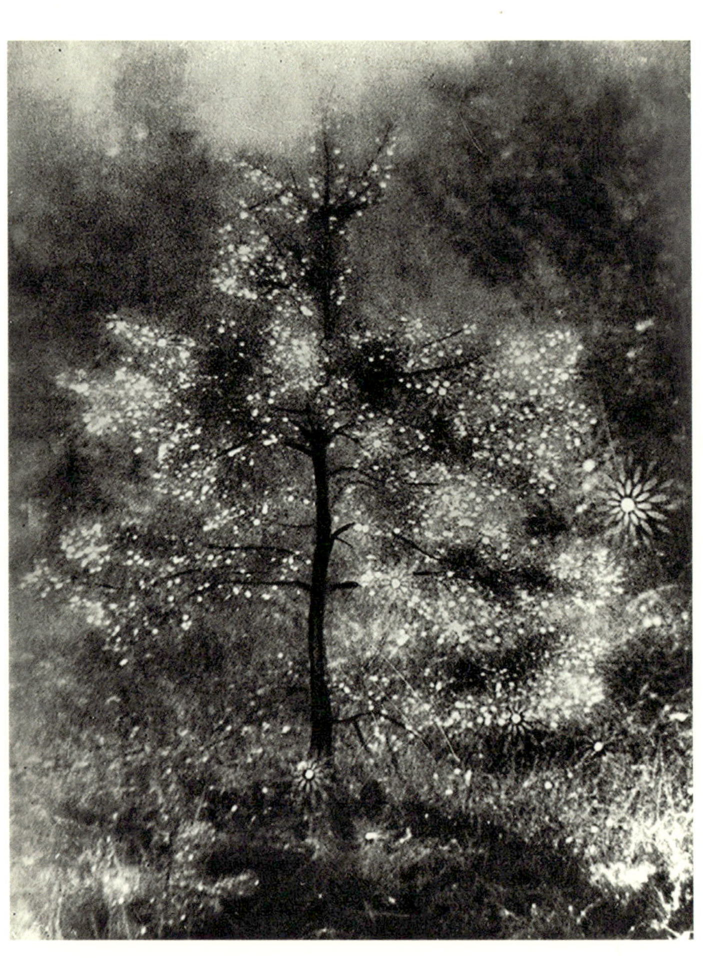

VERKLÄRTER BAUM

Für Anastasia G.

Ist dieser Baum etwas, das im Gedächtnis bleibt, wenn die Bäume ausblühen? Wenn der Mensch geht? Der leuchtende Baum wurde im Jahr 1945 fotografiert, wobei es schwierig zu definieren ist, was genau hier fotografiert wurde und wie viel Experiment und Manipulation in diesem Bild steckt. Auch das Datum ist vage, denn manche Datierungen geben 1939 an, und beide Daten markieren ein schwarzes Loch in der Geschichte, aus dem uns nun dieser Baum entgegenleuchtet. Mal hieß dieses Foto »The little tree after the rain«. 1956 druckte das MOMA Weihnachtspostkarten mit diesem Motiv, und durch das Netz spaziert es als »Illuminated tree«. Er steht da, märchenhaft, vielleicht sogar mädchenhaft, man ist angezogen und fast hypnotisiert, glaubt und glaubt nicht recht an seine Zartheit und daran, was man sieht, als wäre man einem Wunder begegnet und zweifelte doch. Zugleich entsteht etwas Trügerisches, Betörendes. Der Baum ist eine Erscheinung aus dem Jenseits. Seine schillernde Schönheit ist unheimlich, ambivalent, als wäre er kein Baum, sondern ein Geist. So wie Sterne am Himmel, so wie Bomben im Dunkel – alles leuchtet. Er verführt, wie süße Lieder der Undine, die zur Liebe rufen und in den Tod führen, denn – und das wussten die Romantiker – Schönheit birgt Gefahr. Ist dieser Baum ein Baum des Lebens oder ein Baum des Todes?

In der Bibel heißt es, der Mensch ist wie ein Baum auf dem Feld. Das Foto erscheint mir tatsächlich wie ein Mensch, in einer Urform, als ein Stamm der Seele, mit leuchtenden Punkten der Existenz. Dieser Baum wirkt wie eine Hommage. Woran? Vielleicht an eine Weltanschauung, die nach den Worten von Josef Breitenbach, dem Fotografen, »neben Phantastischem und Mythischem, vor allem dem Vieldeutigen neben dem Realen wieder Geltung gibt«.

Breitenbach (1896-1984), der Schöpfer dieses Baums, geboren in München, Weinhändler, Räterepublik-Politiker, Fotograf und zweimal Exilant. 1933 flieht er nach Paris, wo er vor allem durch seine Porträt-Fotografie bekannt wird (James Joyce, Aristide Maillol, Max Ernst, Bertolt Brecht). Er unterrichtet, nimmt an wichtigen Ausstellungen der französischen Surrealisten teil, experimentiert so, dass eine Biografin ihn später als »latenten Alchemiker« bezeichnet. Er fotografiert sogar Düfte, um sie sinnfällig zu machen. Durch sein gesamtes Schicksal schimmert seine Obsession, das Wirkliche, aber Unsichtbare und Flüchtige visualisieren zu wollen. Auch politisch: Breitenbach begleitete fotografisch die Pariser Inszenierungen von Brecht, dokumentierte zahlreiche Versuche deutscher Exilanten, die Aufmerksamkeit auf das »andere Deutschland« zu lenken und es buchstäblich sichtbar zu machen. 30 Tafeln für die Ausstellung »Deutschland von gestern, Deutschland von heute«, die für die New Yorker Weltausstellung 1939 als Gegenstimme zur Propaganda des Reiches geplant war, existieren nur noch in den Abbildungen von Breitenbach. Diese andere Geschichte Deutschlands ist eine wirkliche, durch seine Fotos eine wahre Option, die nicht realisiert wurde. Wurde jemals versucht, diese Tafeln in einem Lehrbuch zu rekonstruieren? Oder ist auch das eine surrealistische Frage?

In seinem Montage-Bild Omen (1942), das Breitenbach in den USA gemacht hat, steht eine Monstergestalt aus Blutgefäßen, die wie ein verästelter Venen-Baum aussieht, ein medizinisches Pendant zu unserem Baum. Über ihn hinweg fliegen Militärflugzeuge. Eine Metapher für das Blutbad? Eine Vision menschlicher Ungeborgenheit? Sein V-Day-Foto, am 8. Mai 1945 von einem New Yorker Hochhaus herab geschossen, öffnet den Blick auf den Friedhof der Trinity Church: Zwischen den Gräbern leuchten und flimmern die weißen Konfetti-Streifen wie Blütenblätter. Was lebt hier, und was ist tot am Ende dieser Parade?
Verschwinden manifestiert sich in Licht. Und dieses Licht verwandelt sich, erzeugt Freude, als würde der Baum selbst Gefühle visualisieren, im Moment der Auflösung von Materie, eine Vorstellung, die unerklärlichen Verlust in einen metaphysischen Gewinn verwandelt. Und dann flackert in mir ein Gedicht von Jehuda Amichai auf: »Doch stirbt der Leib, geht die Liebe frei hinaus in großer Fülle, / gleich einem zerbrochenen Glücksspielautomat / schüttet er mit einem Schlag / und lautem Geklingel all die Münzen aus / von allen Generationen des Glücks.«

30.05.2021

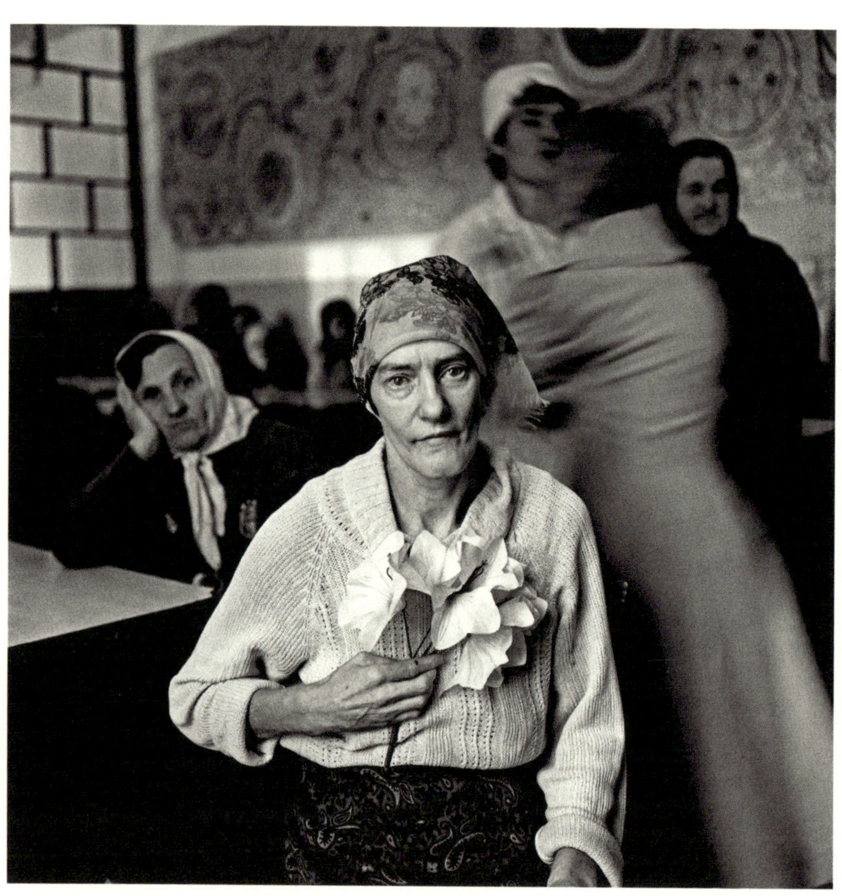

DESTILLIERTE FORM

Ich habe das Buch geöffnet, und vom ersten Foto schaute mir dieses vertraute Gesicht entgegen. Das Licht vorne und das Lichtquadrat hinten halten den Blick der Frau in einem beleuchteten Fokus. Ich konnte nicht sagen, was genau mir so bekannt vorkam und was mich dabei so ergriff. Ich wusste, dass ich mich irrte, ich konnte diese Frau niemals zuvor gesehen haben. Und doch grübelte ich hin und her, vielleicht nur, um hier zu verweilen, um Zeit zu gewinnen und sie weiter anschauen zu dürfen. Sie verlangte mich vollständig. Vielleicht war sie jemandem ähnlich, einer Schauspielerin, deren schwer definierbaren Blick von der Leinwand ich erwidert hatte? Ich googelte verschiedene Schauspielerinnen und hörte erst damit auf, als ich nur noch in Gesichter von Charlotte Rampling schaute – und dann staunte, wie ich mich so sehr hatte irren können. »Erkennen« liegt oft jenseits von Ähnlichkeit.

Das Bild ist vor zwanzig Jahren in einer »Psychuschka« im Norden der Ukraine gemacht worden. Die Frau ist eine Patientin. Dieses Foto eröffnet das Buch »Lilien« des Fotografen Alexander Chekmenev. Geordnet wie nach den Abteilen, kommen zuerst die Frauen der Anstalt und dann die Männer, immer frontal, immer einzeln, mit einer Lilie in der Hand, als wäre diese Blume eine Auszeichnung ihrer Besonderheit, ihres Loses. Im Hintergrund am langen Tisch sieht man immer eine Gruppe von Wartenden, auf manchen der Fotos so festgehalten wie auf den Bildern vom letzten

Abendmahl. Durch die Fotoserie hindurch flimmert das Weiß des Personals.

Das Wort »verrückt« beschreibt im Deutschen eine Person, bei der etwas schief liegt, nicht in Ordnung, verschoben und versetzt. Im Russischen spricht man von Menschen, die »aus ihrem Verstand ausgestiegen« sind. Das ukrainische Wort »Boschewilnyj« hingegen trägt noch die frühchristliche Pietät gegenüber diesen Menschen in sich und bedeutet »der frei in Gott ist« oder sogar »der frei vor Gott steht«. Hier haben wir das Foto zum Wort.

Die Patienten wohnen in einem großen Dorf-Haus: Fenster, Türen, hölzerne Tische, Ikonen – alles sieht häuslich und geborgen aus, auf die Wand des Essraums ist ein großes Fresko gemalt. Die Frauen warten, um fotografiert zu werden. Manche brauchen Hilfe dabei. Alle sind gebeten worden, zu lächeln. Auf dem Kühlschrank standen grünlich gelbe Plastikblumen, die der Fotograf in die Hände der Patienten legte – Plastiklilien, Attribut ihres Evangeliums. Auf dem Foto verwandeln sie sich in sauberes Weiß. Und so entstand die Reihe der Lilien-Fotos: Die »Kranken« sind so unterschiedlich, wie Menschen nur sein können, hell und fröhlich, düster und verschlossen, manche tragen erkennbare klinische Züge, als seien sie von der Krankheit »verdreht«. Sie sind so intensiv, als würden menschliche Eigenschaften hier eine destillierte Form erreichen. Freude, Einsamkeit, Gnade, Furcht, Stille, Finsternis. Eine finstere Frau hält sich einen Finger an die Wange, dorthin, wo das Lächeln beginnt. Ein Mann ist mit seinen eckigen Formen einem Engel von Paul Klee irritierend ähnlich. Und ich erinnere mich plötzlich an eine Kiewer Kirche, in der Michail Wrubel am Ende des 19. Jahrhunderts die

zwölf Apostel nach posierenden Patienten einer Anstalt gemalt hat.
Diese Frau ist als Einzige in Weiß gekleidet, ihre Lilie bildet keinen Kontrast wie bei den anderen, sondern löst sich in ihrem Gewand auf, sie drückt die Lilie an sich, als wären sie eine Einheit. Hat sie jemals ein Kind gehabt? Pflanzliche Ornamente auf der Wand, auf ihrem Kopftuch, auf dem Rock. Es scheint, als sei sie den Tränen nahe, sie kann nicht mit dem Mund lächeln. Der Versuch dämmert in ihren Augen. Alles erscheint im Licht der christlichen Ikonographie, auch die Lilien wirken wie eine Lichtquelle, nicht nur für die schwarzweiße Fotografie. Sie sind ein Attribut von Erzengel Gabriel. Was wird hier verkündet, worauf wartet man? Demütig verbeugt sich der Fotograf vor dieser Frau – denn durch seine zweiäugige Rolleiflex-Kamera schaut er nicht direkt durch die Linse, sondern nach unten, zur Erde hin.

09.05.2021

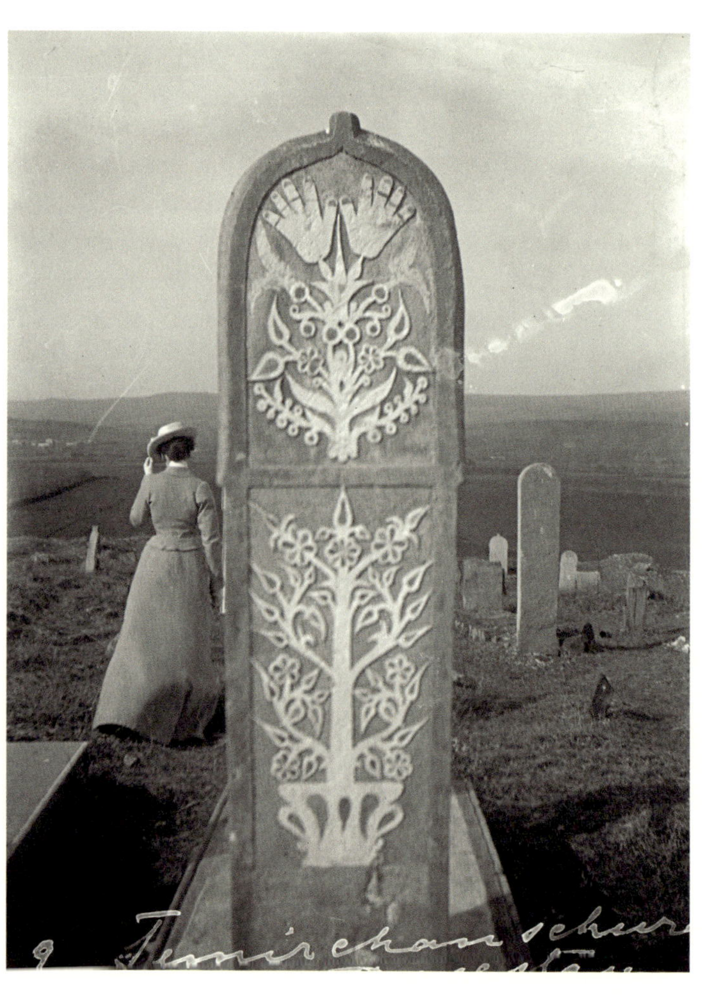

TRAUM EINES LINGUISTEN

Eine Frau geht durch ein Gräberfeld im fernen Dagestan. Vor ihr öffnet sich eine Berglandschaft. Friedhöfe liegen dort oft oberhalb der Siedlungen. Die Frau ist europäisch gekleidet, sie hält ihren Hut mit der Hand. Vielleicht ist es der Wind, der ihren Rock umwogt. Ein Grabstein erwischt ihren Rockzipfel mit seinem Schatten. Sind es das Licht und der Wind oder sind es ihre Schritte, die dem Kleid seine Bewegung verleihen?

Alles andere hier ist seit Jahrhunderten versteinert. Dabei wissen wir nicht einmal, ob dieser Friedhof von Temir-Chan-Schura (nach dem mongolischen Khan Timur benannt) überhaupt noch steht. Dieses Bild birgt etwas Unheimliches, nicht nur weil eine Lebende unter Toten spaziert, sondern weil ihre vertikale Silhouette den Stelen des Friedhofs zu sehr ähnelt, auch ihre grauweißen Töne. Und der Frieden hier, ist er nicht trügerisch? Im Krieg des Russischen Reichs zur Eroberung des Kaukasus (1827-1864) war Dagestan einer der letzten unbeugsamen Orte. Nicht weit von hier hat sich 1859 der legendäre Rebell Schamil ergeben. Zur Zeit des Fotos war Temir-Chan-Schura ein buntes Nest für Gläubige aller Weltreligionen. Heute heißt es Buinaksk, eine Provinzstadt in der Russischen Föderation. Das Foto wurde Anfang des 20. Jahrhunderts von Adolf Dirr aufgenommen, einem deutschen Ethnografen und Linguisten, einem Sprachgenie. Zuerst schrieb er ein Selbstlernbuch für das »Vulgär-Arabische« und auch eines für Houssa, die meistgesprochene Handelssprache West- und Zentralafrikas. Dann hat ihn aber nur noch der Kaukasus gefesselt. Jahrelang leistete er dort Pionierarbeit in der Linguistik und der Ethnologie: Er schrieb über die Herkunft der Völker, über ihr Handwerk, ihren »Jägerglauben« und die Rolle des Islams, untersuchte die kaukasische Polyphonie und verfasste Grammatiken für dreizehn kaukasische Sprachen.

Um die schriftlosen kaukasischen Sprachen zu notieren, entwickelte er eine eigene Methode – die Panstenografie. Von 1913 bis 1930 war er Kustode im damaligen Völkerkunde-Museum (heute Fünf-Kontinente-Museum) in München, wo er eine systematische Kollektion von Objekten aus dem Kaukasus anlegte. Auch achthundert Fotografien von Menschen und Landschaften, die auf seinen Reisen entstanden sind, bilden eine einmalige Sammlung. Sie wurde niemals in Deutschland gezeigt und wird nun zum ersten Mal im Literaturmuseum in Tbilisi ausgestellt.

Man blickt in die Gesichter von Armeniern, von Georgiern – Megreliern, Adscharen, Tuschen, Swanen, Guriern –, auf Lesgier, Ossen, Karatschaier, Awaren, Udiner, Tabasaraner, Bergjuden, Ubychen, Tschachuren; man mag gar nicht aufhören, auch die unbekannten Bezeichnungen zu kosten. Man trifft auf einige Städte, die nicht mehr stehen, auf einige Völker, die ihre Sprachen verloren haben. Wer ist diese Frau auf dem Friedhof, die in die Ferne schaut? Seine Ehefrau? Eine Lehrerin aus der Schule von Temir-Chan-Schura, in der Dirr unterrichtete?

In einem von acht Büchern über Dagestan, einem kleinen, auf Russisch geschriebenen Büchlein von 1903, nennt Dirr seine Reisen »Friedenszüge«, in Abgrenzung zu den russischen Feldzügen. »Die ethnografische Karte Dagestans

verblüfft bereits beim ersten Anblick durch ihre Farbenpracht. Sie übertrifft in dieser Beziehung die buntesten Dinge auf der Welt«, also etwa das Kopftuch einer Frau von der Insel Tahiti oder »die Weltanschauung des vollendeten Intellektuellen. Insgesamt 29 Farben und Nuancen waren notwendig, um die geografische Verteilung dieses Verwirrspiels an Ethnien in einer kleinen Ecke der Erde deutlich zu machen.«
Diese bunten Farben sind für Dirr wie die Grundlage für seine »ethnografische Grammatik«, Buchstaben eines Alphabets. Er ist fasziniert von dieser Vielfalt, überall versucht er sie aufzuzeichnen. Sogar im Ersten Weltkrieg macht er in Kriegsgefangenenlagern in Deutschland Tonaufnahmen von Liedern verschiedener Völker. Dirr betreut die Kaukasische Sammlung in München bis zu seinem Tod 1930. Er stirbt, als in seinem Land die Faszination von Einheitlichkeit die Massen zu ergreifen beginnt.
Nicht nur die Frau, sondern auch die Gräber zeigen ihre Gesichter nicht. Wo sind die Buchstaben, die Namen der Verstorbenen? Doch gerade die zwei weißen in den Stein gemeißelten Lebensbäume und die beiden Hände wirken wie Gesicht und Inschrift, begrüßen uns in einer unbekannten, wundersamen Sprache und verbergen zugleich ihre Botschaft.
Und wie im Traum eines Linguisten mehren sich auf dem Bild die Schriften: unten die Handschrift des Fotografen mit dem Ortsnamen, und rechts vom Grab schwebt ein Schnörkel in die Luft, als hätte auch das Licht auf dem Bild seine Signatur in unserer Sprache hinterlassen.

20.06.2021

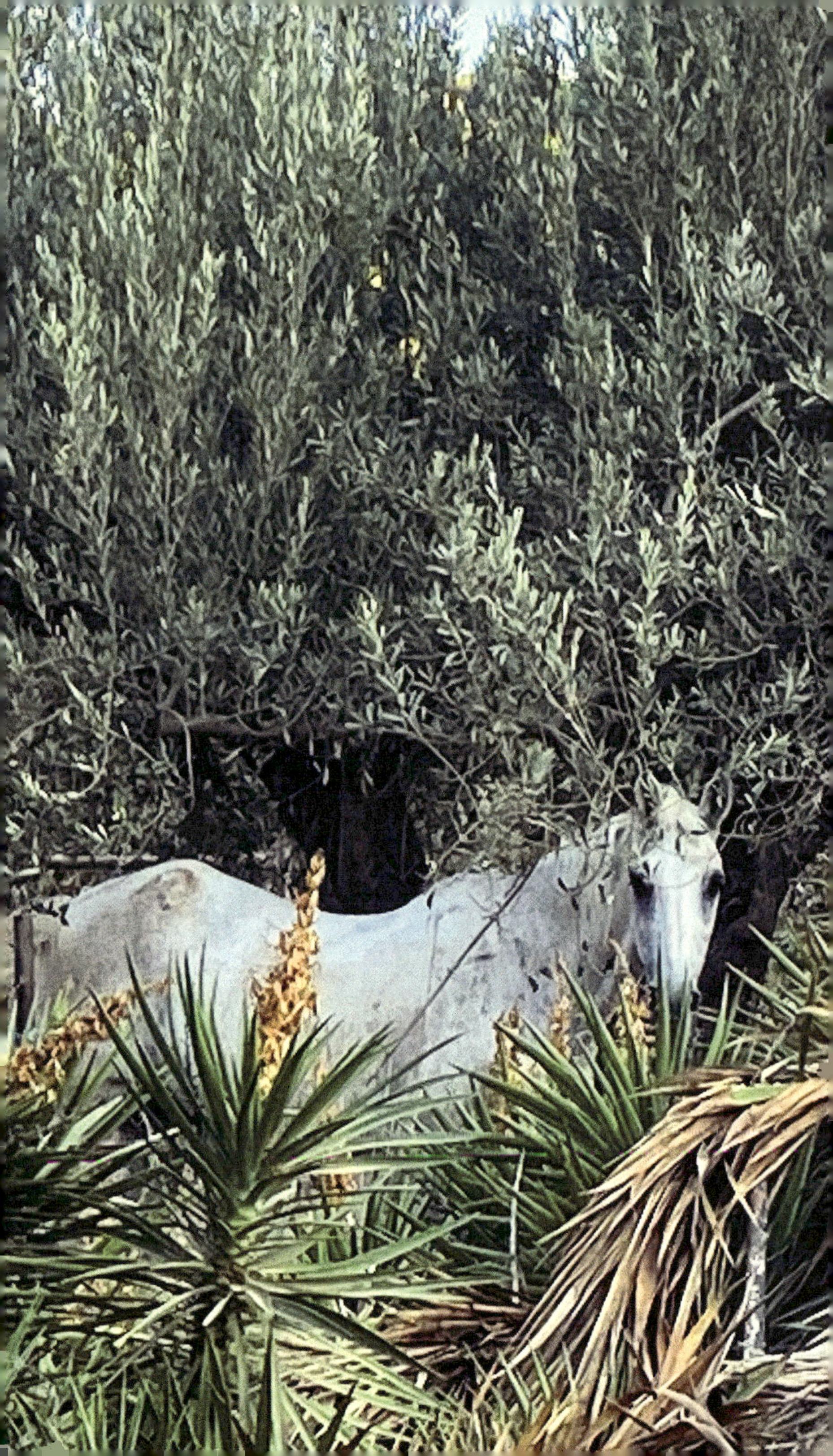

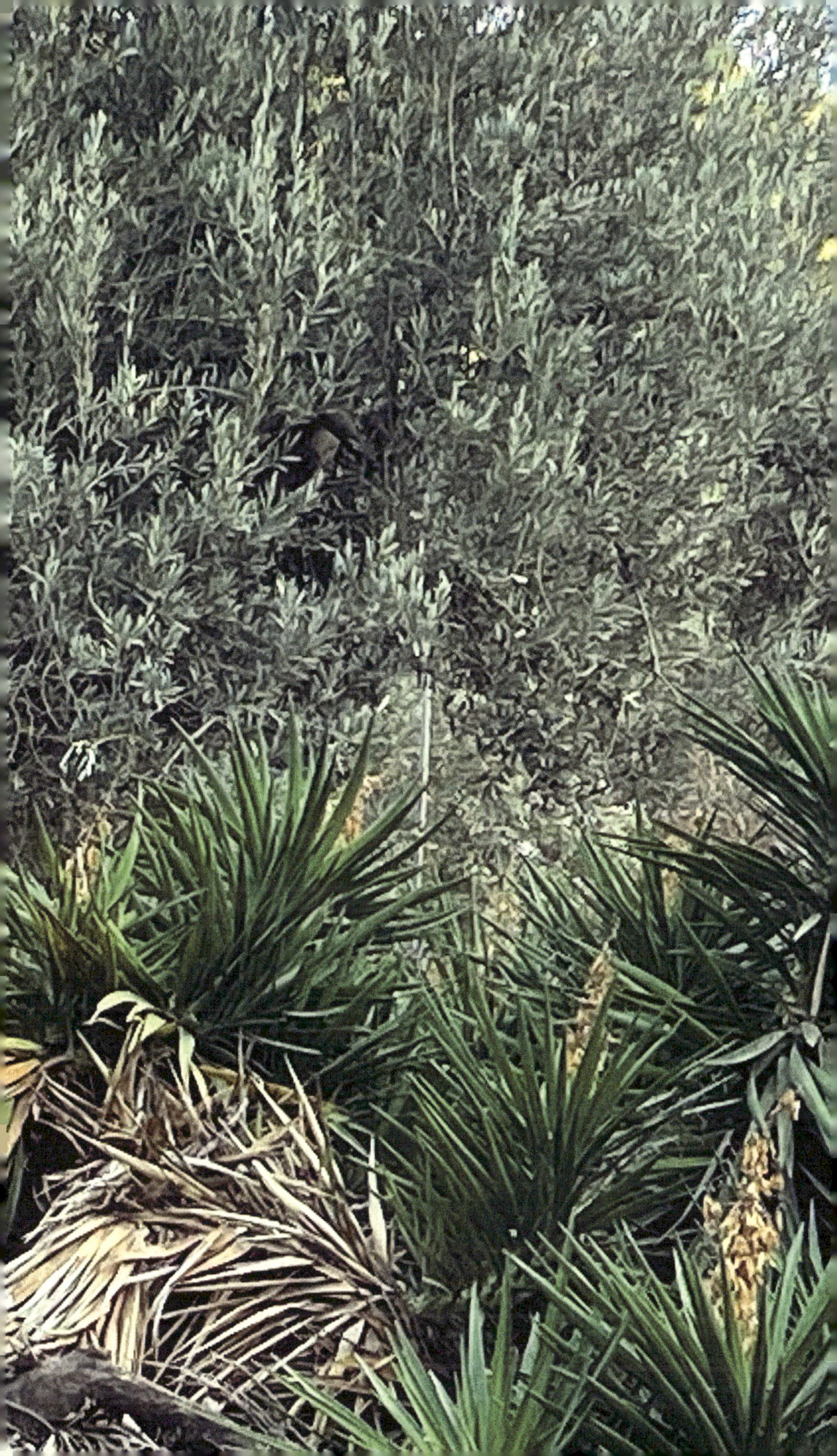

EINE KLEINE INSEL

Das Pferd schaut direkt aus sagenhaften Welten auf uns und erzeugt das Gefühl des Wiedererkennens, es löst eine ganze Kette von vagen, nicht sehr passenden Assoziationen aus. Wie in einem Sog denke ich an die Chroniken von Narnia, an Bilder aus dem Mittelalter, an Teppiche, Wandmalereien, an Fabelwesen, die an den Rändern von Manuskripten erscheinen, an einen Zeichentrickfilm, in dem ein weißes Pferd wie eine Fata Morgana aus einem zerrissenen Nebel auftaucht. Wäre es ein gemaltes Bild, hätte mich diese von der Realität losgelöste Schönheit nicht so alarmiert. Einhorn. Eigentlich sehe ich ein Einhorn, das Symbol des Guten und Reinen. Dabei wurde das Foto von mir gemacht – vor nicht einmal zwei Wochen, doch es scheint mir fremd, als wäre es aus anderen Zeiten aufgetaucht, und als versuchte es etwas Erträumtes festzuhalten. Es gibt Fotos, die aus der Landschaft und den Erlebnissen herausgerissen sind; obwohl man sich daran erinnert, wie sie entstanden sind, kann man kaum an ihre Verortung glauben. Ich erinnere mich: Dieser Schimmel stand an der Biegung einer Straße, direkt neben einem Schrotthaufen aus alten Waschmaschinen, an einem Tor, hinter dem Menschen etwas Ungehöriges mit einem Pferd getan haben, so schien es mir. Aber vielleicht haben sie es nur gemolken.

Ein Foto wie dieses ist nur ein Fragment der realen Landschaft und Zeit. Ich erinnere mich an einen langen Spaziergang auf der griechischen Insel Spetses, wo die Venezianer vermutlich Gewürze lagerten, Spezereien, und wo wir vor kurzem die Strände entlanggingen und über den König von Griechenland sprachen, denn laut Gerüchten wohnt er auf dieser Insel. Wo steckt er? Ich habe mir später meine Bilder auf dem Handy angeschaut: die Pinien entlang der Straße, das Wasser, unnatürlich blau, große Kieselsteine, Stadtstrände mit leicht abgeschmackten Bauten, und sehr viele Katzen. Dann kam die Ruine eines nie vollendeten Hotels, merkwürdigerweise in spätsowjetischem Stil. Danach die prächtige Eliteschule, in der John Fowles unterrichtete und über die er später den Roman »Der Magus« schrieb. Es gab etwas leicht Unstimmiges an diesem schönen Ort, so dass ich unwillkürlich an die Krim dachte, den Ort unserer Kindheit, mit dem einzigen warmen Meer, das wir damals erreichen durften. Die Griechen hatten das Schwarze Meer als »ungastlich« bezeichnet, aber für uns war es der beste Urlaubsort. Nun ist die Krim von Russland annektiert, unerreichbar für uns Menschen aus Kiew, als wäre es eine ferne, unzugängliche Insel, die zusammen mit unserer Kindheit versunken ist.

Ich bemerkte das Pferd erst, als meine Freundin, die mir voranging, es bereits mit einer Filmkamera fotografierte. Sie hatte ihr Foto zuerst gemacht, doch während meines sofort da war, musste ihres erst noch entwickelt werden. Das Pferd schaute uns an, als wären auch wir sagenhafte Wesen und deshalb würdig, von solch einem Tier angeschaut zu werden – ein verstörender Moment, als wäre nicht klar, wer von wem träumt.

Auf diesem Bild schimmert der Schimmel aus einem märchenhaften Wald hervor, die Pflanzen kenne ich aus der Malerei, sie erinnern mich an das Bild von Henri Rousseau. Aus der Mitte eines sehr ähnlichen Wäldchens schauen Tiere auf uns, etwas versteckt, aus dem Gebüsch – Tiger, Damhirsche, und einmal auch ein weißes Pferd, attackiert von einem Jaguar. Der Blick des Pferdes auf dem Bild von Rousseau ist unvergesslich, und vielleicht ist es das, was mich alarmiert: eine unsichtbare Gefahr, als wäre das Pferd bereits Opfer des Raubtiers und hätte auf uns in Unschuld und Schweigen geschaut. Hinter ihm bilden die Äste ein Loch in Form eines Herzens. Und ich erinnere mich daran, wie mein Vater mir immer von »The Ballade of the White Horse« von Gilbert Chesterton erzählte: Auf einem Hügel in England gibt es ein prähistorisches Bild eines Pferds; es wird seit Jahrhunderten von Menschen gepflegt, damit es in der Landschaft erhalten bleibt und nicht von Gras überwachsen wird. Ich schaue auf das Pferd auf dem Foto, als wäre es eine kleine Insel der Vorstellungskraft.

03.10.2021

NACHWORT

Dieses Buch handelt nicht vom Krieg, aber es wird vom Krieg umklammert. Der erste Text entstand, als der Osten der Ukraine von Russland angegriffen wurde. Er handelt vom Entsetzen des Krieges, aber auch von seiner Normalisierung – von einem Krieg, der mit der Zeit an den Rand der alltäglichen Aufmerksamkeit gerutscht ist. Damals habe ich angefangen, über Fotos zu schreiben aus Ohnmacht vor der Gewalt. Heute macht Russland ukrainische Orte dem Erdboden gleich.

Als im März 2014 mein Buch *Vielleicht Esther* über den Zweiten Weltkrieg erschien, okkupierte Russland gerade die Krim, den Sehnsuchtsort meiner Kindheit. Ich war fassungslos, taub, wütend. Mein ganzer Körper wehrte sich dagegen, zu glauben, dass Russland, das zusammen mit der Ukraine den Faschismus besiegt hatte, selbst zum Aggressor geworden war. Ich konnte nicht weiterarbeiten wie zuvor und suchte nach einer neuen Form, nach einer Haltung, aus der heraus ich wieder würde schreiben können, auch über die Dinge, die ich liebe. Und es waren die Fotografien, die das Unausgesprochene ersetzten, die das Fragmentarische boten, Möglichkeiten der Stille und der Schönheit schufen.

In diesen Wochen führt Russland einen brutalen Krieg gegen die Ukraine. Es ist ein Angriff auf alles, was wir sinnvoll finden. Er erscheint uns absurd und unbegreiflich und zugleich hat er eine fatale Logik, denn es gab die russischen Verbrechen in Tschetschenien, den Krieg in Georgien, den

Krieg in Syrien. Krieg tötet, negiert Sinn, Normalität und Vielfalt, alles, was wir lieben. Krieg möchte unsere leisen Worte löschen. Ich möchte diese Miniaturen, diese kleinen Fragmente, dem Krieg entgegenstellen, auf der Suche nach Stimme.

DANKSAGUNG

In den letzten sieben Jahren habe ich alle drei Wochen – im Walzerschritt dem Marsch-Rhythmus der Wochenzeitungen entgegen – einen Text zu einem Foto meiner Wahl geschrieben. Bilder strömen von überall her auf uns ein: aus Zeitungen, Büchern, von Plakatwänden, Ausstellungen, aus dem Smartphone und dem Internet. Ein einzelnes Foto zu besprechen war mein Versuch, innezuhalten und zu verweilen. Ich wollte die Inflation der Bilder bremsen, nicht weltweit, sondern für mich, als wäre das Betrachten ein langsamer, etwas altmodischer Prozess. Es ging mir dabei um Begegnungen mit dem Visuellen: Krieg in der Ukraine, Enigma der Frauenkörper oder eine Wolke am Himmel. Im Lauf der Zeit sind diese punktuellen Kolumnen zu einem kontinuierlichen Text, zu einem Tagebuch des Nachdenkens geworden.

Viele Menschen und Bücher sind in diesen kurzen Texten präsent. Zum Glück wissen sie das nicht alle. Bedanken möchte ich mich bei Hanns Zischler, der mich als Erster ermutigt hat, eine Kolumne über Fotografien zu schreiben. Helmuth Lethen bin ich für einen Zufall dankbar und für sein Buch *Der Schatten des Fotografen*, das mich darin bestärkt hat, dass Betrachten eine Haltung ist. Michael Hagner inspirierte mich durch sein Vertrauen und machte erste Vorschläge für dieses Buch. Bei Gerhard Paul und Peter Geimer bedanke ich mich für kurze Begegnungen und für ihre Bücher.

Einige Fotos habe ich gemeinsam mit Freunden »erlebt«, besonders möchte ich Yevgenia Belorusets, Penelope Deutsch, Anastasia Garrel und Daniel Krochmalnik erwähnen – sowie meinen Mann, Tobias Münchmeyer, der beinahe jede Kolumne redigiert und bereichert hat. Rosa Münchmeyer hat mir unersetzliche technische Hilfe geleistet und Marusja Münchmeyer war für mich, wie sie es selbst bescheiden ausdrückt, stets ein »Fels in der Brandung«.

Last but not least möchte ich den lieben Kollegen der *Frankfurter Allgemeinen Sonntagszeitung* danken: Volker Weidermann, Claudius Seidl und Julia Encke haben mir in ihrem Feuilleton Platz freigeräumt und eine *carte blanche* gegeben. Ich bedanke mich u. a. bei Tobias Rüther, Anna Prizkau, Christiane Kroth (Redaktion) und Andreas Kuther (Bildredaktion), die ich alle drei Wochen durch meinen bisweilen erratischen Arbeitsstil in abenteuerliche Situationen versetzt habe. Danke für eure Sorgfalt und Geduld. Unvergesslich!

BILDNACHWEISE

S. 6: Yevgenia Belorusets, Bergmann, 2015, aus der Serie »Die Siege der Besiegten«, 2014-2017, © Yevgenia Belorusets

S. 10: László Török, *Familie*, 1973, © Éva Török

S. 14: Unbekannter Fotograf, Majdan, 1943, Familienarchiv Katja Petrowskaja

S. 18-19: Unbekannter Fotograf, *Type 42*, 1960er – 1970er Jahre, mixed media on polaroid, Courtesy Delmes & Zander, Cologne

S. 22: Nigina Beroeva, Petr Pavlensky, 2015, © Nigina Beroeva/AFP/Getty Images

S. 26: Santi Palacios, Flüchtlinge auf Lesbos, 2015, © picture alliance/AP/Santi Palacios

S. 30: Unbekannter Fotograf, Babuschka, um 1980, aus dem Moskauer Familienarchiv von Anna Oborina

S. 34: Francesca Woodman, *Untitled.* Providence, Rhode Island, 1975-1978, © Woodman Family Foundation/VG Bild-Kunst, Bonn 2022

S. 38: Bruno Fahy, Zerbrochene Fenster nach dem Antiterroreinsatz in Brüssel, 2016, © Bruno Fahy/AFP/Getty Images

S. 42: Mama, 1964, Familienarchiv Katja Petrowskaja

S. 46: Josef Koudelka, Prag beim Einmarsch von Truppen des Warschauer Pakts, 1968, © Josef Koudelka/Magnum Photos/Agentur Focus

S. 50: Bogdan Zholdak, Miron und Katja, 1974, © Bogdan Zholdak

S. 56-57: Danila Tkachenko, *Amphibien-Senkrechtstart-Flugzeug WWA-14*, 2013, aus der Serie »Restricted Areas«, © Danila Tkachenko

S. 60: Leonard Freed, *»Du sollst nicht töten«*, Castrop-Rauxel, 1965, © Leonard Freed/Magnum Photos/Agentur Focus

S. 64: Unbekannter Fotograf, Trauermarsch für die Opfer des Feuers in der Triangle Factory, New York, 1911, Quelle: Kheel Center, Cornell University, Ithaca, NY

S. 68: Irving Penn, *Cigarette No. 37*, New York, 1972, aus der Serie »Cigarettes«, © The Irving Penn Foundation

S. 72, 74-75: Volker Gerling, 20 von 36 Daumenkino-Fotos aus der Serie »Mädchen mit langen und mit kurzen Haaren«, Jena, 2003, © Volker Gerling

S. 78: Anaïs Tondeur, *Unknown Specie, Exclusion Zone, Chernobyl*, aus der Serie »Chernobyl Herbarium«, seit 2011, © Anaïs Tondeur

S. 82: Taras Kuščynskyj, Foto auf dem Plattencover, © Taras Kuščynskyj, Coverdesign: © Stanislav Dvorský, 1979, Foto des Covers: © Supraphon/Taras Kuščynskyj

S. 86: Erste Manuskriptseite Franz Kafka, *Der Prozess*, 1914-15, Deutsches Literaturarchiv Marbach

S. 90: Thomas Heinser, Salzverdunstungsteiche im südlichen Teil der Bucht von San Francisco, 2016, aus der Serie »Salt Water«, © Thomas Heinser

S. 94: © Mila Teshaieva, Am Kaspischen Meer, am Strand der aserbaidschanischen Stadt Lenkaran, aus ihrem Buch *Promising Waters*, Kehrer Verlag, Heidelberg, 2013

S. 98: Unbekannter Fotograf, Samantha Smith, 1983, Maine State Museum

S. 102: Christine de Grancy, Romafamilie in Alentejo, Portugal, 1986, © Christine de Grancy

S. 106: Loredana Nemes: *Rasim, Neukölln, 2009* (o. li.), *Fatih, Kreuzberg, 2009* (o. re.), *Ünal, Neukölln, 2009* (u. li.), *Beker, Neukölln, 2010* (u. re.), aus der Serie »beyond«, © Loredana Nemes

S. 110-111: Plakat, 1968, FSO 01-024 Gorbanevskaja, Archiv der Forschungsstelle Osteuropa an der Universität Bremen

S. 116: Vanessa Winship, Am Schwarzen Meer, aus der Serie »Black See: Between Chronicle and Fiction Part 1«, 2007, © laif

S. 120: Unbekannter Fotograf, An der Berliner Mauer, 1989, Archiv Katja Petrowskaja

S. 124 o.: Giotto di Bondone, *Christi Einzug in Jerusalem*, Fresko, aus dem Zyklus mit Szenen aus dem Leben Mariä und Christi, Arenakapelle (Cappella degli Scrovegni), Padua, um 1305

S. 124 u. li.: Buchcover Italo Calvino, *Der Baron auf den Bäumen*, 1986, © dtv Verlagsgesellschaft mbH & Co. KG, München

S. 124 u. re.: Wolfgang Rattay, Umweltaktivist im Hambacher Forst, 2018, © picture alliance/REUTERS/Wolfgang Rattay

S. 128: Natela Grigalashwili, aus ihrem Buch *Book of My Mother*, 1990, © Natela Grigalashwili

S. 132-133: Helmar Lerski, 1936, aus der Serie »Verwandlungen durch Licht«, © Nachlass Helmar Lerski, Museum Folkwang Essen/Artothek

S. 136: Tomasz Tomaszewski: *Sara und Rafael Adar*, aus der Serie »Die letzten Juden in Polen«, 1982-1985, © Tomasz Tomaszewski

S. 142-143: Michael Wolf, *Bottrop-Ebel #16*, 1976, © Michael Wolf/Fotoarchiv Ruhr Museum

S. 146: Robert Capa, *Georgien, UdSSR*, 1947, © Robert Capa/Magnum Photos/Agentur Focus

S. 150: Unbekannter Fotograf, Mira geht zur Schule, 1930, Familienarchiv Mira Ryczke-Kimmelman

S. 156: Sophie Calle, aus *Aveugles*, Actes Sud, Arles, 2011, S. 28, © VG Bild-Kunst, Bonn 2022

S. 160: Marcel Gautherot, Eine Gruppe indigener Frauen im Amazonasgebiet, um 1950, © Marcel Gautherot

S. 164: Robert Frank, *Trolley, New Orleans - 1955*, aus der Serie »The Americans«, © Andrea Frank Foundation

S. 168: Jessie Tarbox Beals, *Old Men's Toy Shop*, 1913-1916, Rare Book and Manuscript Library, Columbia University, Community Service Society Collection

S. 172: Arne Reinhardt, *Berliner Mauer 1990 Lohmühlenstraße*, © Arne Reinhardt

S. 178-179: © Dmitry Vyshemirsky, *Im Zoo*, Kaliningrad, 1999

S. 182: Emil Meerkämper, Eisblumen, Davos, um 1920, © als Sammlung by Jacques Herzog und Pierre de Meuron Kabinett, Basel. All rights reserved.

S. 186: Ed Clark, Moses La-Marr in Leningrad, 1955, © Ed Clark/LIFE Picture Collection/Shutterstock

S. 190: Francesca Woodman, *Untitled*, New York, 1979-1980, © Woodman Family Foundation/VG Bild-Kunst, Bonn 2022

S. 194: Friedensfahrt, Ankunft in Kiew, 1986, © ullstein bild – SPUTNIK

S. 198: Dieter Keller, Ukraine 1941/42, © Dr. Norbert Moos/Dieter Keller

S. 202 und Umschlag: Filmstill aus dem Dokumentarfilm *In the Mirror of Maya Deren* (Martina Kudláček, AT/CH/DE 2001, 103 Min., 35 mm, COL/SW).
Es zeigt ein Foto von Maya Deren, aufgenommen von Alexander Hammid 1943 während der gemeinsamen Arbeit an *Meshes of the Afternoon* (Maya Deren, USA 1943, 14 Min., 16 mm, SW).
Mit freundlicher Genehmigung von Navigator Film. Foto: © ddp

S. 206: Katja Petrowskaja, *Meine Wolke*, 2020, © Katja Petrowskaja

S. 210: Unbekannter Fotograf, Hügelabhang in Frankreich, 1860, Albuminabzug, Foto: als Sammlung by Jacques Herzog und Pierre de Meuron Kabinett, Basel. All rights reserved.

S. 214: Brieftaubenpost aus Frankreich, 1870, © Musée de La Poste, Paris – La Poste, 2021

S. 218: Bogdan Zholdak, Familie Petrowskij, 1977, © Bogdan Zholdak

S. 222: Dmitry Gomberg, *Valentina*, aus der Serie »Nachbarn«, 2008, © Dmitry Gomberg

S. 226: Natacha Nisic, aus ihrem Buch *Super 8, Catalogue de gestes*, 2020, © Natacha Nisic

S. 230: Josef Breitenbach, *Christmas Tree*, ca. 1945, © Josef and Yaye Breitenbach Charitable Foundation, Courtesy Gitterman Gallery, https://www.gittermangallery.com

S. 234: Alexander Chekmenev, *Frauenabteil. Ukraine*, 1999, aus seinem Buch *Lilies*, Moksop, 2020, © Alexander Chekmenev

S. 238: Adolf Dirr, *Daghestan Termirshanshura*, © Adolf Dirr/Museum Fünf Kontinente, München, Sammlung Fotografie

S. 242-243: Katja Petrowskaja, *Unicorn*, 2021, © Katja Petrowskaja

INHALT